Marc Dietrich (Hg.)
Rap im 21. Jahrhundert

Cultural Studies | Herausgegeben von Rainer Winter | Band 46

Marc Dietrich (Hg.)
Rap im 21. Jahrhundert
Eine (Sub-)Kultur im Wandel

[transcript]

Bibliografische Information der Deutschen Nationalbibliothek
Die Deutsche Nationalbibliothek verzeichnet diese Publikation in der Deutschen Nationalbibliografie; detaillierte bibliografische Daten sind im Internet über http://dnb.d-nb.de abrufbar.

© 2016 transcript Verlag, Bielefeld

Die Verwertung der Texte und Bilder ist ohne Zustimmung des Verlages urheberrechtswidrig und strafbar. Das gilt auch für Vervielfältigungen, Übersetzungen, Mikroverfilmungen und für die Verarbeitung mit elektronischen Systemen.

Umschlaggestaltung: Kordula Röckenhaus, Bielefeld
Lektorat & Satz: Matthias Schmitt, Berlin
Printed in Germany
Print-ISBN 978-3-8376-3227-9
PDF-ISBN 978-3-8394-3227-3

Gedruckt auf alterungsbeständigem Papier mit chlorfrei gebleichtem Zellstoff.
Besuchen Sie uns im Internet: *http://www.transcript-verlag.de*
Bitte fordern Sie unser Gesamtverzeichnis und andere Broschüren an unter: *info@transcript-verlag.de*

Inhalt

**Rap im 21. Jahrhundert: Bestandsaufnahme
und Entwicklungslinien – eine Einleitung**
Marc Dietrich | 7

Stephan Szillus im Gespräch: Ein Interview über (Rap-)Interviews
Marc Dietrich und Paul Sebastian Ruppel | 27

**Take Care: Drake als Vorbote einer inklusiven Männlichkeit
im Rap des Internetzeitalters**
Anthony Obst | 55

Anything goes
Weirdo-Rap, seine Wurzeln im analogen Untergrund
und seine digitale Diffusion in den Mainstream
Stephan Szillus | 81

Deutschsprachiger Rap und Politik
Martin Seeliger | 93

„Eine Welt, zwei Parallelen"
Der Israel-Palästina-Konflikt im deutschsprachigen Gangsta-Rap
aus intersektionaler Perspektive
Malte Gossmann | 111

„La Voix des Sans Voix": Die Politik der Hip-Hop-Bewegung in Mali
Rainer Winter und Eve Schiefer | 135

Bring the Bars Right Back: Freestyle in the Digital Era
Sufi Mohamed | 153

**Lyrics und Lesarten: Eine Drei-Sphären-Analyse
anlässlich einer Anklage**
Jannis Androutsopoulos | 171

Autorinnen und Autoren | 201

Rap im 21. Jahrhundert: Bestandsaufnahme und Entwicklungslinien – eine Einleitung

MARC DIETRICH

Zwischen dem ersten kommerziell relevanten Lebenszeichen von Rap Ende der 1970er Jahre und dem *State of the Art*[1] liegen nicht einfach 36 Jahre, sondern eine enorme qualitative wie quantitative Differenz: Die 1979er Single „Rapper's Delight" der (Casting-)Band *Sugar Hill Gang* muss für das Publikum eine neue popkulturelle Erfahrung gewesen sein – heute kann so ziemlich jeder/jede etwas mit Rap assoziieren. Dies gilt vermutlich fast alters-, milieu- und landesunabhängig. Rap ist ein weltweites Phänomen, das durch Prozesse der Globalisierung, insbesondere aber der Glokalisierung (vgl. Klein/Friedrich 2003; Dietrich 2015), lokal- und landesspezifische Stile und Subgenres hervorgebracht hat. Das erwähnte Harlemer Trio bediente sich bei der Disco-Ära (dem wohl bekannten Sample aus *Chics* „Good Times") und ist in der Retrospektive bis auf den geflowten Text gar nicht weit von dieser Stilrichtung entfernt. „Rapper's Delight" ist ein „Disco-Rap"-Stück, das formbezogen recht orthodox an der damaligen Musik der Stunde festhält. Konsequenterweise verweist die Bindestrichkonstruktion Rap auf seinen damaligen *supplementären* Status – Rap ist nur Disco plus X.

Zeitsprung in die Gegenwart[2]: „Rap" im Jahr 2015 ist ein *selbstständiger* Begriff, eine Art *umbrella term* für eine nahezu unüberschaubare Anzahl an Strömungen, die vornehmlich MusikjournalistInnen, die ProtagonistInnen selbst

---

1 Vgl. dazu die historischen Betrachtungen von Toop 2000 und (etwas aktueller und multiperspektivischer) den kompletten ersten Part des HipHop Studies Reader von Forman/Neal 2012.

2 LeserInnen, die aus Übersichtsgründen direkt zu den Beitragsvorstellungen kommen möchten, finden diese ab S. 21.

und/oder ihre Plattenfirmen und Managements zu etikettieren versuchen. Erkennbar sind dabei ganz verschiedene Labelungen und Sortierungslogiken: Backpack-, Zecken-, Hipster- und Studentenrap etwa sind Etiketten, die anhand der (angenommenen) RezipientInnen und/oder ihrer ProtagonistInnen selbst ausgerichtet sind. Straßen-, Gangsta-Rap und Trap sind thematisch – respektive räumlich – orientierte Labels. Emo-Rap und die britische Spezialität „Grime" (von „grimey") verweisen auf mit der Musik assoziierte Emotionalität[3]. Eine Vielzahl von neueren Bezeichnungsversuchen ist allerdings gar nicht erst eindeutig verortbar wie z.b. Cloud-Rap. Hinzu kommen zahllose Mikrogenres, deren genaue (auch musikalische) Verortung ungeklärt ist, die (so mein Eindruck) schlicht auch kommen und gehen (Hyphy, Wonky, Crunk). Etablierte größere (lokale, amerikanische) Ordnungskategorien wie West- und Eastcoast, weniger prominent auch „New Orleans Bounce" oder „Washington Go Go", werden bisweilen durch die genannten Subgenres und weitere spezifiziert. Die langjährige Tradition dieser Stile/Stilbegriffe bringt es zudem mit sich, dass (vermeintliche) Präzisierungen wie „post" oder „neo" bemüht werden. Versuche, alle Spielarten und Subgenres bis in die Gegenwart einmal zu inventarisieren oder gar zu systematisieren, sind fast unmöglich[4].

Die zunehmende terminologische Differenzierung verweist aber nicht nur auf eine Musik- und Medienindustrie, deren Ziel es ist, einen permanenten Strom von (vermeintlichen) Innovationen hervorzubringen, sowie eine Popkultur, die nach dem Prinzip der (autoreferenziellen) Dauerstimulierung funktioniert, sondern auch auf eine tatsächlich starke Ausdifferenzierung und Expansion seit Aufkommen des Disco-Raps: Rap ist mittlerweile nicht nur weltweit präsent und kommerziell höchst relevant, sondern HipHop ist schlicht zu einer dominanten Gegenwartskultur geworden. Rap und HipHop (also die Kultur, in die Rap eingebunden ist) transportieren nicht nur eine enorme Palette an Stil- und Identifikationsangeboten für Jugendliche und „juvenile Erwachsene" (Hitzler/Nieder-

---

3   Bei Grime geht es möglicherweise auch um einen möglichst kurz gestaffelten Prozess von der Produktion zur Distribution: „Grime" heißt auch „Dreck"; als Genre, das als aus der Gosse kommend konstruiert wird, zeichnet es sich dadurch aus, dass die Musik unangepasst und unpoliert klingt. Man könnte sagen: direkt vom „Fruity Loops"-Programm auf die Dubplate und auf die Party.

4   Das Internetmagazin *Fader* hat verschiedene Musiker eine Reihe von Microgenres kommentieren lassen, die Ergebnisse sind zwar unterhaltsam aber auch sehr spärlich: http://www.thefader.com/2015/10/08/timeline-history-of-music-microgenres-chillwave-cloud-rap-witch-house

bacher 2010) – Rap ist Pop. Rap ist eine Ökonomie, ist „big business"[5]. Rap wird bei *CSI Miami* genauso gespielt wie beim *Tatort*, wenn die Kamera in den sozialen Brennpunkt fährt; Rap ist der Soundtrack von Blockbustern und Computer- oder Konsolenspielen; Rap unterhält während der Superbowl-Pause, fungiert als Werbejingle, läuft in Boutiquen, (Supermarkt-)Ketten, bei Großveranstaltungen im (Breiten-)Sport- und Freizeitbereich und wird zur politischen Hymne in politischen Konflikten. Rap ist nichts, was ausschließlich *subculture studies* aus dem Untergrund „herausethnographieren" müssten, Rap ist ominpräsent, sichtbarer Mainstream und makrosoziologisch relevant.

RAP ALS SUBKULTUR IM 21. JAHRHUNDERT?
ALTERNATIVEN

Angesichts der skizzierten Entwicklung wird fraglich, wie Rap terminologisch und konzeptuell zu fassen ist. Handelt es sich – wie es in vielen Medienberichten immer wieder/immer noch heißt – um eine Subkultur? Es lässt sich mit Blick auf die in der sozial- und kulturwissenschaftlichen Jugendkulturforschung etablierten Bestimmungen fragen, ob alternative Konzeptualisierungen passender wären. Im folgenden Abschnitt werde ich die Konzepte der Youth Culture, der Subkultur und der Szene diskutieren (s. auch Dietrich/Mey 2016).

Der Erziehungswissenschaftler Heinz Hermann Krüger (2010) identifiziert grob drei Phasen der sozial- und kulturwissenschaftlichen Beschäftigung mit „Jugendkulturen" im 20. und 21. Jahrhundert, die er mit drei Perspektiven verknüpft sieht: dem amerikanischen Strukturfunktionalismus, den britischen Cultural Studies und der vornehmlich deutsch geprägten modernisierungstheoretischen Jugendkulturanalyse.

Der „Gründungsvater" des *Strukturfunktionalismus*, Talcott Parsons, hat sich wiederholt mit Jugendkulturen beschäftigt (Parsons 1961, 1968a, 1968b). Auf ihn geht die Bezeichnung „Jugendkultur" auch zurück. „Youth Culture" versteht er als einheitliche Jugendteilkultur, als funktional notwendige „interlinking sphere" im Freizeitbereich mit der Option für Jugendliche, sich von den Werten der Herkunftsfamilie zu lösen und auf die universalistischen Rollenerwartungen der Erwachsenengesellschaft vorzubereiten (vgl. Krüger 2010: 13). Jugend und ihre Kultur ist hier angelegt als reines Übergangsstadium zum Erwachsensein und bietet (aus strukturfunktionalistischer Sicht) den Vorzug, dass Jugendliche zu autonomen Subjekten werden, die schlussendlich als produktive Erwachse-

---

5 Vgl. zur ökonomischen Dimension der HipHop-Entwicklung Charnas 2010.

nenmitglieder in die Gesellschaft Eingang finden. Dominant ist hier eine strikte Trennung von Attributen des Jugendlich- und Erwachsenseins. Auf die strukturfunktionalistische Betrachtung folgt (bzw. verläuft jene z.t. parallel dazu) ab Mitte der 1960er Jahre die Perspektive der *britischen Cultural Studies*, die ihren Ausgang am Centre for Contemporary Cultural Studies (CCCS) in Birmingham nahmen (u.a. Clarke 1979). Der Fokus lag hier auf der Klassenkultur und damit verbundenen jugendlichen Stilbildungsprozessen insbesondere in englischen Städten. Krüger macht zu Recht darauf aufmerksam, dass die zunächst marxistische Orientierung dazu führt, die Relationen zwischen Produktions- und Lebensweisen für die Herstellung kultureller Produkte als zentral zu betrachten. Jugendkulturen werden hier als (subversive) Subkulturen einer hegemonialen Kultur verstanden (z.b. bei Hebdige 1979; Willis 1979), die entsprechend mit einer bestimmten sozialen Klasse korrespondieren, z.B.: Arbeiterschaft und Rocker, Mittelklasse und jugendliche Gegenkulturen wie Hippies.

Die latente Funktion von Jugendkulturen wird dabei in der Markierung und symbolischen Verhandlung von stammkulturellen (hegemonialen) Widersprüchen gesehen. Maßgeblich für Subkulturen ist – und diese These hat bis in die Gegenwart Bestand – der Einsatz der so genannten „Bricolage" („Bastelei"). Der Begriff geht auf den Initiator der strukturalen Anthropologie Claude Lévi-Strauss zurück, der diesen unter ethnografischen Gesichtspunkten im Rahmen seiner Mythenanalyse lanciert hatte (Lévi-Strauss 2009 [1962]). Insbesondere in Bezug auf Jugendkulturen meint „Bastelei" die Dekontextualisierung und Reintegration von Zeichen und/oder Artefakten (klassischerweise kann man hier die Produktionstechnik des Samplings im Rap anführen, wenn etwa Soul-Samples mit z.b. Field-Recordings einer Großstadtkulisse vermengt werden). Dieses stilbildende Prinzip der Entfernung und Neuintegration von Zeichen und Artefakten artikuliert sich aus Sicht der Cultural Studies in den wesentlichen Elementen der Subkulturen (u.a. Kleidung, Musik, Sprache, Tanz, Gesten, Territorialverhalten, Interaktionsformen). Manche Positionen – so auch Hebdige – gehen zudem davon aus, dass bereits der Gestus der Aneignung und Neukontextualisierung von Zeichen[6] eine symbolische, semiotisch realisierte Widerstandshandlung gegenüber hegemonialen Ordnungen darstellt.

Für die deutsche Diskussion war gegen und seit Ende der 1980er Jahre stärker die *sozialwissenschaftliche Jugendszeneforschung* prägend. Krüger spricht

---

6 Klischeebeispiel aus dem Punk: eine Sicherheitsnadel wird als Ohrring benutzt, Beispiel aus dem HipHop: Premiummarken wie *Polo Sport* wurden mit klassischen Insignien wie der *Baggy Pant* kombiniert – manchmal auch ohne dafür zu bezahlen (vgl. http://allgood.de/features/interviews/wir-nahmen-was-uns-gefiel/).

von einer „*modernisierungstheoretischen Jugendkulturanalyse*" (2010: 14), die mit Blick auch auf die britischen Studien der 1960er und 1970er Jahre gewandelte soziale Verhältnisse betont: Die insbesondere von Ulrich Beck (1986) hervorgehobene Individualisierung, Ausdifferenzierung und Pluralisierung von Lebensstilen in der BRD ab den 1980er Jahren führt aus dieser Sicht zur Erosion von traditionellen Sozialmilieus. Kulturelle Klassenbindungen verlieren an Wirkung, in den Jugendkulturen kommt es dadurch zu einer stärkeren Heterogenität. Der Soziologe Ronald Hitzler plädiert insofern für einen Jugendkulturbegriff im Sinne der Vielfalt jugendlicher Szenen (Hitzler/Niederbacher 2010). Im Einzelnen spricht Hitzler auch nicht mehr von Kulturen, sondern von Jugendszenen als thematisch fokussierten kulturellen Netzwerken von Personen, die materiale und/oder mentale Formen der Selbststilisierung teilen und Gemeinsamkeiten an typischen Orten und zu typischen Zeiten interaktiv stabilisieren und weiterentwickeln (vgl. S. 15 ff.). Szenen werden hier zu posttraditionalen Vergemeinschaftungsformen, die eine je eigene Kultur entwickeln und dadurch gesellschaftlichen Tendenzen zur Individualisierung mit Zugehörigkeits- und Identifikationsangeboten begegnen. „Szenen" gelten in dieser Sicht als nicht notwendigerweise klassen- oder altersspezifisch frequentiert: „Die Lebensphase Jugend wird hinsichtlich Alter und sozialer Herkunft entgrenzt, d.h. es finden sich nicht nur Jugendliche in Szenen zusammen und auch nicht nur Akteure mit einem geteilten sozialen Hintergrund, wie dies für Subkulturen noch angesetzt wird" (Eisewicht/ Pfadenhauer 2015).

Wie lässt sich Rap also konzeptuell fassen? Dadurch dass es sich bei Rap keineswegs um ein „Gesellungsgebilde" handelt, das allein von Menschen mit einem bestimmten Alter oder bis zu einer klar identifizierbaren Altersgrenze dominiert wird[7], wird die Bezeichnung „jugendliche Teilkultur", „Youth Culture" bereits zweifelhaft. Berücksichtigt man, dass im Szenekern, dort, wo nach Ronald Hitzler die Organisationselite mit Aufgaben der Koordination und infrastrukturellen Bereitstellung verortet ist, insbesondere AkteurInnen dominieren, die nicht klassischerweise als (biologisch) jugendlich betrachtet werden

---

7 Ein Blick auf die Publikumsebene: Man möge sich einfach mal auf Konzerten umschauen und die Altersheterogenität konstatieren. Ein Blick auf die Künstlerebene: Die Großverdiener in den USA sind noch immer altgediente Rapper wie Jay-Z, Kanye West und Dr. Dre; in Deutschland verkaufen Sido, Bushido, Casper und Marteria – allesamt über 30 – sehr viele Platten.

können[8], wird die Reduzierung von Kulturen wie Rap auf eine biologisch verstandene „Jugend" ganz sicher hinfällig. Hinzu tritt das auch szeneexterne Phänomen des „juvenilen Erwachsenen" (Hitzler/Niederbacher 2010: 196). Rap ist keine rein jugendbezogene Teilkultur, sondern ein heterogenes Identifikationsangebot, das nicht nur Jugendliche, sondern auch (ältere) Menschen anspricht, die Jugendlichkeit habitualisiert haben (d.h. eben juvenil sind). Ältere juvenile Menschen können im Falle von HipHop sogar Menschen über 50 sein, die seit den frühen Tagen der New Yorker Etablierungsphase Teil eines *Movements* gewesen sind und dies anhaltend zelebrieren oder kultivieren.[9]

Ob Rap als Subkultur im klassischen Sinne der Cultural Studies verstanden wird, scheint von der Beantwortung zweier Fragen abzuhängen, die auch mit den CCCS-Positionen vielfach verknüpft sind oder waren: Gibt es eine hegemoniale Kultur, zu der sich eine Subkultur antagonistisch verhält? Ist eine Subkultur (hier: Rap) überhaupt als genuin subversive Kultur zu fassen – und sei es, dass die Subversion auf einer latenten oder symbolischen Ebene funktioniert?

Zur ersten Frage: Aus soziologischer Sicht und mit Blick auf zeitgenössische sozialtheoretische Überlegungen ist eine dichotome Gesellschaftsvorstellung im Sinne von einer Hegemonialkultur, die einer Subkultur gegenübersteht, nicht mehr haltbar.[10] Zu sehr haben sich die von Hitzler und anderen post- oder spätmodern argumentierenden Positionen[11] betonten Dynamiken einer zunehmend differenzierten und individualisierten Gesellschaft eingestellt. Vielmehr ist von einem Miteinander und einer wechselseitigen Durchdringung von verschiedenen Diskursen und Kulturen (auch und natürlich „in" Subjekten) zu sprechen als von rein dichotomen Konstellationen.

---

8   Deutschlands erfolgreichstes Independent-Rap-Label *Selfmade* wird geführt von einem 35-Jährigen, Deutschlands bekannteste Rapjournalistin und Moderatorin Visa Vie ist bereits Ende 20.

9   Zu denken ist beispielweise an die AnhängerInnen der von Afrika Bambaataa in den 1970er Jahren gegründeten *Zulu Nation*, die alljährlich ihr Bestehen feiert, vgl. http://www.zulu.de/afrika-bambaataa-zulu-nation-cosmic-force/65. Auf der anderen Seite sind szeneinterne Distinktionsbewegungen wie Trap zu erkennen, die vornehmlich von den Jüngeren (z.B. Chief Keef, Young Thug) praktiziert werden.

10 Ich überzeichne an dieser Stelle ein wenig, historisch betrachtet gab es lange Zeit diese gesellschaftliche Vorstellung. Mittlerweile liegen natürlich auch in den Cultural Studies verschiedene sozialtheoretische Positionen und kritische Reflexionen klassischer Konzepte vor (vgl. Buckingham, Bragg und Kehily (2015: S.3 f.).

11 Zum (Meta-)Diskurs der Postmoderne in Soziologie, Philosophie und Literaturwissenschaft vgl. Zima (2001).

Zur zweiten Frage: Lässt sich Rap als genuin subversive oder latent symbolisch subversive Kultur fassen? Als Kultur wie Punk, die (zumindest in zugespitzter Darstellung und jenseits der stärker intellektuell-künstlerisch orientierten Strömungen) elementare gesellschaftliche Strukturen explizit bis latent von sich gewiesen oder provoziert hat?

Mit Blick auf die Ursprungserzählung, der zufolge Rap ein Sprachrohr der armen schwarzen Bevölkerung in US-Metropolen darstellt(e) (vgl. Klein/Friedrich 2003): gewissermaßen ja. Denn sich den öffentlichen Raum anzueignen (Park Jams), den (ästhetisch konservativen) Werkbegriff breitentauglich mittels Sampling-Technik zu zertrümmern und als AfroamerikanerIn gegen (weiße) Eliten zu rappen, bedeutet subversiv tätig zu sein.

Mit Blick auf eine gewisse Hochphase des Polit-Rap in den USA der mittleren bis späten 1980er Jahre, die eben jenes Projekt einer „schwarzen Ermächtigung" fokussierte: ja.

Retrospektiv kann man jedoch feststellen, dass Rap neben diesen sicherlich wegweisenden und bis heute immer wieder aufscheinenden subversiven oder politisch widerständigen Stoßrichtungen (die symbolisch auch im Gangsta-Rap zu finden sind, vgl. Dietrich 2015; Seeliger 2013) auch eine ganze Reihe von Genres (und Fans) hervorgebracht hat, die nicht ohne Weiteres als antagonistisch zum Mainstream oder symbolisch-subversiv gesehen werden können (ein paar wurden bereits genannt: z.B. Wonky oder Hyphy, oftmals also eine Reihe tatsächlich eher auf Tanzbarkeit ausgerichteter Spielarten). Vielleicht ist die Ursprungserzählung auch eine mediale und wissenschaftliche Überpointierung, die eine – zugegebenermaßen sehr wichtige und auch in politisch unverdächtige Genres hineinspielende (vgl. Dietrich 2015) – Kulturfacette über die empirisch haltbare Gebühr strapaziert.

Vielleicht ist die Frage aber auch schlicht falsch gestellt. Die Frage sollte nicht lauten, ob Rap subversiv ist, wenn er eine zum Mainstream oppositionelle Rolle einnimmt und/oder symbolisch mit einer verbreiteten Kultur bricht. Treffender scheint es zu fragen, ob subkulturelle und subversive Relevanz mit Mainstream(erfolg) kollidieren müssen. Schließlich ist es so, dass Rap, trotz seiner Ausdifferenzierung und trotz seiner kommerziellen und kulturellen Expansion, immer wieder subversive oder politisch prekäre Semantiken auf der öffentlichen Agenda platziert (etwa zu Migration, Integration oder auch *race* und *class*, vgl. Dietrich 2015; Kitwana 2002; Ogbar 2007). Dabei braucht man sich keineswegs auf Rap beschränken – und schon gar nicht auf das 21. Jahrhundert. Man denke an *Fight Club* (1999) von David Fincher, der einen Blockbuster vorgelegt hat, der GesellschaftskritikerInnen (und AnhängerInnen der Frankfurter Schule) durchaus gefallen haben könnte. Oder Harmony Korines *Spring Breakers*

(2012), der neben allem ästhetischen Experiment und ironisch-unterhaltsamer Überzeichnung auch als Kritik an der *eigenen* Kultur begriffen werden kann. Als Kritik an einer jungen orientierungslosen Generation, die den rauschhaften Versprechen des Pop (und Rap) erlegen ist (vgl. Dietrich 2016).

Zutreffender scheint es festzuhalten: Rap hat durch seine Integration in den Mainstream oder auch eine gewisse jugend-/juvenilkulturelle Dominanz mit dafür gesorgt, dass zuvor randständige oder subkulturell verhandelte Semantiken eben Teil des Mainstreams geworden sind. Die Kultur- und Gesellschaftskritik ist salonfähig, sie wird sogar für den *Grammy* nominiert.[12]

Was ist Rap dann aus sozialwissenschaftlicher Sicht? Rap scheint mir am ehesten beschreibbar als kulturelles Gebilde mit szeneartigen Zügen und dem *Potenzial* zur Subversion. Das heißt, es handelt sich aus Sicht der modernisierungstheoretischen Jugendkulturanalyse um ein kulturelles Netzwerk von Personen, die materiale und/oder mentale Formen der Selbststilisierung teilen und Gemeinsamkeiten an typischen Orten und zu typischen Zeiten interaktiv stabilisieren und weiterentwickeln – wobei Letzteres vielleicht mit Blick auf die Gegenwart zu modifizieren ist: Die „typischen Orte", an denen sich die Szene formiert und reproduziert (zu denken ist an „physische" Orte: Clubs, Plattenläden, Jugendzentren), mögen sicher noch Bestand haben. Ein Großteil szenischer Vergemeinschaftung funktioniert mittlerweile aber wohl virtuell – im Netz. Damit wären wir bei einem inhaltlichen Schwerpunkt des Bandes angekommen.

TRIEBKRÄFTE DES WANDELS

Die eingangs skizzierte Expansion von Rap nämlich allein über die inhaltliche oder ästhetische Faszination erklären zu wollen, käme einer „kulturalistischen" Verkürzung gleich – eine Kulturexpansion dieser Tragweite ist ohne ökonomische und mediale Triebkräfte nicht denkbar. Zu tun hat dies mit einer medienbezogenen Innovation, die in alle gesellschaftlichen Funktionssysteme und das Denken, Fühlen, Wollen und Handeln von AkteurInnen hineingewirkt hat. Neben frühen kulturindustriellen Erschließungen durch (Major-)Labels sowie Mo-

---

12 Kendrick Lamar ist beispielsweise mit seinem sozialkritischen und politischen „To pimp a butterfly" in den Kategorien „Album" und „Song" des Jahres (2016) nominiert. Weitere Marker des Mainstreaming: Das insbesondere vom Rapper Haftbefehl benutzte „Babo" wird 2014 zum Jugendwort des Jahres, und ein CSU-Politiker (!) versucht junges Publikum mit diesem Wort sogar zu adressieren (http://www.spiegel.de/politik/deutschland/csu-plakat-von-fabian-giersdorf-sorgt-fuer-haeme-im-netz-a-950825.html).

de- und Entertainmentkonzerne, deren Investment immer noch eher zu wachsen als zu schrumpfen scheint, sind es die durch die Innovationen veränderten medialen Zugänge und Angebote, die Rap phänomenologisch von den 1990er Jahren unterscheiden. Verantwortlich dafür ist v.a. die zunehmende Verfügbarkeit und Nutzung des Internets ab ca. Mitte der 1990er Jahre[13] und damit die Basis für das wenige Jahre nach der Jahrtausendwende[14] etablierte *Web 2.0*. Die dadurch erfolgte Ausbreitung von *social media*, Bildplattformen[15] und Streaming-Diensten haben der traditionellen Musikindustrie mit ihrem Fokus auf zu verkaufende Tonträger insbesondere um die Jahrtausendwende nicht nur starke finanzielle Einbrüche beschert[16] sondern auch die *Produktions-, Vermarktungs- und Rezeptionspraktiken* nachhaltig verändert.

---

13 Für die Etablierung des privat nutzbaren Internets ist nicht nur eine technische Verbesserung („schnelleres Netz") verantwortlich, sondern insbesondere die zunehmende Erschließung dieses Marktsegments durch etwa die Deutsche Telekom und amerikanische Unternehmen wie AOL. Ab diesem Zeitpunkt nutzen immer mehr Menschen in Deutschland das Internet. Eine von der ARD und ZDF in Auftrag gegebene Online-Studie umfasst die Zeitspanne von 1997 bis 2015 und bezieht sich auf Personen ab 14 Jahren in Deutschland. Sie zeigt, dass die zumindest gelegentliche Internetnutzung kontinuierlich zunimmt (1997: 6,5 %; 2015: 79,5 %), in den Jahren 2013 bis 2015 die tägliche Internetnutzung anwächst und 2015 bei 63,1 % liegt. In einer Altersgruppe, die als am ehesten musik- und internetaffin betrachtet werden kann, sind die Zahlen noch höher: Die 14- bis 19-Jährigen nutzen das Internet 2015 täglich zu 93,8 %, 20- bis 29-Jährige liegen bei 94 % und 30-39-Jährige bei 83,9 %. Zu diesen Statistiken (und Angaben, die zudem die mobile Internetnutzung betreffen) vgl. http://www.ard-zdf-onlinestudie.de/index.php?id=530, zuletzt überprüft am 16.12.2015.
14 Zur Geschichte des Internets s. einführend Kerlen (2003), für eine Geschichte des Web 2.0 s. Münker (2009).
15 Der Begriff „social media" (der im alltäglichen Sprachgebrauch oft synonym mit „Web 2.0" verwendet wird und diesen bisweilen ersetzt hat) umschließt im Grunde nicht nur „klassische" soziale Netzwerke wie (früher) Myspace oder (heute) Facebook und Twitter, die über die Einbindung von Text, (Bewegt-)Bild und Ton funktionieren, sondern auch Plattformen, die stärker auf ein einzelnes Medium ausgerichtet sind (Instagram etwa mit seinem Fokus auf Foto-Sharing). Eine Feindifferenzierung von *social media*-Typen, wie sie in Teilgebieten der Medienwissenschaft oder Informatik sinnvoll sind, scheint mir an dieser Stelle nicht zwingend. Für das Anliegen, einen Wandel der Rapkultur herauszuarbeiten, sind die genannten Begriffe ausreichend.
16 Eine erste massive Erschütterung der Umsatzzahlen resultierte aus dem möglich gewordenen Phänomen des Filesharings, bei dem die Plattform Napster ein wichtige

Warum also „Rap im 21. Jahrhundert" – abseits der Tatsache, dass dies ein (sehr) „selbstbewusster" Titel mit der notwendigen Portion „Catchyness" ist? Inwiefern ergibt es Sinn, von einer Rapkultur des 21. Jahrhunderts zu sprechen?

In einem ersten Schritt zur Beantwortung dieser Fragen werde ich auf die bereits angedeuteten Aspekte einer kulturell, medial und technisch bedingten Expansion von Rap in dieser Zeit näher eingehen. Daran anschließend werde ich in die soziologischen, medienwissenschaftlichen und journalistischen Beiträge in diesem Band einführen.

PRODUKTION, REZEPTION UND DISTRIBUTION: ECKPUNKTE EINES KULTURELLEN WANDELS

Produktion: Die Tatsache, dass sich permanent neue interessante Produktionen und neue (junge) Producer im Rap einen Namen machen, hängt nicht zwangsläufig oder allein mit der Etablierung von Internet und Web 2.0 zusammen sondern auch mit technischen Verbesserungen von bereits in den 1990er Jahren etablierter Software. Diese hoch relevanten Entwicklungen wurden bislang kaum in Bezug auf Rap und im Rahmen sozial- und kulturwissenschaftlicher Diskussionen berücksichtigt – an dieser Stelle muss es bei einer Skizze bleiben:

Wer einen Track machen möchte, braucht gegenwärtig eigentlich nur einen stationären Computer oder Laptop mit entsprechendem Programm zur Musikproduktion sowie bestenfalls ein Mikro. Schon vor der Jahrtausendwende konnte Musik mit Software von *Fruity Loops*[17] oder *Cubase* digital im „Heimstudio" produziert werden. Analoge Produktionsmaschinen wie die legendäre MPC sind zwar noch durchaus beliebt (und werden mitunter zu ikonischen Objekten), sie sind bei BeatproduzentInnen aber längst nicht mehr obligatorisch. Früher verlangte der analoge Produktionsprozess noch nach Schallplatten, aus denen interessante Sequenzen herausgeschnitten werden konnten (Sampling); diese wurden dann im simpelsten Fall geloopt. Danach mussten noch ein paar Drums pro-

---

Rolle spielte (s. Tschmuck (2009) https://musikwirtschaftsforschung.wordpress.com/2009/07/23/10-jahre-napster-%E2%80%93-ein-ruckblick-teil-1/). Wenngleich sich die Umsätze allmählich erholen/erholt haben, fehlt bei vielen Labels noch ein konzises Modell, wie mit Streamingdiensten à la Soundcloud oder Spotify einträglicher umgegangen werden kann.

17 Im Falle von Fruity Loops, heute kurz „FL", kann fast von so etwas wie einer Revolution der Produktionskultur gesprochen werden (http://noisey.vice.com/en_ca/blog/fruity-loops-fl-studio-program-used-to-create-trap-music-sound).

grammiert und passgenau unter den Loop gelegt werden. Es bedurfte also einer/mehrerer Schallplatten (plus Schallplattenabspielgerät) sowie eines samplefähigen Geräts mit Drum-machine-Funktionen (wie der MPC). Stellt man die heutige digitale Infrastruktur der analogen nicht nur aufwandsbezogen sondern auch finanziell gegenüber, dann kann zweifelsohne von einer hochgradigen Vereinfachung und Aufwandsreduktion gesprochen werden[18]: Neuere Versionen der erwähnten Software stellen nicht nur sogenannte „Presets" bereit (bereits mit dem Programm verfügbare Drumsets und weitere Audiosequenzen), sondern bieten auch die Möglichkeit, selbst zu sampeln oder Samples einzuspielen. Mit einem einzigen Programm liegt dementsprechend schon ein komplettes Produktions-Setup vor.[19]

Nachdem in den Anfangsjahren von Rap vor allem Disco-, Soul- und Funksongs gesampelt wurden, ging die Quellensuche recht schnell auch in alle möglichen anderen Genres über. Insbesondere in den Nullerjahren differenzierte sich eine ganze Reihe von Szenen aus, die das Beatproducing immerzu auch als Möglichkeit interpretierte, möglichst ausgefallene oder abseitige Sample-Quellen zu

---

18 Auch hier überzeichne ich ein wenig, um die vollzogene Entwicklung deutlicher zu machen. Genau genommen entstand das Sampling gewissermaßen aus der Not heraus: Weil man oftmals keine Instrumente und versierte MusikerInnen zur Hand hatte, musste das eigentlich aus dem Rockbereich stammende Sampling genutzt werden, um überhaupt entsprechende Beats „bauen" zu können. Auch aufgrund rechtlicher Interventionen bezüglich der Klärung von Sample-Quellen (und damit verbundenen finanziellen Forderungen) wurde bereits in den 1990er Jahren vielfach auf das Nachspielen von Samples via Keyboard zurückgegriffen (das juristisch unverdächtig war). Heute findet Sampling v.a. auf Mixtapes statt, die oftmals noch unter dem juristischen Radar zirkulieren (z.B. beim *Evidence*-Mixtape „I don't need love", das komplett auf Beatles-Samples basiert) oder aber bei Produktionen, bei denen entsprechende finanzielle Ressourcen zum Sampleclearing vorhanden sind. Gelegentlich wurde gar in den 1980er Jahren mit einer „Haus-Band" gearbeitet, die Loops eigens im Studio einspielte. Diese Phänomene ändern m.E. aber nichts an der hier skizzierten Grundtendenz.

19 Auch das DJing hat sich (allerdings erst in den letzten zehn Jahren) aufwandsbezogen verändert. Während noch bis in die frühen Nullerjahre hinein „Waschkörbe" voller Vinyl transportiert werden mussten, so wird aktuell sehr viel mit Hilfe von Laptops und/oder mittels Equipment von *Serato* aufgelegt (https://de.wikipedia.org/wiki/Rane_Serato_Scratch_Live), was sowohl transportbezogen sowie handwerklich-technisch für den DJ eine Erleichterung darstellt.

integrieren.[20] Wenn aber vorher rare Schallplatten in speziellen Plattenläden, auf Flohmärkten oder gleich bei einem Insiderladen im Ausland zu erstehen waren, dann haben sich mittlerweile digitale Netzwerke und Tauschbörsen etabliert, die Platten(listen) und Samples zur Verfügung stellen. In YouTube-Tutorials kann man auch zuschauen, wie Pete Rock oder Just Blaze ihre Beats produzieren. Anschließend lässt sich via Kommentarfunktion darüber fachsimpeln, nachfragen oder weiter recherchieren. Samples suchen, Beats „bauen", sich vernetzen, den Ikonen über die Schulter schauen – all dies geht am eigenen Rechner.

Eine weitere Entwicklung betrifft den Bereich der musikalischen Zusammenarbeit, der *Kollaboration*: Beats (und Raps) konnten bereits mit entsprechend starker Verbindung um die Jahrtausendwende als Audiodateien verschickt werden. Die Etablierung und die nutzerfreundlichere Ausgestaltung des Internetzugangs in den Nullerjahren führten dazu, dass Beats praktisch von jedermann schneller verschickt werden konnten und internationale Kollaborationen zwischen KünstlerInnen einfacher und wahrscheinlicher wurden. Beispielsweise rappt der eine in Los Angeles ein paar Bars ein und schickt eine Soundfile nach Wien, wo ein anderer den Beat dazu arrangiert[21], oder umgekehrt. Überregionale und weltweite Kollaborationen – früher ein Unterfangen, bei dem persönliche Kontakte, (mehr) Geld und diverse Zwischeninstanzen eine gehörige Rolle spielten – waren nie leichter realisierbar. All dies stellt einen gewissen Sprung in der Entwicklung der Musikproduktion dar.

Vereinfachte Produktion, vereinfachte Sample-Suche, vereinfachte Kollaborationsbedingungen – dies sind die Stichworte neuerer Entwicklungen im 21. Jahrhundert. Und noch kein Wort ist an dieser Stelle verloren über vereinfachte Produktionsbedingungen von audiovisuellen Produkten. Musikvideos – einst das Privileg zumeist von Major-KünstlerInnen – werden praktisch im Minutentakt von Amateuren auf YouTube hochgeladen. Plattformen wie das *Video Battle*

---

20 Der kalifornische Producer Madlib mit seiner Tape-Serie „The Beat Konducta" ist sicher das bekannteste Beispiel für sample-bezogenes „Digging" nach „exotischem" Material (u.a. fertigte er Beat-Tapes mit Samples ausschließlich aus indischer oder brasilianischer Musik).

21 So ähnlich lässt sich über weite Strecken das Projekt des Wiener Beatproducers Brenk Sinatra mit US-Westküstenveteran MC Eiht vorstellen. Die (Musik-)Welt rückt tatsächlich näher zusammen. Ein besonders gutes Beispiel für die Vernetzung und Kollaboration über soziale Medien (aber auch eine Form der Berichterstattung, die Künstler mittels ihrer Reichweite im Netz bedeutungsbezogen einführt) ist der junge Rapper DARR aus Milwaukee (http://allgood.de/features/interviews/ich-bin-noch-dabei-meine-geschichte-zu-erzaehlen/, zuletzt überprüft am 17.12.2015).

(online) Turnier (VBT) sind zum Sprungbrett für NachwuchsrapperInnen geworden, die ihre mitunter sehr professionell selbst produzierten Videos hochladen und sich im Netz gegenseitig battlen.[22] Am Ende wird in manchen Fällen (z.b. bei Weekend oder Lance Butters) gar ein Plattenvertrag unterschrieben, der bis weit in die 1990er noch ausschließlich durch konstantes Touren, Jam-Besuche mit Tape-Verteilen und das „Erspielen" eines Rufs vor physisch kopräsenten AkteurInnen erkämpft werden musste.

Vermarktung: Sollte ein (Rap-)Track oder gar ein Video breitentauglich wahrgenommen werden, so waren die aufmerksamkeitsgenerierenden Instanzen bis in die frühen Nullerjahre noch das (Nischen-)Programm von TV- und Radiosendern oder aber das damals noch relevantere Musikfernsehen (VIVA, MTV). Dort in die „Rotation" zu gelangen war ein schwieriges Unterfangen, insofern sich KünstlerInnen auch innerhalb des Programms, der „Ideologie" – oder auch der Geschmackspräferenzen entscheidungstragender Akteure – behaupten mussten. Die Rap-Geschichte ist voll von Tracks von RapperInnen, die diesen (verlorenen) Kampf um Repräsentation und Anerkennung beklagen. Bisweilen und insbesondere in antikommerziell ausgerichteten Szeneströmungen der 1990er Jahre galt es gar als Auszeichnung (vielleicht auch aus verletzter Eitelkeit), nicht auf VIVA oder Eins Live gespielt zu werden. Mittlerweile sind aber (wie in vielen anderen Szenen, die in den Mainstream diffundieren) Kunst und Kommerzialität längst keine grundsätzlichen Gegensätze mehr.

Die institutionellen Filter auf dem Weg in die Breitenwahrnehmung werden mit den Inszenierungsmöglichkeiten des Web 2.0 mittlerweile häufig umgangen: Wenn ein Video möglichst viele RezipientInnen erreichen soll, stellt man es bei Plattformen wie YouTube ein, postet es auf Facebook oder schickt es an die Online-Adresse eines (Print- oder Web-)Magazins. Wer seine Musik einfach nur zur Verfügung stellen möchte, der stellt sie zum Streaming oder gar (Gratis-)Download auf Plattformen wie Soundcloud bereit.

Ein frühes Beispiel einer Musikkarriere, die nicht klassisch sondern zunächst ausschließlich mit Mitteln des Internets anlief, ist die der britischen Indie-Rockband *Arctic Monkeys.* Sie wurden Mitte der Nullerjahre als eine der ersten Bands über das Internet erfolgreich.[23] Später (als MySpace an Bedeutung verlor und Facebook und YouTube zum Standard wurden) erkannte man, dass auch die Quantität an (YouTube-)„Klicks" eines Songs oder Videos ein Indikator für (po-

---

22 http://www.rappers.in/de/VBT_2015.php.
23 Allerdings wohl nicht aus komplett eigener Initiative, insofern Fans eine MySpace-Seite einrichteten, dort das Band-Demo hochluden und damit die Popularität enorm steigerten https://de.wikipedia.org/wiki/Arctic_Monkeys.

tenzielle) Popularität und Erfolg sein können. Mittlerweile enthält fast jeder zeitgenössische (Rap-)Artikel in Magazinen wie *Juice* Hinweise auf Klickzahlen oder FB-Likes eines Künstlers. Heute – und das ist nicht wertend gemeint – wird eine Karriere im Pop- und insbesondere Rapbereich gänzlich ohne Referenzen in der „Online-Selbstvermarktung" eher selten erzählt.

Der Weg von der autarken Produktion in den eigenen vier Wänden hin zur potenziell weltweiten Sichtbarkeit durch digitale Plattformen ist also kurz und relativ leicht zu bewerkstelligen. Dass dies auch semantische Veränderungen, etwa Neuplatzierungen von Themen in Rapsongs, mit sich bringt, liegt also fast auf der Hand: Rap hat immer schon gesellschaftlich Relevantes thematisiert (man denke an die politischen oder *Conscious Rap*-Beiträge von Melle Mel über Public Enemy bis hin zu den Native Tongues und später Dead Prez oder Kendrick Lamar). Rap mit seinem traditionell engen Bezug zur eigenen sozialen Realität, zum eigenen Milieu, dem etablierten Sprechen aus der Ich-Perspektive, eignet sich möglicherweise auch noch mal stärker als Artikulationsraum der Beschäftigung mit soziokultureller Realität als andere Popgenres.[24] Sind die skizzierten Bedingungen hinsichtlich der Produktion, Distribution und Kollaboration bei der gleichzeitigen und damit verbundenen Expansion von Rap erst einmal gegeben, dann muss es zur stärkeren Heterogenität des Genres und seiner mitunter zeitdiagnostisch oder gesellschaftskritischen Semantiken kommen. Zudem materialisieren sich in Rap selbst auch jenseits der expliziten „Message" soziokulturelle Diskurse (z.B. um Ethnizität und Klasse). Rap ist nicht nur selbst zeitdiagnostisch tätig (ganz explizit z.B. der Track „Generation Maybe" von Teesy feat. Megaloh) sondern ebenso *selbst* als Ausdruck eines gesellschaftlichen und kulturellen Zeitgeistes interpretierbar. Pointierend kann man sagen: Mit der Alterung der Kultur und den beschriebenen niedrigschwelligen Partizipationsoptionen bringen immer mehr AkteurInnen immer mehr „eigene" Themen und Perspektiven in das kulturelle Panorama ein. Mit Zuhilfenahme von und unter Bedingungen des Web 2.0. Von einigen dieser neuen Themen und Perspektiven (etwa zu „Männlichkeit" und zum Israel-Palästina-Konflikt) ist in diesem Band die Rede. Mit der Versammlung der skizzierten Perspektiven aus Soziologie, Medienwissenschaft, Gender-Studies und Journalismus sind in diesem Band m.E. die wesentlichen Positionen der HipHop-Studies vertreten. Die Beiträge,

---

24 Pop-Produkten kann ganz generell ein mehr oder weniger stark soziologisch relevanter Charakter unterstellt werden, ein zeitdiagnostischer Gestus, insofern Songs, Musikvideos, Filme etc. immerzu soziale Realität interpretieren oder referenzieren müssen, um anschlussfähig zu sein – und sei es, dass dies im Modus der Irritation gesellschaftlicher Erfahrungsmodi geschieht.

die aus meiner Sicht sowohl für Szeneaffine als auch (bzw. und) Sozial- und KulturwissenschaftlerInnen interessant sind, werfen einige Schlaglichter auf wichtige Entwicklungen der letzten eineinhalb Jahrzehnte. Dennoch sind auch eine Reihe von Themen (praktisch Forschungsdesiderate) zu benennen, die genauso in diesem Band Platz gehabt hätten. Dazu zählen etwa:

- Ein systematischer empirischer Vergleich von Szenen und Szeneorientierungen vor und nach der Etablierungsphase von Internet und Web 2.0
- Eine dezidierte (und in dieser Einleitung nur angedeutete) Fokussierung von wirtschaftlichen Akzentverschiebungen und Marketingstrategien im Rap
- Ein Beitrag zu Rolle und Qualität generationaler Kämpfe um Deutungsmacht oder Authentizität im intraszenischen Zusammenhang
- Eine Geschichte oder Skizze des Rap-Unternehmertums bis in das 21. Jahrhundert, wie sie Dan Charnas 2010 (allerdings auf weit über 600 Seiten) für die USA dargelegt hat

Rap ist vielfältig und im ständigen Wandel begriffen. Für etablierte – unbedingt aber neue – Generationen von ForscherInnen ist viel zu tun. Dieser Band möchte auch dazu anregen.

VORSTELLUNG DER BEITRÄGE

Eröffnet wird der Band von einem Interview, das **Marc Dietrich** und **Paul Sebastian Ruppel** mit einem versierten Musikjournalisten, der auf verschiedenen Ebenen der (Rap-)Musikindustrie gearbeitet hat, geführt haben. Bei aller Euphorie aber auch kritischer Fokussierung in Bezug auf netzbasierte Wandlungsprozesse innerhalb der Rapkultur werden hier auch solche Praktiken und Kommunikationsformate betrachtet, die (gewandelt) Bestand haben und auf eine „analoge" Phase (rück-)verweisen: „Stephan Szillus im Gespräch. Ein Interview über (Rap-)Interviews" beschäftigt sich mit Qualitätskriterien von Interviews im Spannungsfeld gesprächsbezogener Anbahnungs-, Durchführungs- und Nachbereitungsprozesse sowie Interview-Handeln in (normativ regulierten) PR-Kontexten. Der Beitrag, der besonderes Augenmerk auf (rap)journalistisches Arbeiten unter Bedingungen der *Social Media* legt, kann dabei genauso als Text zu einer Reflexion kommunikativer Praktiken im Feld „HipHop" wie als innerszenische Thematisierung journalistischer Praxis für interessierte Sozial- und KulturwissenschaftlerInnen gelesen werden.

Wenn im Gespräch über Musikjournalismus deutlich wird, dass so manche traditionelle handwerkliche Regel aus dem journalistischen Printbereich auch in gegenwärtigen (digitalen) Zeiten seine Berechtigung hat, dann zeigt sich im Beitrag von **Anthony Obst**, der auf ein ganz anderes Feld konzentriert ist, dass so manche traditionelle Regel nicht mehr Bestand hat oder haben könnte: Nicht selten wird Rap als eine „patriarchal organisierte, männlich dominierte und sexistische Kulturpraxis" (Klein/Friedrich 2003) wahrgenommen. Zahlreiche Studien haben sich aus einer Gender-Studies-Perspektive mit insbesondere Frauenrollen und -Bildern beschäftigt, die zu einem ganz ähnlichen Schluss kommen (z.b. Lenz/Paetau 2012). Obsts Beitrag „Take Care: Drake als Vorbote einer inklusiven Männlichkeit im Rap des Internetzeitalters" deutet im Titel bereits programmatisch an, dass das einschlägige oder dominante *Männerbild* im Rap möglicherweise erodiert. Obst arbeitet machtvolle progressive Elemente ausgewählter Konstruktionen schwarzer Männlichkeit im Rap des 21. Jahrhunderts heraus und zeigt, wie sich Männlichkeitskonstruktionen im HipHop des Internetzeitalters verändern. Anhand von Internetkommunikationen, Texten und Videos zeigt der Journalist und studierte Amerikanist, welchen Einfluss die alternativen Männlichkeitsmodelle von afroamerikanischen HipHop-Künstlern (Drake, Frank Ocean, Lil B) auf die Kultur haben.

Thematisch in einem ähnlichen Rahmen aber stärker auf die Genealogie der „Weirdo"-Figur im Rap fokussiert, bewegt sich der Beitrag des Musik- und Kulturjournalisten **Stephan Szillus**: „Anything goes. Weirdo-Rap, seine Wurzeln im analogen Untergrund und seine digitale Diffusion in den Mainstream" rekonstruiert idealtypische Männlichkeitskonstruktionen. Ausgehend von *N.W.A.* und *Public Enemy* bis hin zu den aktuellen Entwürfen eines *Lil B* (USA) oder *Juicy Gay* (Deutschland) wird aufgezeigt, dass neben dem hypermaskulinen „Tough Guy" mindestens im Underground immer schon eine Figur entwickelt wurde, die „anders" war und jenseits des „Keepin' it real"-Dogmas funktionierte. Die gegenwärtige Popularität der Figur liest Szillus auch als Errungenschaft einer internetbasierten „Generation DIY", der die „Auslöschung der letzten Züge von Intoleranz" im HipHop gelingen könnte.

Stärker weg von US-amerikanischen KünstlerInnen und hin zu einem grundsätzlicheren Beitrag bewegt sich **Martin Seeliger** mit „Deutschsprachiger Rap und Politik". Seeliger stellt die Frage, welche politische Gestaltungsmacht Rap hat und in welchem Genre sie in den Nullerjahren besonders auszumachen ist. Anhand dreier Fallbeispiele erschließt der Autor mittels eines exemplarischen Rahmens (Makss Damage, die Gruppen *Tick Tick Boom* und *Antilopengang*) die

Thematisierung radikaler politischer Ideen in verschiedenen Subgenres. Aus kultursoziologischer Sicht wird gezeigt, dass man politischen einflussreichen deutschsprachigen Rap allerdings eher im Mainstream findet.

„Eine Welt, zwei Parallelen. Der Israel-Palästina-Konflikt im deutschsprachigen Gangsta-Rap aus intersektionaler Perspektive" – so lautet der Titel des Beitrags von HipHop-Aktivist und Sozialwissenschaftler **Malte Gossmann** aka Rapper Refpolk. Gossmann behandelt die Verhandlung des Israel-Palästina-Konflikts im Gangsta-Rap in Deutschland. Das Thema, das erst in den letzten Jahren verstärkt und unter Einsatz von Internet und *Social Media* polarisierend diskutiert wird, ordnet er dabei in einen breiteren kulturellen und gesellschaftlichen Kontext ein.

Dieser erweiterte transnationale Fokus dokumentiert sich auch in **Rainer Winters** und **Eve Schiefers** Beitrag „,La Voix des Sans Voix': Die Politik der HipHop-Bewegung in Mali". Die MedienwissenschaftlerInnen und VertreterInnen der Cultural Studies zeigen (auch auf Basis von Ergebnissen ihrer Feldforschung vor Ort), wie RapperInnen in Mali demokratische Funktionen der Partizipation und Artikulation in einer restriktiven politischen Kultur übernehmen und die Nutzung des Web 2.0 dazu beiträgt.

Ein weiteres Internetphänomen, hinter dem mittlerweile ein kleines wirtschaftliches Segment steckt, untersucht **Sufi Mohammed** in „Bring the Bars Right Back: Freestyle in the Digital Era". Der Medien- und Kommunikationswissenschaftler zeigt in seinem (englischsprachigen) Beitrag anhand einer Fallstudie, welche positiven wie negativen Folgen es hat, wenn Freestylebattles – eigentlich eine klassische Face-to-face-Angelegenheit – im Internet und innerhalb der Social Media stattfinden. Der Text markiert eine durch die Medialisierung beförderte kulturelle Akzentverschiebung, die auch ökonomische Implikationen hat.

Zu guter Letzt stellt Medienlinguist **Jannis Antroutsopoulus** in seinem Artikel die Notwendigkeit der mehrebigen Medienanalyse zur Beurteilung von Rapmusik im Zeitalter des Web 2.0 dar. Anlass dafür ist ein Sachverständigengutachten bezüglich einer Veröffentlichung des Horrorcore-Rappers Kaisa, das er mit Blick auf die kulturell konstruierten, diskursiv verhandelten Deutungs- und Kommunikationsräume um die Songtexte im Umfeld der deutschen HipHop-Öffentlichkeit darlegt. Sein Beitrag „Wann sind Rap-Lyrics ein Aufruf zur Gewalt? Vorgehen und Ergebnisse einer Begutachtung" zeigt, dass Rap im Zeitalter seiner internetbasierten Verhandlung viel stärker noch als früher vor dem Hintergrund komplexer medialer Kommentierungen, Rezeptionen und Praktiken gedeutet werden kann und muss.

Literatur

Beck, Ulrich (1986): Risikogesellschaft. Auf dem Weg in eine andere Moderne. Frankfurt a. M.: Suhrkamp.

Bragg, S., Buckingham, D; Kehily, M.J. (Hg.) (2014): Youth Cultures in the Age of Global Media. Basingstoke: Palgrave Macmillan.

Clarke, John u.a. (1979) (Hg.): Jugendkultur als Widerstand. Milieus, Rituale, Provokationen. Frankfurt a.M.: Syndikat.

Charnas, Dan (2010): The big payback. The history of the business of Hip-Hop. New York: New American Library.

Dietrich, Marc; Mey, Günter (noch unveröffentlicht 2016): „Und wir wollen einfach nicht diese Energie verlieren, auch wenn wir immer älter werden". Zur Inszenierung von Jugendlichkeit in Punkzines.

Dietrich, Marc (2016, noch unveröffentlicht): „Spring Break!" – eine exemplarische Analyse aus soziologisch-intertextueller Perspektive.

Dietrich, Marc (2015): *Rap*resent what? Zur Inszenierung von Authentizität, Ethnizität und sozialer Differenz im amerikanischen Rap-Video. Bochum/ Berlin: Westdeutscher Verlag.

Dietrich, Marc; Seeliger, Martin (Hg.): Deutscher Gangsta-Rap. Sozial- und kulturwissenschaftliche Beiträge zu einem Pop-Phänomen. Bielefeld: Transcript 2012.

Forman, M.; Neal, M. A.: That's the Joint. The HipHop Studies Reader. Second Edition. New York: Routledge 2012.

Hebdige, Dick (1979): Subculture: The meaning of style. London: Routledge.

Hitzler, Ronald; Niederbacher, Arne (2010): Leben in Szenen. Formen juveniler Vergemeinschaftung heute. Wiesbaden: VS.

Kerlen, Dietrich (2003): Einführung in die Medienkunde. Stuttgart: Reclam.

Kitwana, B. (2002): The Hip Hop Generation. Young Blacks and the Crisis in African-American Culture. New York: Basic Civitas Books.

Klein, Gabriele; Friedrich, Malte (2003): Is this real? Die Kultur des HipHop. Frankfurt a. M.: Suhrkamp.

Krüger, Heinz Hermann; Richard, Birgit (Hg.): Inter-Cool 3.0. Jugend Bild Medien, Ein Kompendium zur aktuellen Jugendkulturforschung. München: Wilhelm Fink 2010.

Lévi-Strauss, Claude (2009 (1962)): Das wilde Denken. Frankfurt a.M.: Suhrkamp.

Münker, Stefan (2009): Emergenz digitaler Öffentlichkeiten: Die Sozialen Medien im Web 2.0. Frankfurt a. M.: Suhrkamp.

Ogbar, Jeffrey (2007): Hip-Hop Revolution. The Culture and Politics of Rap. University Press of Kansas.

Parsons, Talcott(1961): A sociologists view. In: Eli Ginberg (Hg.): Values and Ideals of American Youth. New York/London, S. 271-287.

Parsons, Talcott (1968a): Jugend im Gefüge der amerikanischen Gesellschaft. In: Ders.: Sozialstruktur und Persönlichkeit. Frankfurt a M. S. 194-229.

Parsons, Talcott (1968b): Die Schulklasse als soziales System. Einige ihrer Funktionen in der amerikanischen Gesellschaft. In: Ders.: Sozialstruktur und Persönlichkeit. Frankfurt a M. S. 161-193.

Pfadenhauer, Michaela; Eisewicht, Paul (2015): Kompetenzerwerb in Jugendszenen. Überlegungen zum Aufschwung eines Themas und seiner Konzeptualisierung. In: Sandring, Sabine; Helsper, Werner; Krüger, Heinz-Hermann (Hg.): Jugend. Theoriediskurse und Forschungsfelder. Wiesbaden: Springer VS. S. 289-310

Seeliger, Martin (2013): Deutscher Gangstarap zwischen Affirmation und Empowerment. Berlin: Posth Verlag.

Toop, D. (2000): Rap Attack 3. African Rap to Global Hip Hop. London: Serpents Tail.

Willis, Paul (1979): Spaß am Widerstand – Gegenkultur in der Arbeiterschule. Frankfurt a.M.: Syndikat.

Zima, Peter (2001): Moderne/Postmoderne. Gesellschaft, Philosophie, Literatur.Tübingen/Basel: A. Francke Verlag.

Filme

Fincher, David: Fight Club. 20th Century Fox 1999.
Korine, Harmony: Springbreakers. Wildbunch 2012.

Links

ARD-Onlinestudie (1997) 1998-2015: http://www.ard-zdf-onlinestudie.de/index.php?id=530,zuletzt überprüft am 7.1.2016.

Deutschland-Homepage der Zulu Nation: http://www.zulu.de/afrika-bambaataa-zulu-nation-cosmic-force/65, zuletzt überprüft am 7.1.2016.

Eintrag Wikipedia „Arctic Monkeys": https://de.wikipedia.org/wiki/Arctic_Monkeys, zuletzt überprüft am 7.1.2016.

Eintrag Wikipedia „Rane Serato Scratch Live": https://de.wikipedia.org/wiki/Rane_Serato_Scratch_Live, zuletzt überprüft am 7.1.2016.

Friedlander, Emilie/Mcdermott, Patrick D. (2015): A recent history of microgenres: http://www.thefader.com/2015/10/08/timeline-history-of-music-microgenres-chillwave-cloud-rap-witch-house, zuletzt überprüft am 7.1.2016.

Homepage des Videobattle Online Tourniers bei rappers.in: http://www.rappers.in/de/VBT_2015.php, zuletzt überprüft am 7.1.2016

Jackson, Reed (2015): The Story of Fruityloops: How a Belgian Porno Game Company Employee Changed Modern Music: http://noisey.vice.com/en_ca/blog/fruity-loops-fl-studio-program-used-to-create-trap-music-sound, zuletzt überprüft am 7.1.2016.

Kämper, Vera (2014): Umstrittenes Wahlplakat: Chabos wissen, wer CSU-Kandidat ist: http://www.spiegel.de/politik/deutschland/csu-plakat-von-fabian-giersdorf-sorgt-fuer-haeme-im-netz-a-950825.html, zuletzt überprüft am 7.1.2016.

Limdighri, Naima (2015): IshDarr.»Ich bin noch dabei, meine Geschichte zu erzählen.«: http://allgood.de/features/interviews/ich-bin-noch-dabei-meine-geschichte-zu-erzaehlen/, zuletzt überprüft am 7.1.2016.

Redaktionsbeitrag ALL GOOD (2015): Rack-Lo & Thirstin Howl:»Wir nahmen uns, was uns gefiel und erschufen einen eigenen Lebensstil.«: http://allgood.de/features/interviews/wir-nahmen-was-uns-gefiel/, zuletzt überprüft am 7.1.2016.

Tschmuck, Peter (2009): 10 Jahre Napster – ein Rückblick: https://musikwirtschaftsforschung.wordpress.com/2009/07/23/10-jahre-napster-%E2%80%93-ein-ruckblick-teil-1/, zuletzt überprüft am 7.1.2016.

Stephan Szillus im Gespräch:
Ein Interview über (Rap-)Interviews

MARC DIETRICH UND PAUL SEBASTIAN RUPPEL

INTRO

Ich lad' mein Magazin mit Lyrics, ziele auf dein Magazin
Schütz' dein Revolverblatt, weil ich jetzt Revolte mach'
Durchforst' den Blätterwald, schieß' Zeitungsenten
Stürm' den Presseball wie einst Studenten
Fick deine Artikel plus deine Starschnitte
Weil die FK-Clique auch Stücke ohne in die Charts schickte
Ich muss was klar rücken, lass' mich nicht in' Arsch ficken
Ich bring mein' Shit vom Herz, bedien' nich' nur 'ne Marktlücke
Zu schade für deine Druckplatte, uns're Trumpfkarte
Wir ham' zu viele Seiten für 'ne Schublade
Dein Scheiß entbehrt jeder Grundlage, Quintessenz
Dein Hirngespinst beleidigt meine Intelligenz
Also: Check das Herr Journalist, dass wenn ich der Auserwählte, du der Judas bist
Und Pontius Pilatus wär' der Publizist
Nur der Haken daran ist: Ich bin Atheist. Fick Dich!

Max Herre feat. Afrob „Exklusivinterview", Four Music, 1999

Vor über 16 Jahren nahmen *Max Herre* (*Freundeskreis*) und *Afrob*, zwei Stuttgarter Rapper aus der *Kolchose*, einer Crew befreundeter HipHop- und Szeneakteure, ein eigenes, zorniges „Exklusivinterview" auf. Grund dafür war die zunehmende Vereinnahmung durch Teenager- und Boulevardmedien einer Gruppe, die vor nicht allzu langer Zeit noch „Untergrund" gewesen war und zu diesem

Zeitpunkt der noch szenegängigen Skepsis gegenüber „Mainstream-Medien" beipflichtete. Im zugehörigen Video werden irritierende ReporterInnenfragen in einer Hotelsuite mit offensiven Lines beantwortet und am Ende entkommen *Max* und *Afrob* dem – so könnte man sagen – „goldenen Pressekäfig", als der das Hotel interpretierbar wird[1].

1999 befinden wir uns in einer Zeit anhaltender Dominanz der Printmedien – dies machen auch die Verbalangriffe gegen „Blätterwald" und „Magazine" im Text deutlich. Erkennbar wird im Video aber auch ein Unbehagen am Interview als Face-to-Face-Gespräch verbunden mit dem Eindruck, dass persönliche Statements nur zum Aufhänger für gefakte Schlagzeilen und Bilder zum Dokument fiktiver Stories werden. Der Virulenz und Popularität von Interviews in (rap-)journalistischen Medien hat dies rückblickend nicht geschadet. Verändert hat sich vielmehr die Medienlandschaft selbst: Während *Max* und *Afrob* in ihrem lyrischen Rundumschlag noch sicher sein konnten, die „Richtigen" zu treffen, wenn sie den „Presseball (stürmen) wie einst Studenten", findet Rap bereits ab Mitte der Nullerjahre mit der breitentauglichen Etablierung von Social Media schon lange nicht mehr allein im Printbereich statt. Ganz im Gegenteil. Das Interview ist mittlerweile medienübergreifend eines der häufigsten journalistischen Formate[2]. Es wird allerdings schwerpunktmäßig anders aufbereitet oder distribuiert als dies noch in den 1990er Jahren der Fall war: Interviews werden beispielsweise mitgefilmt, auf eine Seite hochgeladen, bei *Facebook* geteilt und ab diesem Zeitpunkt auch zum direkten Gegenstand der Bezugnahme, Diskussion oder Kritik seitens der Kon- bzw. ProsumentInnen. Inwiefern sich Status und Qualität des Interviews mit Aufkommen der Social Media verändern und wie diese sich auf den kommunikativen Vorgang der Interviewgestaltung selbst auswirken, ist Gegenstand dieses Beitrags.

In dem Interview[3] mit *Stephan Szillus*, einem versierten Musikjournalisten und erfahrenen Szenekenner, beschäftigen wir uns zum einen mit generellen Themen wie Qualitätskriterien von Interviews sowie Anbahnungs-, Durchfüh-

---

1 Vgl. https://www.youtube.com/watch?v=wQKWThB76L0
2 Für die Omnipräsenz des Interviews prägte Silverman (1997) den Begriff der „interview society" (vgl. auch Cisneros-Puebla, Faux & Mey, 2004). Diese Diagnose trifft u.E. auch und gerade für die qualitative Sozialforschung zu, in der unterschiedliche Formen qualitativer Interviews den sich fortwährend ausdifferenzierenden Kanon der Erhebungsmethoden weiterhin dominieren.
3 Das Interview mit Stephan Szillus wurde am 23. Oktober 2015 in den Räumlichkeiten von *Heart Working Class* in Berlin-Kreuzberg von Marc Dietrich und Paul Sebastian Ruppel geführt.

rungs- und Nachbereitungsprozessen von Gesprächen. Zudem konzentrieren wir uns auf etwas, das sozialwissenschaftlich gewendet als „Roletaking und Rolemaking" der InterviewerInnen bezeichnet werden könnte. Es geht um Interviewhandeln in (normativ regulierten) PR-Kontexten sowie um Unterschiede im Umgang mit deutsch- sowie amerikanisch-sprachigen RapperInnen. Das Interview behandelt zuvorderst jedoch journalistisches, interviewbezogenes Arbeiten (Produktion und Distribution von Interviewmaterial) unter Bedingungen der Social Media sowie Status und Qualität webbasierter (audiovisueller) Erzeugnisse. Der Beitrag kann dabei ebenso als Text zu einer Reflexion kommunikativer Praktiken im Feld „HipHop"[4], wie (so unsere Hoffnung) als innerszenische Thematisierung journalistischer Praxis für interessierte Sozial- und KulturwissenschaftlerInnen gelesen werden.

Das „Interview über Interviews" wird in thematischen Blöcken präsentiert[5]. Zunächst folgen einige Rahmeninformationen zum Interviewexperten, der hier einmal die Rolle des Interviewpartners einnimmt:

Stephan Szillus ist Labelbetreiber, Musikmanager und Musikjournalist. Nach dem Jurastudium in Hamburg und Zürich arbeitete er zunächst als Rechtsanwalt für Medienrecht in einer Hamburger Kanzlei. Bereits neben dem Studium (seit 2002) schrieb *Szillus* als freier Musikjournalist für Tageszeitungen, Magazine und Onlinemedien sowie als Autor für Plattenfirmen und PR-Agenturen. Von 2007-2013 fungierte er als Chefredakteur von *Juice*, dem größten HipHop-Magazin Europas.

Zu den Veröffentlichungen von *Szillus* zählen Beiträge in mehreren akademischen Büchern (u.a. Szillus 2012), er lehrte Musikjournalismus am Institut für

---

4 Die Begriffe „Rap" und „HipHop" werden manchmal umgangssprachlich synonym verwendet. Das ist im Grunde genommen nicht richtig: Wir verwenden „HipHop" als Oberbegriff: Mit „HipHop" ist die umfassende Kultur gemeint, die ästhetische Ausdrucksangebote in u.a. Tanz (Breakdance inklusive verschiedener Substile), Malerei (Graffiti, Writing), Musikproduktion (DJing/Turntablism, Producing, Beatboxing) beinhaltet. Mit „Rap" ist ein in der HipHop-Kultur integriertes vokales Ausdrucksangebot (zumeist unterstützt durch ein Instrumental) gemeint.

5 Das leitfadengestützte Interview (vgl. Helfferich, 2011) dauerte ca. 80 Minuten und wurde für die Publikation aufbereitet und partiell re-arrangiert. Es versteht sich als qualitatives Interview mit einem Experten für journalistische Interviews (für einen Überblick zu in der qualitativen Sozialforschung gängigen Interviewverfahren siehe Mey & Mruck, 2010).

Medien- und Kommunikationswissenschaft der Universität Mannheim und hält Vorträge bei Panels, Workshops und Tagungen.[6] Zusammen mit seiner Frau *Sherin Kürten-Szillus* gründete er 2013 *Heart Working Class* – eine KünstlerInnen-Management-Agentur mit integriertem Label (u.a. *Audio88 & Yassin, Gerard*). *Szillus* koordinierte nationale und internationale Musikprojekte für globale Marken wie *Red Bull* oder *Nike*, war Music Channel Manager bei *Vice* und moderiert die eigene wöchentliche Radiosendung *Rohstoff* auf *Byte FM*.

VON ERSTEN WORTMELDUNGEN ZUM FINDEN DER STIMME

Marc Dietrich: Du bist schon lange journalistisch tätig: Wie bist du eigentlich zum Musikjournalismus gekommen und wie ging es dann weiter?

Stephan Szillus: Ich hatte schon während des Jurastudiums den Drang über Musik zu schreiben, um einen Ausgleich zur trockenen und verschulten Rechtswissenschaft zu haben. Ich habe mich seit frühster Kindheit mit Musik beschäftigt. Musik war immer das Allerwichtigste in meinem Leben. Lange Zeit habe ich aber nicht gedacht, dass ich das auch beruflich machen möchte. Während des Studiums habe ich dann gemerkt, dass man für Magazine schreiben kann und das viel Spaß, ja sogar ein kleines Zubrot einbringt. Dann habe ich in der Redaktion von *Wicked* in Hamburg ein Praktikum gemacht und dort auch danach gearbeitet. *Wicked* – ein HipHop Magazin, das es schon lange nicht mehr gibt – saßen in Hamburg-Bergedorf. Das war zu Zeiten des ersten großen deutschen HipHop-Hypes 2000/2001. Da war gerade viel Geld im Spiel, auch weil sie gute Werbeinserenten hatten. Die hatten eine große Redaktion, dicke Autos – damit wurde mir klar, dass diese Jungs offenbar davon leben können. Während des Studiums habe ich dort ein halbes Jahr als Redakteur gearbeitet. Als *Wicked* eingestellt wurde, habe ich erstmal für andere Hefte sehr viel frei gearbeitet und nebenbei mein Rechtsreferendariat gemacht – so bin ich einfach auch erzogen: Dinge zu Ende zu bringen.

Ich habe mich überwiegend initiativ bei Redaktionen beworben: Hey, ich habe verschiedene Sachen schon gemacht, wie sieht's aus? Dann kam irgendwann

---

6 Z.B. einen Vortrag zu HipHop in der Provinz im Rahmen der Tagung „(Über-)Leben in der Provinz. Sozial- und kulturwissenschaftliche Betrachtungen der Peripherie von Jugendkultur(-forschung)" an der Hochschule Magdeburg-Stendal. Vgl. https://www.hs-magdeburg.de/fileadmin/user_upload/Fachbereiche/AHW/files/Programmflyer_Jugendkultur100915.pdf.

der Moment, an dem ich gedacht habe, dass ich zu den „Big Boys" möchte. Also habe ich an die *Juice* geschrieben. *Juice* war für mich als Leser und Fan das relevanteste Magazin – und da wollte ich hin. Lustigerweise kam direkt einen Tag nach meiner Bewerbung eine Antwort von dem damaligen Chefredakteur *Davide Bortot*, der schrieb: „Ich hab' gestern deine Rezension im Musikexpress zu Missy Elliott gelesen, fand ich super, würd' mich total freuen, wenn du an Bord kommst!". Das war 2004. Ab dann habe ich frei für die *Juice* geschrieben. Nebenher habe ich immer noch mal woanders publiziert, zum Beispiel bei *Spiegel Online*. Aufgrund meiner *Juice*-Artikel hatte mich *Daniel Haas* angerufen, damals Kulturredakteur bei *Spiegel Online*, der die *Juice* abonniert hatte. Daraufhin habe ich ihn bei seiner *Spiegel Online*-Kolumne unterstützt. Dann kam 2007 das schicksalhafte Angebot. Zu dem Zeitpunkt, d.h. nach meinem Referendariat, hatte ich anderthalb Jahre als Anwalt in einer Kanzlei gearbeitet. *Davide Bortot* wollte nun wissen, ob ich den Chefredaktionsposten übernehmen wolle. Ich habe mich dann zweimal mit dem Verlag getroffen und die Entscheidung ziemlich schnell gefällt: Ja. Ende 2007 wurde ich also Chefredakteur der *Juice* und war es für die folgenden sechs Jahre.

WECHSELNDE SPRECHERPOSITIONEN

Marc Dietrich: Du hast ja im Fortgang als Künstlermanager und Labelbetreiber in verschiedenen Bereichen der Musikindustrie gearbeitet. Würdest du sagen, dass sich deine Perspektive dadurch z.B. in Bezug auf die HipHop-Szene oder auch dein Verhältnis zu deinem Job selbst verändert hat?

Stephan Szillus: Ja, definitiv. Ich glaube, das kam sehr stark mit der Festanstellung in der Chefredaktion. Vorher als freier Autor bin ich durch die Weltgeschichte gefahren oder geflogen und habe Leute interviewt, die ich interessant fand. Die Texte wurden dann an Redaktionen geschickt. Das war das Modell. Als Chefredakteur bist du natürlich ganz anderen Dingen ausgesetzt, du bist eine Schnittstelle zwischen Redaktion, die primär inhaltlich, thematisch arbeitet; sowie Sales und Marketing. Die wollen verkaufen, die haben Erfolgsdruck von der Geschäftsführung, und diesen Druck geben sie weiter an die Redaktion. Du kommunizierst mit den Plattenfirmen und Managements der Künstler. Du bist also nicht nur der freie Autor, der einen Termin ausmacht, sondern du sprichst en détail über Umfang der Geschichte, Rahmenbedingungen und Freigaben – auch Fotos. Dadurch bekommst du einen viel tieferen Einblick in die tatsächlichen Abläufe der Musikindustrie. Das heißt: In diesen sechs Jahren habe ich gelernt, wie die Musikindustrie im Groben funktioniert, sodass ich danach selbst die Seiten wechseln konnte. Dadurch konnte ich in den Bereich Künstlermanagement gehen. Im Detail lernt man vieles natürlich noch mal neu. Dennoch war dies der Zeitpunkt, an dem es bei mir ein Umdenken gab. Wenn man mal bezüglich des Chefredakteurspostens ehrlich ist – und auch etwas pathetisch – dann hat man natürlich in dieser Zeit so ein bisschen die Naivität und den Spaß verloren. Vorher war es wirklich alles sehr viel Fun: Geil! Nächste Woche fliege ich nach New York und treffe *Ghostface Killah*! Auf einmal sitzt du aber acht Stunden oder länger in deinem Büro und bist diesen genannten Interessenlagen ausgesetzt und musst vermitteln. Das ist ein interessanter Job, aber auch ein anstrengender, auslaugender. Das war ein Grund, warum ich nach sechs Jahren aufgehört habe.

Exkurs: Stimmenwechsel

Ein anderer Faktor war, dass ich parallel gesehen habe, dass sich in Deutschland gerade eine neue HipHop-Szene aufbaut. Wir hatten ja – kurzer Exkurs – um 2000 herum diesen ersten Boom: *Beginner*, *Massive Töne*, *Freundeskreis* – alle in den Charts, sehr erfolgreich. Dann: kompletter Zusammenbruch. Dann: Neuaufbau, primär auf dem Rücken von Gangsta-Rap mit *Sido*, *Bushido* und Gefolge. Dann: Wieder Zusammenbruch – wo alle gemerkt haben, dass man mit diesen Inhalten ganz schwer in den Mainstream diffundiert. Dann ab 2010 ein erneuter Aufbau, primär über Künstler wie *Marteria*, *Casper* und *Cro*, die dann wieder so ein bisschen in eine bravere, bürgerliche Richtung gingen und auch musikalischer waren, wenn man mal ehrlich ist. Auf diesem Rücken hat sich in den letzten fünf Jahren eine komplett neue HipHop-Szene aufgebaut, die aber dann auch wieder Straßen-Rap und Gangsta-Rap mit sich bringt – und alles geht, alles verkauft sich auch auf seine Art und Weise. Jetzt gerade sind wir so über den Peak hinweg und es machen sich wieder erste Abnutzungserscheinungen bemerkbar. Nur: Ich habe das eben schon drei Mal gesehen, ich kenne diese Wellenbewegung. In jedem Subgenre gibt es die. Wenn ich mit Freunden aus der Heavy-Metal-Branche rede, ist es da ähnlich.

Konfligierende Sprecherpositionen

Ich war also an einem Punkt, an dem ich gemerkt habe: Okay, im Moment ist da ein relativ starkes Fundament, ich kann in dieser Szene mit meinem Wissen und Know-how etwas beitragen, was über mediale Begleitung hinausgeht. Das war mein Wunsch, deswegen habe ich aufgehört und mich eher auf die andere Seite begeben. Ich schreibe zwar immer noch, aber beispielsweise nicht mehr über Deutsch-Rap, weil ich da doch einen Interessenkonflikt sehe: Wenn ich jetzt selber Deutsch-Rapper manage, ist klar, dass ich die nicht selbst interviewe. Aber auch mit anderen Deutsch-Rappern Interviews zu machen oder sie medialjournalistisch auszuwerten, finde ich schwierig. Wenn ich jetzt einen Ami-Rapper interviewe oder eine neue Instrumentalplatte bespreche, dann hat das relativ wenig mit meinem Business zu tun. Da versuche ich für mich persönlich eine Trennlinie zu ziehen.

SPRECHAUFFORDERUNGEN – SPRECHEN – SPRECHVERWEIGERUNGEN

Marc Dietrich: Wenn ich dich richtig verstehe, dann gab es eingangs eine gewisse Leichtigkeit: Es war schön, viel zu reisen, z.B. mal nach New York. Die Interviews, die du geführt hast, sind zunächst an verschiedenen Stellen erschienen. Außerdem, sagtest du, wurde es professioneller. Hatte das damit zu tun, dass ab da verschiedene Parteien und Akteure zusätzlich im Spiel waren? Oder war das auch vorher schon der Fall?

Stephan Szillus: Nein, das hat sich nicht verändert, verändert hat sich ja nur mein Status. Das heißt, als freier Autor bist du niemandem verantwortlich außer dem Redakteur, der den Text bestellt hat. Der kann natürlich sagen: „Er gefällt mir nicht". Aber im Prinzip bist du wirklich frei. Du bist nicht weisungsgebunden, in keiner Form, du musst auch kein Thema übernehmen. Wenn du keine Lust hast, dann lehnst du das Thema einfach ab. Wenn du aber in einer Redaktion sitzt, dann musst du dich damit in irgendeiner Form befassen und eine Entscheidung fällen – und sei es, dass du nur absagst. In dem Moment hast du schon mit Sachen zu tun, die dich im Kern nicht unbedingt interessieren. Ganz banal gesagt: Da steht ein Festnetztelefon, es gibt eine Redaktionsnummer im Impressum. Du bist zugänglicher. Als freier Autor bist du jemand, der so durch die Weltgeschichte düst. Ein Kollege von mir hat für diesen Typus des freien Musikjournalisten, der heute in New York *Toni Braxton* interviewt und übermorgen dann *Dr. Dre* in Los Angeles, den Begriff des „Bauchladenjournalisten" erfunden. Den finde ich relativ treffend – auch wenn er etwas abwertend ist. Ich habe mich aber selbst damals ein bisschen so empfunden. Man kommt ganz schnell in so eine Kaste von Leuten, die von den Plattenfirmen durch die Welt geschickt wird, um Künstler zu interviewen. Wenn man das gut und launig macht, kriegt man das auch entsprechend unter und „streut" die Interviews. Deswegen sprechen manche auch vom „Streuer" – weil man irgendwann 20 Medien an der Abnahme hat. Das ist ein Geschäfts- und Berufsmodell, aber das war nicht meins. Ich bin irgendwann auch eine Zeit lang nur mit diesen Leuten, die das teilweise sogar schon 20 Jahre lang machen, unterwegs gewesen. Das ist fast so eine Art Reisegruppe. Irgendwann war ich mit vier von diesen Typen in Miami, um *Pharrell Williams* zu treffen, und die waren total abgeklärt, unterhielten sich völlig abgehoben über irgendwelche Hotels. Gleichzeitig habe ich erkannt, dass die sich, ohne es zu merken oder bemerken zu wollen, als verlängerter Arm von Plattenfirmen und Managements gerieren. Denn das ist die Hand, die sie füttert – nicht der Abnehmer. Der Abnehmer zahlt denen einen geringen Obolus, was man als Musikjournalist halt verdient. Aber wenn die Plattenfirmen keinen Bock mehr auf dich haben, dann schicken sie dich eben nirgendwo mehr hin, und dann ist dein ganzer Lifestyle verschwunden. Da habe ich gemerkt: Oha, das will ich lieber nicht. Genau in dieser Zeit kam das Angebot, bei der *Juice* einzusteigen. Darüber war ich sehr froh. Mit der beschriebenen Art des Journalismus konnte ich mich nie wirklich anfreunden, weil diese Interessenlagen einfach zu komplex sind: Wie willst du denn noch kritisch Bericht erstatten, wenn dir ein Fünf-Sterne-Hotel für eine Woche Miami bezahlt wurde? Und wenn du das machst, was passiert dann? Entweder kriegst du einen bösen Anruf, oder sie rufen einfach nicht mehr an. Dann ist ja alles, was du so geil findest an deinem Job, mit einem Schlag weg. Du musst die Leute bei Laune halten, und das ist ein komisches Abhängigkeitsverhältnis.

KOORDINIERTES SPRECHEN

Paul Sebastian Ruppel: Du hattest vorhin, als wir über die anderen Berufsrollen sprachen, schon angedeutet, dass du versuchst, das Journalistische und die Managerrolle zu trennen. In wie weit empfindest du das als Spagat? Was glaubst du, wie du in verschiedenen Bereichen mit diesen verschiedenen Rollen wahrgenommen wirst?

Stephan Szillus: Das kann ich total schwer sagen, weil ich kaum die Fremdwahrnehmung einschätzen kann. Ich hoffe und vermute auch ein bisschen, dass die Leute mich sehr lange als Journalisten gesehen haben und mich nach zweieinhalb Jahren nun primär als Manager sehen. Auch weil meine journalistischen Tätigkeiten sich auf ein Minimum beschränken. Jeder, der ein bisschen verfolgt, was ich tue, merkt, dass das reine Leidenschaftsdinge sind. Auf der journalistischen Ebene mache ich absolut nichts mehr, was in irgendeiner Weise nur kommerziellen Interessen dient. Es ist wieder wie im Studium: Ich brauche dieses

Gegengewicht zu meinem Job. Mein Job ist jetzt Management – Journalismus ist ein nettes Hobby, mit dem ich fast kein Geld verdiene. Ob die Leute mich tatsächlich so wahrnehmen, kann ich schwer beurteilen, weil ich so lange der *Juice*-Typ war. Man darf nicht vergessen, dass es in der HipHop-Szene mehrere Key-Player gibt, einer davon ist die *Juice* als das wichtigste Printmedium seit sehr vielen Jahren. Und ich war das Gesicht dieses Magazins. Das war mir auch vollkommen bewusst, als ich das übernommen habe. Da gab es ein Schlüsselerlebnis: 2008 war ich auf dem *Splash*-Festival. Das *Splash* ist einfach das Klassentreffen der deutschen HipHop-Szene. Dort im Backstage-Bereich sind alle. Ich war dann das erste Mal als offizieller *Juice*-Chefredakteur dort und saß irgendwann nachmittags auf einer VIP-Tribüne neben *Kool Savas*. Wir haben uns unverbindlich unterhalten und kannten uns auch schon über Interviews. Plötzlich kommen an den Zaun, der die VIP-Tribüne von den normalen Zuschauern abtrennt, mehrere Fans herangestürmt, sie jubeln und machen Gesten. In diesem Moment denke ich: Ja, klar, die haben *Savas* erkannt und wollen dem was mitteilen. Daraufhin sage ich zu *Savas*: „Da, schau mal". Savas guckt mich an und sagt: „Nee, nee". Er zeigt runter und ich sehe, dass dort *Juice*-T-Shirts hochgehalten werden. In dem Moment wurde mir bewusst: Okay, alles klar, ich bin eine öffentliche Person für diese Szene. Das darf man natürlich nicht überbewerten. Diese Marke *Juice*, mit ihrem damals schon über zehnjährigen Bestehen, habe ich auch nach außen vertreten, und ich musste das auch tun. Diese Episode hat für mich ganz klar gemacht, was meine Rolle auf einmal war. Diese Rolle habe ich in der Folge dann auch versucht auszufüllen. Ich will das jetzt nicht selbst bewerten, aber ich habe diese Erkenntnis immer in alle meine Entscheidungen einbezogen. Ich entscheide nicht für mich allein als *Stephan Szillus*, sondern für die *Juice*-Crew. *Juice* hat sich immer als Kollektiv verstanden. Unter unsere Editorials haben wir niemals den Namen des Autors, sondern immer „*Juice*-Crew" geschrieben – weil wir einfach mit dieser geschlossenen Stimme sprechen wollten.

STIMMAUSWAHL UND ÄUSSERUNGSAPPELL

Marc Dietrich: Also die Redaktion als ein Team, das kollektiv Entscheidungen trifft. Wenn du dich an deine Rolle als Redakteur zurückerinnerst, war es denn auch bei Interviews so, dass ihr untereinander beratschlagt habt, oder war das allein deine Entscheidung? Waren da noch andere Faktoren im Spiel, die dazu beigetragen haben, dass du gesagt hast: „Ich interviewe den, aber nicht den"?

Stephan Szillus: Ja, absolut, das wurde alles kollektiv besprochen in den Redaktionssitzungen, es war ganz selten so, dass ich oder ein anderer Redakteur mal alleine was entschieden haben. Vielleicht wenn es mal schnell gehen musste. Aber im Kern: Redaktionssitzung, die Themen kommen auf den Tisch, irgendein Redakteur muss das Thema einbringen, dann wird es besprochen, und am Ende entscheidet natürlich der Chefredakteur. Aber erstmal wird versucht Konsens herzustellen. Wenn es dann vehemente Diskussionen gibt, die am Ende nicht aufgelöst werden können, dann gibt es halt eine Entscheidung von mir. Aber wir haben immer alles besprochen – auch, ob wir ein bestimmtes Thema nehmen, und wenn, wie groß wir es machen, welche Ausrichtung es haben soll. Nicht en détail, aber so ganz grob: Wenn wir sagen: Haftbefehl muss ein Thema bei uns sein, dann wurde in der Redaktionssitzung auch gesagt: Okay, aber wir müssen mit ihm über Antisemitismus sprechen, das ist wichtig. Das wird dann auch dem Autor, ob es jetzt ein Redakteur oder freier Autor ist, mit auf den Weg gegeben.

Marc Dietrich: Was musste eigentlich passieren, damit ihr überhaupt sagt: „Das könnte ein Thema sein"? Du hast gerade gesagt, dass ihr irgendwann am Redaktionstisch sitzt und euch über den potenziell zu interviewenden Rapper austauscht. Aber davor muss ja schon mal eine Idee dafür da sein, warum XY überhaupt interessant ist. Wie kommst du dazu zu sagen: „Also der oder die müsste interviewt werden"?

Stephan Szillus: Das ist eine zweiteilige Frage. Die eine Frage ist: Wie kommen die Themen überhaupt zu uns? Das sind natürlich die unterschiedlichsten Wege. Es gibt den klassischen Weg: Eine Plattenfirma hat eine Veröffentlichung zu promoten und tritt an die Redaktion aktiv heran. Dann gibt es aber auch Themen, die ein Redakteur aus einem persönlichen Interesse heraus einbringt, weil er das gerade spannend findet. Wir sind ja alle Musiknerds, jeder hat so seine eigenen Steckenpferde und ist dadurch für einzelne Subgenres „verantwortlich". Natürlich wird auch ganz viel in die Redaktion hereingespült: E-Mails, die Social-Media-Networks. Auch diese Sachen haben wir eigentlich immer ziemlich akribisch durchgearbeitet. Früher gab es dann die postalischen Einsendungen, die als sogenannte „Demo-Ecke" immer einem bestimmten Redakteur zugeteilt waren: *Marc Leopoldseder* hat das ganze Zeug auf seinen Schreibtisch bekommen und saß dann da abendelang. Er hat alles durchgehört und einen Stapel gemacht für die nächste Sitzung mit den Sachen, die er für interessant und gut befand.

Zum zweiten Teil der Frage: Okay, die Themen sind jetzt da, wie entscheidet man, ob und wenn ja, wie groß man ein Thema aufzieht? Bei uns, das kann ich absolut nicht für alle Medien sagen, war dieses Kernkriterium die Relevanz. Das ist natürlich ein Wort, das man verschieden aufladen kann. Wir haben das immer versucht zu definieren als so eine Art Gemengelage: Es gibt eine inhaltliche Relevanz, eine kommerzielle Relevanz und es gibt vielleicht eine Relevanz durch ein Interesse von außen. Ein Thema musste für uns immer so ein, zwei dieser Kriterien erfüllen. Je nachdem, wie wenig von diesen Kriterien erfüllt sind, desto stärker müssen die einzelnen erfüllt sein. Es kann natürlich sein, dass ein Thema nur inhaltlich relevant ist und auf allen anderen Ebenen überhaupt nicht, dann muss diese inhaltliche Relevanz aber sehr groß sein. Das sind Einschätzungen, die wir als Redakteure treffen – das ist unsere Arbeit. Das damit dann auch nicht immer jeder Außenstehende einverstanden ist, ist völlig klar.

Da unterscheidet sich ein Printmagazin ganz erheblich von einem Onlinemedium. Ein Onlinemedium hat unbegrenzt Platz. Ein Printmedium hat, in unserem Falle, 132 Seiten, und wenn die voll sind, sind die voll. Wir müssen mit unserem Platz extrem haushalten. Es gibt eben ein Aussieben von Themen. Dadurch fallen auch mal Themen raus, die wir eigentlich gern gemacht hätten. Ein Onlinemedium kann immer sagen: Ich mache alles, ich nehme alles mit – zumindest wenn sie die Kapazitäten von Leuten haben, die enthusiastisch sind und Bock haben viel zu schreiben. Dann gilt: Je mehr Content, desto besser. Diese Philosophie spürt man auch bei vielen Onlinemedien. Die Kuration der Themen tritt immer hinter so ein Darstellen von Optionen zurück. Ich glaube, dass man es schaffen muss, diesen Printgedanken, der aufgrund seiner faktischen Notwendigkeit entstanden ist, auf die Onlinewelt zu übertragen – als selbst auferlegte Qualitätssicherung. Dass man quasi selbst sagen muss: Wir müssen das auf eine gewisse Art und Weise beschränken, damit wir diesen kurativen Aspekt wieder für die Leute erfüllen. Ein Musikmedium ist nicht für die Leser da, um ihnen darzustellen, was es alles auf der weiten Welt gibt, sondern um ihnen konkret 'was an die Hand zu geben. Vielleicht weil sie selbst nicht die Zeit, die Lust oder den Überblick haben, um das tun zu können. Ich erwarte als Leser eines Musikmagazins, dass es mir sagt: Was ist in diesem Monat der coole HipHop? Welche Platten muss ich hören? Genau diese Arbeit möchte ich selbst als Leser nicht mehr machen, weil ich zum Beispiel einen Job habe oder Familie. Ansonsten kann ich mich auch selber den ganzen Tag durchs Internet wühlen und mir die Sachen irgendwo aus *Soundcloud* herausziehen: Diese Aufgabe nehmen die meisten Onlinemedien nicht ernst genug, und genau deswegen wird einem so ein riesiger Wust präsentiert.

BEGRENZTES SPRECHEN
IN ERWEITERTEN SPRACHRÄUMEN

Marc Dietrich: Was macht es denn handwerklich für dich als Musikjournalisten aus, wenn du für ein Onlinemedium oder Printmedium schreibst? Sind da möglicherweise unterschiedliche Herangehensweisen oder bestimmte Kalküle im Spiel?

Stephan Szillus: Das sollte eigentlich nicht sein. Aus den eben erwähnten Gründen sollte man sich vor allem beim Onlinetext die gleiche Mühe geben, wie bei einem Printtext. Man sollte sich so knapp halten wie möglich und so ausführlich wie nötig. Man sollte nicht ellenlang schwadronieren, nur weil es im Internet geht. Ich glaube trotzdem, dass die meisten Journalisten tendenziell schon einen Unterschied machen. Das liegt an verschiedenen Dingen: Onlinejournalismus ist momentan noch schlechter bezahlt als Printjournalismus. Das bedeutet, dass man aufgrund einer persönlichen Kosten-Nutzen-Rechnung einfach weniger Zeit investieren wird, weil man weniger gut verdient. Das bedeutet eventuell auch, dass man tendenziell zu bestimmten Darstellungsformen wie dem Question-and-Answer-Format, dem Q&A, greift. Ich habe nichts gegen ein gutes Q&A, aber es ist ganz klar, dass es weniger Arbeit macht, ein Gespräch zu transkribieren und dann noch zu redigieren, als es in völlig eigene Gedanken einzubetten. Das geschieht online relativ wenig, wie ich finde. Das geschah auch zu meiner Zeit in der *Juice* im Printbereich eher selten. Das lag vielleicht auch eher daran, dass es zu wenige Leute gab, die das wirklich konnten. Musikjournalismus ist generell ein Feld, das eine bestimmte Altersgruppe anspricht.

Zu den Musikjournalisten selbst: Ich kenne auch welche, die 50 sind, aber die meisten sind zwischen 20 und 35 und sehen es eher als Einstieg. Irgendwann entwickeln sie sich weiter und suchen sich andere Wege. Das liegt primär daran, dass man damit so wenig Geld verdienen kann und die Festanstellungen in diesem Bereich so rar sind. Auf den Stellen „sitzen" die Leute natürlich dann auch. Man hat da eigentlich kaum eine Chance, irgendwo reinzukommen. Mein Fall war schon die totale Ausnahme. Um auf die Frage zurückzukommen: Ich glaube es gibt leider immer noch einen Qualitätsunterschied zwischen Print- und Onlinejournalismus. Onlinejournalismus wird immer besser, es müssen aber Strukturen geschaffen werden, damit auch die Anreize da sind. Ich merke es ja bei mir selbst. Ich habe die Möglichkeit, zum Beispiel bei *ALL GOOD*, permanent zu publizieren. Aber ich nutze sie relativ selten. Einfach auch, weil dieses Medium noch nicht in der Lage ist, in irgendeiner Form etwas an die Autoren auszuschütten. Das heißt, du musst wirklich diesen inneren Impuls haben: Das will ich jetzt der Welt mitteilen. Dabei hast du natürlich einen eigenen, inneren Qualitätsanspruch, die Sache so gut wie möglich zu machen.

DIALOGISCHE PRAXIS: REGEL(-BRÜCHE)

Marc Dietrich: Du hattest gerade gesagt, ein Q&A, im Kerngeschäft also ein Interview, ist etwas, das man auch können muss. Was muss man da können?

Stephan Szillus: Mehrere Sachen. Also zunächst ist es ein Gespräch, man muss daher in der Gesprächsführung eloquent sein. Man muss auch klarmachen, was man möchte. Man muss die Fragen deutlich stellen, dezidiert auch mal offen stellen, damit man an irgendwelche Themen rankommt. Aber sie dürfen dann auch wieder nicht zu offen sein, sodass das Gegenüber überhaupt gar nicht weiß, was man von ihm will. Das heißt also Vorarbeit, gute Recherche ist absolut wichtig. Das Schlimmste ist, wenn ein Interviewer zum Gespräch kommt und einfach nicht vorbereitet ist, die Platte nicht gehört hat, Künstler und Werdegang nicht kennt – das sind absolute Basics. Gesprächsführung lernt man along the way. Man kann auch ein bisschen Technik lernen – was ich persönlich zum Beispiel nie gemacht habe. Es kommt zudem auch immer sehr stark auf die Menschen an, mit denen man sich auseinandersetzt oder spricht. Ob man mit Künstlern oder mit Politikern redet, ist ein Riesenunterschied. Was viele vermissen lassen, ist das Können in der Nachbereitung. Es reicht nicht, ein Gespräch, auch wenn es ein gutes Gespräch war, einfach zu transkribieren und zu versuchen fehlerfrei zu gestalten. Redigieren ist ganz wichtig für ein lesbares Q&A. Das heißt: Antworten so kurz zu machen, dass sie keine ewigen Blöcke bilden, die keinen Spaß machen zu lesen. Redundanzen rauskürzen. Menschen, die sich selber gerne reden hören – so wie ich in diesem Moment –, neigen dazu, alles doppelt und dreifach zu sagen. Da heißt es dann wirklich die beste Formulierung rauszufinden, andere zu streichen. Auch neigen manche dazu Exkurse einzubauen. Dann muss man in der Nachbereitung entscheiden: Macht die und die Passage an dieser Stelle überhaupt Sinn, oder ist das für den Gesprächsfluss nicht eher hinderlich? Teilweise kann man auch mal Blöcke rausnehmen. Ich verstehe die Möglichkeit der redaktionellen Arbeit mit einem Gespräch sehr frei. Man darf erst mal fast alles, wenn man es nachher dem Gegenüber zur Freigabe vorlegt. Es gibt Leute, die vertreten so einen Ansatz der Direktheit, sie sehen es als eine Art von Ehrlichkeit, Gespräche genau so wiederzugeben, wie sie waren. Das nützt aber niemandem 'was. Wir machen es ja für die Leser, und für sie ist es ja kein immanenter Wert, dass es genau so stattgefunden hat. Zu fragen ist: Was möchte jemand kommunizieren, und wie bekomme ich das kommuniziert? Das ist viel wichtiger. Deswegen glaube ich, dass das Q&A vielleicht nicht schwieriger ist als eine Reportage oder ein Artikel, aber es ist unterschätzt, weil viel Arbeit darin steckt, ein gutes Q&A zu machen.

Marc Dietrich: Aus deiner langjährigen Erfahrung heraus: Würdest du sagen, dass es ein paar Dinge gibt, die in Bezug auf Interviews generell zu beachten sind? Gibt es auch so etwas wie No-Gos in Interviewsituationen?

Stephan Szillus: No-Gos sind das, was ich eben gesagt habe: Nicht vorbereitet sein, eine übertriebene Flapsigkeit im Umgang mit dem Gegenüber – so etwas finde ich immer furchtbar. Ich finde, jeder Gesprächspartner hat erst mal einen gewissen Grundrespekt verdient. Selbst wenn ich mich mit einem NPD-Politiker unterhalten würde, würde ich ihn siezen. Übrigens finde ich das eine ganz schwierige Frage. Ich habe ja meistens junge Menschen interviewt, und in der Musikindustrie duzt man sich ja. Wenn du dann aber plötzlich der Mutter von *The Notorious B.I.G.* gegenübersitzt, ist das im Englischen einfach, aber wenn du es übersetzt, was machst du dann? In einem Magazin, das sich an eine Jugendkultur richtet, schreibst du dann *Mrs. Wallace*, „Sie"? Also das sind Dinge, über die wir uns teilweise stundenlang den Kopf zerbrochen haben. Es gibt viele No-Gos. Ich finde zum Beispiel, ein absolutes No-Go ist so ein übertriebenes Fan-Gehabe, sich nach dem Interview noch eine Platte unterschreiben lassen. Habe ich selbst schon getan, ist trotzdem unprofessionell. Und Sachen, die immer gut sind? Na, was immer funktioniert, ist, wenn man sehr gut informiert ist und einfach Dinge weiß, die das Gegenüber überraschen. Wenn du dich einfach so tief in der Geschichte des Künstlers oder des Interviewpartners auskennst, dass du ihn mit deinem Wissen überraschst. Dann kriegst du immer sehr gute Ergebnisse, da gibt es eigentlich niemanden, der sich davon nicht in irgendeiner Form geschmeichelt und sich gleichzeitig aber auch minimal ertappt fühlt. Und dann öffnet sich 'was. Dann hast du ganz oft diesen Moment: Okay, wenn er das jetzt eh schon weiß, dann kann ich auch ganz auspacken.

RÄUME PRIVILEGIERTEN SCHWEIGENS UND SPRECHENS

Marc Dietrich: Erzähl doch mal von Interviewsituationen, die dir besonders im Gedächtnis geblieben sind.

Stephan Szillus: Ich erzähle an der Stelle immer eine extrem negative Situation, die mir direkt am Anfang meiner Tätigkeit widerfahren ist, mit einem großen Idol von mir – dem Rapper *Nas*. *Nas* habe ich direkt in meinem ersten Monat beim *Wicked*-Magazin treffen dürfen. Ich war wahnsinnig aufgeregt, weil ich noch keine Erfahrung hatte. Ich glaube, es war das zweite oder dritte Interview auf Englisch, insgesamt vielleicht das sechste oder siebte. Ich komme in das noble *Park Hyatt*-Hotel in Hamburg und bin wahnsinnig aufgeregt. Man sitzt da in so einer Reihe vor dem Hotelzimmer. Solche Sachen laufen normalerweise so ab: Es gibt Interviews, die von Plattenfirmen organisiert werden, gerade mit US-Stars. Solche Interviews finden entweder bei der Plattenfirma statt – und dann werden die Journalisten im Zehn-Minuten-Takt durchgeschleust – oder in dem Hotel, in dem die Künstlerin oder der Künstler absteigt. Da sitzt man dann mit zehn Kollegen 'rum und wartet, dass man aufgerufen wird. So war das in dem Fall auch. Dabei waren auch erfahrene Kollegen wie *Gizmo* von der *Backspin*, der schon im Vorfeld *Nas* sein Rauchkraut besorgen musste. Ich hatte schon von Vorgängern, die alle nach sechs, sieben Minuten wieder 'rauskamen, gehört: „Puh, der ist irgendwie nicht gut drauf, das bringt nichts". Genau dieses Erlebnis hatte ich auch. Ich war in seinem Hotelzimmer, er lag auf dem Bett, hatte kein T-Shirt an, sondern nur eine überdimensionierte Goldkette um den Hals und dieses sichtbare „God's Son"-Tattoo auf seinem Bauch. *Nas* wollte natürlich auch diese Pose in irgendeiner Form darstellen gegenüber uns Journalisten. Das hat man ganz klar gemerkt. Er hat einen Joint geraucht, der bestimmt nicht der erste an dem Tag war, und war extrem einsilbig. Er hat einfach nicht reagiert und war ein bisschen in seiner eigenen Welt. Aus heutiger Sicht würde ich sagen: Genau das erwartet man von *Nas*, das ist das Image, das er darstellen möchte, alles andere wäre unschlüssig, wäre seltsam gewesen. In dem Moment war ich aber unglaublich enttäuscht und dann auch ein bisschen wütend. Weil es mich eh genervt hat nach fünf Minuten, habe ich mir dann gesagt: Das ist jetzt ganz egal, dann spreche ich ihn auch direkt auf das an, was mir im Vorfeld die Promoter gesagt haben, das auf gar keinen Fall zur Sprache kommen darf – nämlich seinen Beef mit *Jay-Z*, solche Sachen. Nach zwei, drei Fragen wurde ich dann von einem 180-Kilo-Bodyguard aus seiner Hotelsuite entfernt. Tatsächlich nicht mit körperlicher Gewalt, weil ich mich nicht gewehrt habe, aber er hat mich schon angepackt. Dieses Interview ist natürlich nie erschienen, war aber meine erste Lektion im Umgang mit amerikanischen Rappern und ihrem Umfeld.

Das Gegenteil dazu und ebenfalls in den ersten Monaten, die natürlich gerne in Erinnerung bleiben: *Xzibit*. Der wollte sich dem Interview zuerst ein bisschen entziehen. Auch dieses Interview war in einem Hotel, und seine Promoterin war ein bisschen aufgeregt: „Ja, der ist im Spa unten, und irgendwie kriege ich den hier nicht hoch". Und dann sagte sie: „Na ja, du hast ja bestimmt Boxershorts drunter, ich gebe dir hier mal einen Bademantel. Geh doch mal runter und sprich ihn mal an, weil er hat jetzt nicht gesagt, er will das nicht machen, aber er hat mir gesagt er will jetzt erst mal in den Spa". Dann habe ich mir – junger Journalist halt – gedacht: Okay, ich zieh mir den Bademantel an und geh runter ins Spa. Da lag *Xzibit* dann mit seiner Freundin am Pool, und die haben da richtig schön gechillt. Ich bin dann zu ihm hin und sagte: „Ich möchte gar nicht groß stören, aber wir hatten eigentlich ein Interview ausgemacht". *Xzibit* war dadurch so perplex, dass jetzt der Typ im Bademantel vor ihm stand, dass er aufgestanden ist, und meinte: „Komm, wir gehen in die Sauna, mach dein Gerät an, und wir quatschen mal". Dann saß ich mit ihm in einem Fünf-Sterne-Hotel in Hamburg in der Herrensauna neben irgendwelchen sechzigjährigen Kaufleuten und habe mit ihm über West-Coast-Rap geredet. Das hat mich dann auch ein Stück weit wieder versöhnt. So kann es halt auch gehen. Das ist also eine Typfrage. Das waren so zwei prägende Erlebnisse gleich in den ersten Monaten.

Bei der *Juice* habe ich tatsächlich primär deutsche Rapper interviewt, weil das für das Heft besonders relevant war. Als Chefredakteur nimmt man sich natürlich dann primär der Themen an, von denen man denkt, dass man sie selbst machen muss. Durchaus auch aus so einem Prestigegedanken heraus, weil sich der Künstler geehrt fühlt, wenn der Chefredakteur kommt. Wenn *Peter Fox* ein Interview gibt, dann kannst du da nicht den Praktikanten hinschicken, dann musst du schon aktiv werden. Das wird erwartet. Bei dem einen oder anderen Künstler denkt man auch, dass man das vielleicht selber besser macht. Wenn man denkt: Okay, *Kool Savas* habe ich jetzt schon sieben Mal getroffen, ich glaube, ich weiß, wie der tickt, lass mich das machen. Der weiß, wie er Leute auch ausbremsen kann, und ich glaube, ich kriege das besser hin als ein neuer, aufgeregter Freelancer.

Paul Sebastian Ruppel: Ich würde gern noch mal kurz zurückgehen: Du hast ja sehr eindrücklich von den Interviews auf dem Hotelzimmer und im Spa-Bereich erzählt. Es gibt sicher Kontexte, die relativ klar von vornherein bestimmt sind – in welcher Länge und in welchem Rahmen das Interview geführt wird, auch mit welchen Medien, ob etwa fotografiert wird. Inwieweit hast du mit den Künstlern selbst oder deren Management vorab ausgehandelt, wo und wie das Interview stattfinden soll?

Stephan Szillus: Das kommt natürlich darauf an, an welchem Hebel man so sitzt. Dafür muss man selber auch ein bisschen Feingefühl besitzen. Wenn ich in der *Juice* saß, dann wusste ich natürlich, dass wir zu dem Zeitpunkt das wichtigste HipHop-Medium in Deutschland waren. Wenn ein Rapper uns ein Interview geben möchte, egal wie relevant er ist, dann kann ich gewisse Bedingungen stellen: Wir möchten nicht in einer „Rutsche" mit zehn anderen Interviewern durchgeschleust werden, wir möchten nicht an einen neutralen Ort, sondern würden das gerne im Studio oder beim Rapper zu Hause machen. *Massiv* hat uns z.B. in der Wohnung seiner Eltern empfangen. Das kann man schon aushandeln, und das haben wir auch viel getan, weil wir natürlich immer darauf erpicht waren, besonderen Content zu bekommen. Man muss sich abheben von der Konkurrenz. Bei amerikanischen Rappern, generell amerikanischen Künstlern und dieser totalen Durchstrukturierung, die dort häufig erkennbar ist, ist es einfach oft so: „Okay, ihr habt morgen einen Slot im Hotel XY von 12.20 Uhr bis 12.35 Uhr". Und wenn du dann versuchst, fünf Minuten mehr zu kriegen, dann sind sie schon genervt, und in der Regel kriegst du die wahrscheinlich nicht. Du hast eher eine Chance vor Ort, wenn du in ein gutes Gespräch mit dem Künstler kommst. Es kann gelingen den so etwas 'reinzuverwickeln, sodass er das Interview noch ausdehnt. Er ist der einzige am Ende des Tages, der das wirklich entscheiden kann. Natürlich kann uns die Plattenfirma sagen: „So, das war jetzt die letzte Frage". Wenn der Künstler dann aber sagt: „Nö, lass mal, das ist ein gutes Gespräch gerade" – und das ist oft genug passiert –, dann kann keiner etwas dagegen sagen. Kein Manager wird sich da in irgendeiner Form einmischen. Aber ansonsten versucht das Management stark vorzugeben, gerade die amerikanische PR-Schule ist so orientiert: „Diese Themen sind nicht erlaubt". So etwas habe ich bei deutschen Managements selten gehört. Bei deutschen ist es dann sehr oft einfach so: „Okay, stell deine Frage, und wenn ich sie doof finde, dann merkst du das schon". Bei amerikanischen ist es so, dass man nicht in diese peinliche Situation kommen will, deswegen sind diese Fragen nicht erlaubt. Es sind dann Aushandlungen, es ist ein Geben und Nehmen. Also sagen wir mal, der Künstler ist so groß und relevant, dass er gerne auf das Titelbild möchte, dann können wir Bedingungen stellen, weil er was von uns möchte. Dann kann ich sagen: „Ja, wir sind bereit dir das Cover zu geben, aber du musst auch verstehen, dass wir auch eine Geschichte dafür brauchen". Das versteht dann auch jeder. Zum Beispiel: *Moses Pelham*, eine absolute Ikone des deutschen HipHop, hatte vor ein paar Jahren ein neues Soloalbum gemacht und wollte gerne auf das Titelbild, weil ihm das angemessen erschien – berechtigterweise. Dann habe ich zu ihm gesagt: „Ja, Moses, let's do it. Aber Bedingung ist, dass ich dich einen Tag durch Frankfurt begleite und mit dir an Orte gehe, die deinen Werdegang geprägt haben. Von deiner Kindheit bis heute". Damit war er einverstanden, und daraus ist meines Erachtens eine der besten journalistischen Geschichten geworden, die ich je geschrieben habe. Der Zugang macht es ja auch aus – was willst du denn aus einem Sieben-Minuten-Telefonat machen? Egal was der erzählt, das ist keine spannende Story. Das ist auch ein Problem der Videoformate im Übrigen, weil die ja sehr normierte Interviews führen: Irgendwo muss das Kamerateam mit hin, und da stellt sich natürlich auch das Problem des Mobilseins. Deswegen bevorzugen sie einen festen Ort, an dem es ruhig ist. Die Reportage, das ist so das letzte Refugium des Printjournalismus. Die große schöne Reportage, für die man an Orte geht, an die andere nicht kommen, und von dort berichtet.

Paul Sebastian Ruppel: Weil du es gerade so kenntlich gemacht hast, wie die Anbahnungen oder Kontaktaufnahme auch erleichtert werden kann: Wenn die Interviews dann stattgefunden haben, inwieweit findet im Nachgang auch noch Austausch oder Kommunikation statt? Ich stelle mir die Frage, weil Interviews häufig eine einmalige Situation darstellen: Es treffen sich einmal zwei Personen und unterhalten sich, sie haben sich davor nicht gesehen und sehen sich danach nicht wieder. In deiner Biografie ist es so, dass du Künstler auch wiedergesehen hast – auch in anderen Kommunikationszusammenhängen. Vielleicht könntest du vor diesem Hintergrund noch etwas erzählen, was im Nachgang passiert?

Stephan Szillus: Auch hier wieder eine zweiteilige Antwort: Das eine ist, dass sehr viele Künstler und auch ihre Managements Interviews freigeben möchten. Je relevanter der Künstler ist, desto eher lässt man sich darauf ein. Im Nachgang kommuniziert man noch, schickt das Transkript, kriegt vielleicht noch Änderungswünsche, dann verhandelt man über einzelne Formulierungen. Wollen sie beispielsweise einen Satz streichen, dann sagt man: „Könnt ihr den nicht drin lassen? Oder wir formulieren nur das Wort um. Was gefällt euch denn nicht daran?". Das findet natürlich auch sowieso statt. Bei einem Künstler, der vielleicht noch nicht so erfahren ist, oder auch nicht diese Hebel hat, da erscheint dann irgendwann einfach das Interview. Vielleicht ist er dann unzufrieden und nimmt auch wieder Kontakt auf: „Hey, das fand ich jetzt nicht cool, was da drinstand". Das passiert permanent und nicht nur im Musikjournalismus. Im politischen Journalismus funktioniert das ähnlich, zumindest habe ich das gehört.

Zum „Wiedersehen" einzelner Künstler: Es macht auch Sinn, einzelne Redakteure für bestimmte Künstler sozusagen „abzustellen". Die *Bravo* hat das ganz früh erkannt, dort gab es immer den *Tokio Hotel*-Redakteur oder den *N-Sync*-Redakteur, weil diese Leute eine gewisse Nähe zu den Künstlern entwickeln müssen. Nur so kriegen sie den Content, den sie brauchen. Wir reden ja nicht davon, was guter Content im Musikjournalismus ist. Das ist keine distanzierte Draufsicht. Die kann es vielleicht auch mal geben, wenn die *FAZ* den hochgestochenen Feuilletonartikel über einen Rapper schreibt. In der Regel wird so 'was dem Fan aber eher nichts bringen, er will wissen, wer der Typ ist, wie er tickt, wie er redet, was er anzieht, wie er sich bewegt. Diese Informationen kannst du viel besser vermitteln, wenn du mit diesen Leuten in einem permanenten Austausch stehst. Bei *Juice* haben wir das tatsächlich auch ähnlich gemacht. Das lief zwar eher informell, aber die Idee, jemanden konstant mit einem Rapper zu betrauen, war oft ein Argument in der Verteilung bei der Redaktionssitzung. Ausnahmen bestätigen die Regel. Manchmal sind die Leute zu dicht dran. Das Schlimmste ist, wenn man sich mit dem Künstler in irgendeiner Form verbrüdert und eine Freundschaft entsteht. Ich meine, das kannst du manchmal auch einfach nicht verhindern – wo die Liebe hinfällt. Ein konkretes Beispiel: *Marteria*, ein Künstler, den ich von Tag eins zunächst auf einer Ebene der Distanz supportet und gefeiert habe, ist mit der Zeit zu einem Freund geworden. Da kann man nur noch schwierig trennen. Da muss man sich dann auch irgendwann selbst checken: Ist das noch cool, wenn ich journalistisch 'was zu dem mache? Letzte Woche habe ich noch bei dem auf der Couch gepennt, wir waren feiern – ist es jetzt wirklich okay, wenn ich das Interview mache? Da muss man sich selbst einfach hinterfragen. Manchmal kommen aber auch die tollsten Geschichten dabei raus, wenn man mit *Marteria* feiern war. Das ist dann halt so etwas wie Gonzo-Journalismus. Dafür gibt es keine generelle Regel. Ich bin zum Beispiel mittlerweile der offizielle PR-Schreiber von *Marteria*, deswegen habe ich zwei goldene Schallplatten von ihm, weil ich alle seine PR-Texte schreibe. Das heißt, es wäre hochgradig unangemessen, wenn ich mit ihm noch ein journalistisches Interview führen würde. Es ist eine Gratwanderung. Wenn z.B. bekannt ist, dass man jetzt schon zehn Interviews mit *Kool Savas* geführt hat und sich vielleicht auch mal abseits getroffen hat, wird einem von außen natürlich oft vorgeworfen: „Der ist doch mit dem *Savas* so dicke, es ist klar, dass der wieder auf dem Cover ist". Dabei wird verkannt, dass diese Nähe auch eine berufliche Notwendigkeit ist. Manche Journalistenkollegen haben dazu eine ganz andere Einstellung: Ich habe neulich mit einem Kollegen vom Radio gesprochen, der mir da vehement widersprach und sagte: „Nein, man darf sich mit Künstlern in keiner Form gemein machen, das ist quasi der Feind". Der Kollege plädiert für größtmögliche Distanz und würde sogar die Handynummer des Künstlers ablehnen. Diese radikale Haltung verstehe ich. Ich teile sie aber nicht, weil ich immer noch glaube, dass die Qualität des Contents in den allermeisten Fällen sehr stark zunimmt, wenn man dichter rankommt.

MITEINANDER SPRECHEN: MEDIAL VERMITTELT UND FACE-TO-FACE

Marc Dietrich: Alle Interviewsituationen, die du positiv wie negativ hervorgehoben hast, sind in einem Face-to-face-Kontext entstanden. Ich habe den Eindruck, dass viele Interviews mittlerweile auch medial vermittelt geführt werden. Macht das nach deiner Erfahrung einen Unterschied aus?

Stephan Szillus: Also, das war schon immer so. Natürlich gehe ich jetzt primär auf die Face-to-face-Interviews ein, weil die im Kopf bleiben – das ist, was man wirklich als Journalist machen möchte. Es war immer schon so, dass einem auch die sogenannten „Phoner" angeboten werden, also kurze Telefoninterviews, in denen man sich ein paar O-Töne abholt. So 'was ist eine ganz undankbare Aufgabe für einen Journalisten, z.b. einen Zehn-Minuten-Phoner mit *The Game* zu machen, während der sein Video dreht, in der Rauchpause. Das gab es schon immer und wird bis heute auch weiterhin gemacht, weil es einfach Medien gibt, die die O-Töne für ihre Berichterstattung schlicht brauchen. Dann kamen E-Mail-Interviews irgendwann in Mode. Die sind natürlich extrem leicht in der Aufbereitung: Du schickst Fragen, bekommst schriftliche Antworten. Das Ganze muss nur noch redigiert werden, und dann kannst du es rausschicken. Das ist gerade für Onlinemedien ein schneller, bequemer Weg, um Content zu beschaffen. Ich halte es aber aus journalistischer Perspektive für vollkommen ungeeignet, in irgendeiner Form damit den Charakter des Künstlers herauszuarbeiten: Zunächst, weil die E-Mail-Interviews oft nicht vom Künstler selbst beantwortet werden sondern vom PR-Team oder dem Manager. Der Künstler nickt das nur ab oder diktiert es. Dann wird es auch noch von der Plattenfirma geschönt und in so eine typische PR-Rhetorik gebracht. Also ich habe wirklich noch nie ein gutes E-Mail-Interview gelesen oder selbst geführt. Social Media sind natürlich mittlerweile noch eine Möglichkeit. Ich finde zum Beispiel *Skype* ganz toll, da kann man eine Art Face-to-face-Situation simulieren, obwohl man nicht in derselben Stadt ist. Das ist wirklich eine gute Alternative, weil man trotzdem die Direktheit hat und auch nachfragen kann. Wenn du ein E-Mail-Interview führst oder einen Phoner machst, ist das auch schwierig, weil die Gesprächssituation nicht so direkt ist. Dieses Reagieren auf das, was das Gegenüber sagt, ist ja ganz wichtig, dieses Nachhaken. Als Journalist pickt man sich ja dann auch aus Antworten den einen Satz raus, bei dem man denkt: Ah, da ist vielleicht noch mehr, da bohr ich mal nach. Das kannst du nicht, wenn es schriftlich passiert.

VISUELLE GESPRÄCHSAUFBEREITUNG UND ZURÜCKSPRECHENDES PUBLIKUM

Marc Dietrich: Häufig ist es jetzt auch so, dass – beispielsweise beim *Splash! Mag* – Interviews visualisiert werden. Das Interview wird auf eine Seite gestellt, und man schaut den Leuten beim Interview mit Bewegtbild zu. Dazu gibt es mittlerweile die Möglichkeit, ein Stück weit als Rezipient intervenieren zu können – ein Interview zu sharen, zu kommentieren, es sogar anderweitig aufzubereiten. Beeinflusst es dich, dass das Publikum interaktiv tätig werden kann?

Stephan Szillus: Ja, aber das gibt es ja bei schriftlichen Interviews auch, die du online veröffentlichst. Da können ja auch Leute drunter kommentieren und so weiter – also das ist nicht unbedingt der Unterschied. Ich finde beim Bewegtbild noch den Aspekt interessant, dass man selber als Interviewer in dieser Situation ist, beobachtet zu werden. Man verhält sich als Interviewer auch anders. Ich glaube nicht, dass *Visa Vie* oder *Marc Leopoldseder* ihre Interviews exakt so führen würden, wenn da keine Kamera stehen würde. Kein Vorwurf, aber Kameras sind ein zusätzlicher Faktor, weil dadurch ein bisschen Spontanität und vielleicht auch Authentizität aus dem Gespräch rausgenommen wird. Es ist so ein bisschen gestaget – was nicht unbedingt schlimm ist. Für ein Printmagazin fand ich das immer schwierig. Zum Beispiel gab es mal von unserem Marketing-Team den Vorschlag, dass die Interviews – die sowieso ständig geführt werden – eigentlich auch für die Website abgefilmt werden könnten. Natürlich kann man so denken. Ich war aber immer vehement dagegen, weil ich glaube, dass man in einem persönlichen Gespräch dichter an die Leute herankommt und dann auch mehr Möglichkeiten hat, Sachen zu erfahren, die vielleicht vor der Kamera abgewehrt würden. Also: Da ist eine Kamera – man weiß es die ganze Zeit, man ist in dieser Interviewsituation. Wenn man ein gutes Print-Interview führt, dann kann man den Künstler in ein Gespräch verwickeln, und er vergisst irgendwann so ein wenig, dass es ein Interview ist. Das meine ich jetzt gar nicht böse im Sinne von „Geheimnisse rausholen", sondern um einfach noch ein Stück dichter an den Künstler selbst heranzukommen. Jeder Künstler hat eine Vorstellung davon, wie er gerne wirken möchte, und die präsentiert er. Wenn da eine Kamera steht, dann präsentiert er die natürlich konstant.

Noch etwas zu diesen Videointerviews oder neueren Interviewformen generell, auch bezüglich des Interagierens mit Fans: Ich finde da machen es sich viele Kollegen sehr leicht, wenn sie sagen: „Morgen führe ich ein Interview mit *Haftbefehl*, was würdet ihr ihn fragen?". Und dann schicken Leser oder Fans ihre Fragen, und die stellt der Journalist nur noch als Mittler, und genauso präsentiert er es das dann auch: „Na, hier hat der Felix aus Berchtesgaden die Frage, wie du dich eigentlich mit *Sido* verstehst". Das heißt: Ich stelle die Frage gar nicht selbst. Man nimmt so ein bisschen auch die Verantwortung raus, weil man sich vielleicht nicht traut zu fragen, wie er Rapper *Sido* nun findet. Das ist ein geschickter Kniff, aber nicht ganz sauber, finde ich. Man macht auch einfach seine

Arbeit nicht richtig, wenn man sich nur Fragen von Zuschauern vorlegen lässt. Ich glaube, der wesentlichste Unterschied ist: Wir Journalisten haben mit dem Internet und dem Aufkommen von Social Media gemerkt, dass unsere Arbeit beobachtet wird und dass es ein Feedback darauf gibt. Wenn du ein Printmagazin herausgibst, kriegst du ein paar Leserbriefe pro Monat. Wenn du aber einen Artikel auf eine Website stellst, dann bekommst du direktes Feedback auf deine Arbeit. Nicht nur was der Künstler sagt wird kommentiert, sondern wie du die Fragen stellst, wie der Text geschrieben ist, welche Wertungen du triffst. Diese Wertungen werden in Frage gestellt, das heißt, du setzt dich viel mehr diesem Diskurs aus. Das ist, glaube ich, nicht ausschließlich negativ sondern auch anspornend, die eigenen Wertungen mehr in Frage zu stellen und zu überprüfen. Ich glaube, dass das schon ein Stück zur Fairness im gesamten Wettbewerb beiträgt. Ich finde das nicht unbedingt schlecht.

SELBSTTHEMATISIERUNG UND (MEDIAL) GEHÖR SUCHEN

Marc Dietrich: Was auch auffällig ist, ist, dass diese Möglichkeit, sehr schnell Content von sich selbst ins Internet einzuspeisen, einem Publikum verfügbar zu machen, sehr stark genutzt wird. Und zwar auch von den Künstlern selbst. Zum Beispiel bei so genannten Tour-Vlogs. Was glaubst du, woran das liegt, dass das so viel gemacht wird? Gerade im Rapbereich. Bei stärker poplastigen Künstlern sehe ich das eher seltener.

Stephan Szillus: Na, das ist natürlich ein Stück weit Angeberei. Im HipHop ist es absolut akzeptiert, dass man mit den eigenen Errungenschaften auch hausieren geht. Das ist nichts Negatives. Das ist im Indie-Bereich sicher anders. Da findet man es vielleicht auch nicht cool, Platten zu verkaufen und in den Charts zu sein. Das ist im HipHop anders – das sind für viele die Erfolge, die es zu erreichen gilt. Und wenn man ein Interview postet, dann signalisiert man damit: Es gibt Menschen, die interviewen mich, ich bin interessant, und ich bin in diesem und jenem Medium. Am Anfang seiner Karriere postet der Rapper wahrscheinlich jeden Schnipsel, der mal über ihn geschrieben wurde, und wenn du dann irgendwann auf dem A-Level angekommen bist, dann postest du vielleicht nur noch das *16bars*-Interview oder nur noch das *Juice*-Interview. Der andere Aspekt ist ganz einfach die Informationsvermittlung. Du willst als Künstler auch 'was sagen, du gibst diese Interviews ja nicht ausschließlich zu Promotionszwecken, sondern auch weil du der Welt etwas mitteilen möchtest. Du nimmst das Interview als Anlass dafür. Rapper tun das zum Beispiel, um ihren Beef auszutragen. Viele Rapper musst du noch nicht einmal auf bestimmte andere Rapper ansprechen, irgendwann kommen sie im Interview schon von selbst darauf zu sprechen. Das ist dann einfach ihr Kommunikationsweg mit dem anderen Rapper. Klar gibt es auch Twitter mittlerweile, da können sich Rapper dann auch direkt adressieren – aber viele finden es immer noch etwas eleganter, das im Interview zu sagen. Von daher sind das so mehrere Funktionen, die das Posting erfüllt. Wie gesagt: Ich glaube, es hat ganz viel mit dieser Grundeinstellung zu tun, dass man sich als HipHopper, als Rapper, einfach hinstellt und sagt: „Hey, schaut mal, ich bin wer!". Und das ist wiederum nicht zurückzuführen auf ein übersteigertes Ego dieser Menschen, sondern auf die Funktion, die HipHop von Anfang an eingenommen hat – nämlich ein Sprachrohr zu sein und Menschen eine Stimme zu geben, die vielleicht sonst keine hätten. Genauso wie im Graffiti der Zug mit deinem Namen durch die Stadt fährt, weil du ansonsten das Gefühl hast, in dieser anonymen Masse der Großstadt als Teil einer marginalisierten Gruppe völlig unterzugehen. Wenn du in einem Interview bist, hast du diese Möglichkeit, der Welt darzustellen, wer du bist, und vor allem, dass du jemand bist. Plötzlich ist deine Meinung relevant – egal wo du herkommst, was du gelernt hast oder wer deine Eltern sind. Ich glaube, dass ist nach wie vor der wesentliche Hintergrund der Einstellung der Rapper oder HipHop-Macher. Klar, es gibt auch dieses Alpha-Male-Ding – was natürlich nervt. Aber man darf nicht vergessen, wo HipHop herkommt und warum Rapper so agieren, wie sie agieren – nämlich nicht ausschließlich, um sich selbst auf die Brust zu klopfen.

NEUE (SPRACH-)KANÄLE

Marc Dietrich: Wenn du mal in die Zukunft schaust – denkst du, diese Interviewkultur, wie du sie für dich selbst entdeckt und etabliert hast, aber auch, wie du sie wahrnimmst bei anderen, hat Fortbestand? Oder glaubst du, dass sie sich durch den noch massiveren Einsatz von Social Media verändern wird? Bleibt der Status des Interviews bestehen?

Stephan Szillus: Ich glaube, es wird sich viel verschieben, es hat sich auch schon viel verschoben. Ich sage es mal so: Es gibt immer wieder Künstler oder auch findige Managements, die neue Ideen der Vermarktung finden. Für die ist zum Beispiel der Journalist als Informationsvermittler gar nicht mehr erforderlich. *Selfmade Records*, das erfolgreichste deutsche Indie-Rap-Label der letzten zehn Jahre, das jetzt sieben Mal in Folge auf Nummer eins in den Charts war, haben sich sehr früh – und das war rückblickend eine Strategie – eigene Channels aufgebaut. *Selfmade* haben einen eigenen *YouTube*-Channel, eine eigene Seite, auf der sie ihre Inhalte präsentieren können. Über diese Kanäle besitzen sie auch ein

Forum, es gibt ein Fan-Forum und so weiter. Über all diese Kanäle kommunizieren sie ihre Releases. Das heißt, alles, was externe Medien für die machen, ist das „Icing on the Cake". Ungefähr so: „Ja cool, wenn die *GQ* mal 'was über uns schreiben will, dann machen wir das". Aber im Prinzip brauchen sie das nicht für ihr Kerngeschäft, sie haben ihre feste Struktur, ihr Publikum, das eh Releases haben will, und die können sie sehr direkt ansprechen. Das heißt, was Social Media als Versprechen immer hergegeben hat – nämlich sozusagen die Mittelsmänner auszuschalten, sodass man direkt vom Künstler zum Fan kommt – hat *Selfmade* sehr früh verstanden und gut realisiert. Das bedeutet im Umkehrschluss aber auch, dass die mit einem ganz anderen Selbstbewusstsein gegenüber Medien auftreten. Diese vorhin geschilderte Verhandlungssituation, gibt es mit denen nicht.

Das verändert auf der einen Seite auch die Möglichkeiten von Künstlern, direkt mit den Fans in Kontakt zu treten: Beispielsweise über Instagram direkt eine Message zu kommunizieren. Die klassischen Medien brauchen sie nicht mehr zwingend, weil sie letztendlich nicht mehr diese Gatekeeper sind. Das ist einfach Fakt. Das ist zwar eine totale Binsenweisheit, aber sie stimmt. *Adele*, die erfolgreichste Künstlerin der letzten Jahre, hat gestern das Release-Date ihres neuen Albums bekanntgegeben – über *Instagram*. Wo man vor fünf oder vielleicht bis vor zehn Jahren noch gedacht hat: „Dann such ich mir jetzt den reichweitenstärksten Medienpartner", da veröffentlicht man heute ein Foto auf *Instagram*: „Mein neues Album kommt am 20.11.". Bam! Innerhalb von wenigen Stunden bekommt man zehntausende Likes. Dort schreiben die Medien dann eh alle ab. So passiert und funktioniert heute halt Künstlervermarktung. Ein zweites Beispiel sind Rapper, die früh verstanden haben, Interviews selbst – quasi als Auftragsarbeit – zu inszenieren und damit inhaltlich die Kontrolle auszuüben. Das macht für die Konsumenten gelegentlich kaum einen Unterschied und sichert manchmal auch eine große Reichweite. Da verändert sich eine Menge.

Was sich auch verändert hat, ist die Möglichkeit mit Künstlern in Kontakt zu treten. Der alte Weg war: Ich warte, bis die Plattenfirma an mich herantritt oder – wenn ich einen Künstler gerade extrem spannend finde – finde heraus, wer der Manager ist. Das bedeutet viele Leute anzuschreiben. Heutzutage kann man sehr direkt mit den Leuten in Kontakt treten, du schreibst denen eine *Twitter*-Directmessage oder eine *Facebook*-Message, und sehr oft reagieren die Künstler dann selbst. Zumindest bis zu einem gewissen Standing. Ein Beispiel: Wir haben sehr früh bei der *Juice* diese L.A.-Crew *Odd Future* für uns entdeckt, die haben wir im Video im Internet gesehen und wussten: Das ist eines der nächsten großen Dinger! Unser damaliger Redakteur *Ndilyo Nimindé* hat dann den Kopf der Bande, *Tyler the Creator*, ausfindig gemacht. Auf seinem privaten *Facebook*-

Account hat er ihn als Freund geaddet und ihm eine Message geschickt: „Hey, wir haben das Video gesehen, voll cool, wir sind ein deutsches HipHop-Magazin". *Tyler* hat sofort zurückgeschrieben – ich meine, das war ein 19-jähriger Junge aus L.A., der auf einmal eine Message von einem deutschen Magazin bekommen hat. Natürlich war der geschmeichelt. Zwei Tage später hingen die am Telefon und haben ein Interview geführt, und wir waren das erste Medium mit einer riesengroßen *Odd Future*-Geschichte mit *Tyler the Creator* und O-Tönen drin. Diese Crew ist dann so abgegangen und so kommerziell explodiert, dass es gut anderthalb Jahre später fast ausgeschlossen war, ein Interview zu bekommen. Als *Odd Future* dann hier in Deutschland ihre Konzerte gegeben haben, da hat *Tyler* schon Pressekonferenzen einberufen. Dort konnten sich dann die ganzen Kulturjournalisten ins Publikum setzen und durften sich mal für eine Frage melden. Das heißt: Man muss natürlich auch diese Wege für sich nutzen, und die bieten ganz viele tolle Möglichkeiten. Ich mache jetzt eine Radioshow, in der ich viel Musik aus so einer deutschen Instrumental-HipHop-Blase spiele, die sich die letzten fünf bis acht Jahre entwickelt hat, und das ist alles kommerziell auf einem sehr überschaubaren Level. Aber diese Typen, die finde ich alle über Social-Media-Empfehlungen, und die Kommunikation findet auch fast nur dort statt. Die schicken mir ihre Alben über *Drop-Box*, und ich schreibe denen auf *Facebook*. Man schreibt sich E-Mails und ist sehr schnell in einem direkten Austausch. Deswegen glaube ich, dass diese Entwicklung sehr viele positive Dinge mit sich bringt. Ich möchte auf keinen Fall, dass hier der Eindruck entsteht, ich würde jetzt Social Media für den Niedergang der journalistischen Werte verantwortlich machen – ich glaube nur, dass man aufpassen muss bei bestimmten Entwicklungen. Man muss einfach so ein bisschen den Qualitätsstandard beobachten. Aber im Großen und Ganzen muss man als guter Journalist diese Tools einfach erkennen, verstehen und für sich nutzen.

INTERESSANTE GESPRÄCHE: UNKONVENTIONELLE ÄUSSERUNGEN UND SPRACHLICHE PRÄZISION

Paul Sebastian Ruppel: Darf ich dich bitten zu bilanzieren? Einiges ist schon angesprochen worden, was für dich ein gutes Interview im Bereich Rap darstellt. Wenn du Interviews auch von anderen Journalisten einbeziehst: Was macht ein gutes Interview für dich aus?

Stephan Szillus: Ich muss das Gefühl bekommen, die interviewte Person kennenzulernen. Nicht nur ein Abziehbild oder die Kommunikation so einer Maske, die sie sich aufgesetzt hat. Ich will ganz altmodisch an den wahren Kern der Persönlichkeit 'ran. Ich will wissen, wie der Künstler tickt. Dazu ist mir jede menschliche Regung recht. Wenn der sauer wird wegen einer Frage, dann weiß ich: Okay, da hat der Interviewer einen wunden Punkt getroffen. Das ist mir auch oftmals sympathisch, wenn ich merke, dass der Interviewte keine Maschine ist. Zum Bespiel *Beyoncé* – die ist so professionell und so komplett durchgestylt von ihrer ganzen Identität her, dass sie sich niemals die Blöße geben würde, in einem Interview ausfällig zu werden. Egal was gefragt wird, es wird alles an ihrem Panzer der Professionalität abprallen. Das gibt mir relativ wenig. Eine *Nicki Minaj*, als Gegenbeispiel dazu, ist neulich mitten in einem amerikanischen Interview komplett ausgerastet und fast schon beleidigend gegenüber der Interviewerin geworden, weil sie bestimmte Themen auf eine bestimmte Art angesprochen hatte. Dieser „Rant", den sie da ablässt, der offenbart viel mehr über sie als Person, als es jedes Gefälligkeitsgespräch zu ihrer neuen Platte könnte, weil sie nämlich ganz klar offenbart, dass sie jetzt angegriffen ist, weil sie das Gefühl hat, als schwarze Frau in diesem Business nicht ernstgenommen zu werden – mal wieder. Dann merkst du: Okay, da steckt eine tiefe Verletzung, das hat sie schon häufiger erlebt. Das kommt aus ihrer Biografie, das finde ich interessant. Solche Interviews lese ich gerne. Ansonsten mag ich es einfach gerne, wenn zwischen Künstler und Interviewer irgendeine Form von Chemie entsteht. Das kann auch eine positive sein, sodass gemeinsam gelacht wird. Ich kann nicht generell sagen, dass das jetzt die Kriterien für ein gutes Interview sind, aber es muss – blödes Wort – so ein „Vibe" rüberkommen. Im Printbereich muss ich sagen, dass die besten Geschichten die sind, wo ein guter Autor einen exklusiven Zugang bekommt – von mir aus zu einer privaten oder auch halbprivaten Welt des Künstlers – und daraus eine Reportage entsteht. Wenn ein Autor zu *Drake* ins Apartment darf und danach mit ihm noch ins Studio fährt und all dies sehr genau beobachtet. Das, gewürzt mit interessanten Zitaten, sind für mich die besten Texte im Musikjournalismus. Weil ich dann als *Drake*-Fan oder Interessierter danach mehr über ihn weiß. Der Autor muss wirklich genau beschreiben, das habe ich auch meinen Autoren immer gesagt: Schreib nicht „weiße Sneaker", schreib „weiße *Nike Huarache*". Dabei geht es nicht um den werblichen Charakter, sondern es ist für mich ein Unterschied, ob das weiße *Huaraches* sind oder weiße *Nike Dunks* – etwas substanziell anderes. Diese Genauigkeit der Beobachtung macht gute Journalisten aus.

Vielleicht noch ganz kurz zu Q&As: Auch auf schriftlicher Ebene braucht es diese Ausgewogenheit. Inhaltlich starke Antworten zu bekommen ist gut, aber sie dürfen auch nicht zu ausufernd sein. Viele Rapper sind dem Marihuana zugeneigt, dadurch kommen so Schlenker in die Gedankenläufe, das finde ich eher schwierig zu lesen. Da wird man selber immer so ein bisschen ungeduldig. Das heißt: Auf den Punkt, aber in der gebotenen Länge. Keine Floskeln, keine PR-Rhetorik, wo du merkst, dass der Künstler diesen Satz jetzt wirklich schon zwanzigmal gesagt hat. Also: Echte menschliche Regung. Das kannst du natürlich auch nur 'rausholen, wenn du dich selbst damit befasst. Wenn du dem Künstler die Frage stellst: „Was willst du mit dem Song sagen?", dann wird er dir mit Geschwafel entgegnen. Aber wenn du ihn auf eine konkrete Zeile und bestimmte emotionale Zwischentöne ansprichst, dann kann er darauf explizit eingehen. Genauigkeit ist sehr, sehr wichtig.

LITERATUR UND QUELLEN

Cisneros-Puebla, Cesar A.; Faux, Robert; Mey, Günter (2004). Qualitative Researchers—Stories Told, Stories Shared: The Storied Nature of Qualitative Research. An Introduction to the Special Issue: FQS Interviews I [35 Abs.]. Forum Qualitative Sozialforschung / Forum: Qualitative Social Research, 5(3), Art. 37, http://nbn-resolving.de/urn:nbn:de:0114-fqs0403370.

Helfferich, Cornelia (2011): Qualität qualitativer Daten. Manual für die Durchführung qualitativer Interviews (4. Aufl.). Wiesbaden: VS Verlag für Sozialwissenschaften.

Max Herre feat. Afrob „Exklusivinterview" (Four Music, 1999), https://www.youtube.com/watch?v=wQKWThB76L0, zuletzt überprüft am 7.12.2015.

Mey, Guenter; Mruck, Katja (2010): Interviews. In: Guenter Mey & Katja Mruck (Hg.): Handbuch Qualitative Forschung in der Psychologie (S. 423-435). Wiesbaden: VS Verlag für Sozialwissenschaften.

Silverman, David (1997): Qualitative research: Theory, method and practice. London: Sage.

Szillus, Stephan (2012): Unser Leben. Gangsta-Rap in Deutschland. Ein popkulturell-historischer Abriss. In: Marc Dietrich & Martin Seeliger (Hg.): Deutscher Gangsta-Rap. Sozial- und kulturwissenschaftliche Beiträge zu einem Pop-Phänomen (S. 43-67). Bielefeld: transcript.

Take Care: Drake als Vorbote einer inklusiven Männlichkeit im Rap des Internetzeitalters

ANTHONY OBST

> „To demythologize black masculinity then is to understand its strengths and weaknesses, to understand not only its romantic elements but its powerfully progressive elements in the face of what we know about black masculinity."[1]
> MICHAEL ERIC DYSON

> „Sometimes I need that romance, sometimes I need that pole dance."[2]
> DRAKE

In seiner Grundsatzrede im Rahmen der Black Masculinities Conference in Buffalo, New York im April 2002, spricht der Akademiker und Autor Michael Eric Dyson von dem transformativen Potenzial einer Demythologisierung schwarzer Männlichkeit. Der Mythos, auf den Dyson sich bezieht, basiert auf einem vielschichtigen Konstrukt an Bedeutungen und Diskursen, das die Lebensrealität von Afroamerikanern seit jeher bestimmt. Seit Beginn des transatlantischen Sklavenhandels und der gewalttätigen Zwangsumsiedlung und oppressiven Degradierung ganzer Völkergruppen ist die Selbstwahrnehmung schwarzer Bürger in Amerika geprägt durch die Idee einer „double consciousness" nach W.E.B. Du Bois—also einer Divergenz zwischen Selbstwahrnehmung und oppressiver

---

1 Zitiert nach Brown, Timothy J. „Welcome to the Terrordome: Exploring the Contradictions of a Hip-Hop Black Masculinity". *Progressive Black Masculinities*. Ed. Athena D. Mutua. New York und London: Routledge, 2006, S. 208.
2 Drake. „Under Ground Kings". *Take Care*. Cash Money Records, 2011.

Fremdwahrnehmung in einer auf rassistischen Machtstrukturen basierenden Gesellschaft[3]. Diese oppressive Fremdwahrnehmung aus Sicht der weißen, patriarchischen Dominanzkultur bedient sich oftmals stereotyper Vorstellungen von schwarzer Männlichkeit, die zerstörerisch auf Identitätsbildung und die damit einhergehende Selbstwahrnehmung wirken.

Im Kontext des Hip-Hops[4], einer Kultur, deren Ursprung fest in afroamerikanischen Lebensrealitäten wurzelt, die aber seit Mitte der 1980er Jahre als kommerzielle Ware global verbreitet wird, entfaltet sich „double consciousness" hochgradig komplex. Männlichkeitskonstrukte im Hip-Hop bewegen sich in einem aufgeladenen Spannungsfeld, das Männlichkeitstypen als Mittel des kulturellen Widerstands beansprucht, sie aber gleichzeitig als Produkt in einem kapitalistischen System reproduziert, das auf ihrer Subordination aufbaut.

Der Mythos von schwarzer Männlichkeit ist demnach einerseits als ein Modell zu deuten, das sich innerhalb einer rassistischen Gesellschaft zu behaupten hat. Andererseits erwächst der Mythos im Hip-Hop aus einer Geschichte der kulturellen Aneignung, die den männlichen schwarzen Körper mit Stereotypen belädt und als Ware behandelt. Eine Demythologisierung ist also auch erforderlich im Kontext der Behandlung von schwarzer Männlichkeit aus Sicht weißer Hörer, Konsumenten und Analytiker, sodass Stereotypen und oppressive Prozesse in der zeitgenössischen Popkultur dekonstruiert, entlarvt und bekämpft werden können.

Dieser Text soll dazu dienen, die (nach Dyson) machtvoll progressiven Elemente hervorzuheben, die sich in ausgewählten Konstruktionen schwarzer Männlichkeit im Rap des 21. Jahrhunderts finden lassen. Insbesondere soll er einen Überblick darüber geben, wie sich Männlichkeitskonstruktionen im Hip-Hop des Internetzeitalters verändern, sowie untersuchen, welchen Einfluss die alternativen Männlichkeitsmodelle von afroamerikanischen Hip-Hop-Künstlern wie *Drake*, *Frank Ocean* und *Lil B* auf die Kultur haben.

Die genderspezifische Ausrichtung dieser Arbeit soll nicht als Ausschließung von und Ignoranz gegenüber weiblichen Erfahrungsrealitäten im Hip-Hop ver-

---

3   Du Bois, W.E.B. „The Souls of Black Folk". *The Norton Anthology of American Literature*. Shorter 6th edition. Ed. Nina Baym. W. W. Norton & Company: New York und London, 2003. S. 1703-1719.

4   Hip-Hop wird hier sowie im weiteren Verlauf im Kontext der Kulturdefinition nach Stuart Hall verstanden. Die Kultur des Hip-Hops setzt sich zwar auch aus unterschiedlichen Kunstformen zusammen (zu denen Rap als Musikform gehört), umfasst jedoch zudem ein komplexes System an kulturellen Praktiken und Diskursen (Hall 1997, S. 2 ff.).

standen werden. Gerade weil im Rap weibliche Narrative oftmals in weniger prominentem Licht stehen als die der männlichen Vertreter der Kunstform, dürfen ihre Beiträge keinesfalls in wissenschaftlichen Kontexten ignoriert werden. Aber die im Folgenden vollzogene Demythologisierung schwarzer Männlichkeit soll dazu beitragen, den Konstrukt-Charakter von Gender und Ethnizität offenzulegen, um die Behandlung von historisch unterdrückten Identitäten voranzutreiben.

Zu Beginn sollen anhand eines frühen Drake-Interviews einige Ausgangspunkte geliefert werden, die im Bezug auf Authentizität, Ethnizität und Maskulinität sowie deren Schnittmenge und Konstrukt-Charakter eine Rolle spielen. Die klassische Theorie der „cool pose"[5] als Abwehrmechanismus soll erläutert werden und als Grundstein dienen für eine differenziertere Anschauung im Rahmen der von Michael P. Jeffries aufgestellten „complex coolness"-Theorie (Jeffries 2011, S. 55 ff.). Eine Analyse von Drakes „Connect" soll dazu dienen, die Theorie näher zu beleuchten und Drake im Kontext dieser „complex coolness" zu verorten.

Anschließend widme ich mich einigen Beispielen, die Drakes Rezeption im Internet veranschaulichen und erläutern, wie diese in Bezug auf Timothy Browns Konzept einer Hip-Hop-Männlichkeit und auf Christian Fuchs' Überlegungen zu virtueller Kommunikation zu verstehen sind[6]. R.W. Connell und Eric Anderson folgend definiere ich die klassische Auslegung von Hip-Hop-Männlichkeit als orthodox[7] und untersuche ihre hegemoniale Tendenz innerhalb der Hip-Hop-Kultur im Internet.

Andersons Konzept von inklusiver Männlichkeit (Anderson 2009, S. 94 ff.) soll als Ausgangspunkt dienen, um alternative Modelle der Männlichkeitskonstruktion im Hip-Hop des 21. Jahrhunderts zu untersuchen. So möchte ich das

---

5 Vgl. Majors, Richard und Mancini Billson, Janet. *Cool Pose. The Dilemmas of Black Manhood in America.* New York: Touchstone, 1992. Majors und Mancini Billsons umfassende Überlegungen zur „cool pose" bilden den viel zitierten Grundstein für theoretische Diskussionen zum Thema „Coolness" in der Hip-Hop-Kultur.

6 Fuchs, Christian. *Internet and Society. Social Theory in the Information Age.* New York und London: Routledge, 2008. S. 308-315.

7 Nach R.W. Connell (1995) bestehen Männlichkeitskonstruktionen in einem hegemonialen Machtverhältnis, dessen vorherrschender Typus hegemonial-oppressiv gegenüber alternativ-subordinierten Typen wirkt. Anderson (2009) unterscheidet zwischen orthodoxer und hegemonialer Männlichkeit, um aufzuzeigen, dass in bestimmten sozialen Gruppierungen die hegemoniale Stellung orthodoxer Männlichkeit untergraben wird.

progressive Potenzial von Künstlern wie Drake, Frank Ocean und Lil B beleuchten und zeigen, wie sich ihre Männlichkeitskonstruktionen von orthodoxen Modellen unterscheiden. Meiner Ansicht nach bieten sie Anhaltspunkte für eine Abschwächung von Homo-Hysterie[8] und homophobem Diskurs im zeitgenössischen Hip-Hop, was als konstitutiv für eine Entwicklung weg von hegemonialer und hin zu inklusiver Männlichkeit zu deuten ist. Hierbei werden auch Überlegungen aufgestellt zur sich verändernden Definition von Authentizität im Hip-Hop, bedingt durch Inszenierungsmodi des Internets.

Eine Text- und Videoanalyse von Drakes „Hold On We're Going Home" soll schließlich noch einmal die Widersprüche hervorheben, die sich in Drakes Männlichkeitskonstruktion finden lassen. Als Ergebnis meiner Untersuchung möchte ich kein naiv vereinfachendes Bild von Männlichkeitskonstruktionen im zeitgenössischen Hip-Hop zeichnen, aber doch hervorheben, dass progressive Modelle auf dem Vormarsch sind, die das Potenzial haben, stereotype Anschauungen von schwarzer Männlichkeit zu untergraben und einen positiven Wandel im Hip-Hop voranzutreiben.

„IT'S JUST HUMAN EMOTION"

Im Juli 2009 gibt Drake dem US-amerikanischen Fernsehsender ABC News ein Interview. Wenige Wochen zuvor unterschrieb er einen Multi-Millionen-Dollar Plattenvertrag mit Lil Waynes *Young Money Entertainment*, während seine erste offizielle Single, „Best I Ever Had", an die Spitze der *Billboard Hot R&B/Hip-Hop Songs Charts* kletterte. In diversen Internet-Foren wurde der kanadische Rapper zu dem Zeitpunkt bereits heiß diskutiert, doch für einen Großteil des ABC-Publikums stellt das Interview wohl einen der ersten Berührungspunkte mit Drake dar.[9]

Der Interviewer befragt Drake zu Beginn zu den „Fresh Prince"-Vergleichen, die einige frühe Kritiker heranziehen – wohl auch vor dem Hintergrund seiner Rolle in der kanadischen Teenie-Drama-TV-Serie *Degrassi: The Next Generation*. Drake wiegelt die Vergleiche kurzerhand ab: „I just wanna be like Drake. I just wanna be me." Interessant wird die Szene, als der Interviewer Drakes Herkunft und Familienhintergrund anspricht:

---

8 Vgl. Anderson 2009, S. 96.

9 „Compared to Will Smith, Linked to Rihanna". Veröffentlicht auf abcnews.com am 14.7.2009. Zuletzt eingesehen am 18.7.2015 auf http://abcnews.go.com/video/playerIndex?id=8085138.

Interviewer: You're from T-Dot, right?

Drake: Yes, Toronto, Canada, man.

Interviewer: I gotta show you a picture, cause I think it's hilarious... of you growing up in Toronto. [Zeigt Drake ein Bild von ihm aus dessen Kindheit]

Drake: [Lacht]

Interviewer: Your mom is...

Drake: My mom is white.

Interviewer: She's Canadian.

Drake: Yeah, Canadian. And my dad is from Memphis, Tennessee. That's probably who dressed me in that picture, my dad.

Interviewer: And your parents are divorced. Did you spend a lot of time in Memphis?

Drake: Uh, I used to go back and forth. I used to go visit my dad and soak in that lifestyle, too.

Interviewer: Didn't you grow up in one of the most affluent neighbourhoods in Toronto?

Drake: [Nickt mit einem Schulterzucken] Yeah.

Interviewer: And what was the juxtaposition, going from Toronto to Memphis?

Drake: It was cool for me, you know, because everybody just used to be like „oh man, you're like the furthest thing from hood..." and I was actually hurt by a lot of the things that happened through the course of my life, you know? I had to become a man very quickly, and be the backbone for a woman who I love with all my heart, my mother. I saw my dad get arrested by, like, a SWAT team at the border, you know, for trying to cross over. I've seen things that didn't make me happy. They were character building. And that's why I think people in the 'hood can still connect with what I'm saying, even when I'm not saying, „yeah, and I got crack in my pocket",'cause that wasn't my struggle, necessarily. I speak from a place where, you know, I think it's just human emotion.

In diesem kurzen Austausch werden viele wichtige Punkte deutlich, die in der Diskussion um Drakes Authentizität, Ethnizität und Maskulinität (sowie deren Schnittmenge) eine Rolle spielen. Drake sagt, dass er „sehr schnell zum Mann werden" musste, um seiner alleinerziehenden weißen Mutter als „Rückgrat" zu dienen. Als konstitutiv für seine Männlichkeit beschreibt er den Lebensstil, den er bei seinem schwarzen Vater in Memphis „aufsaugte". Dieser Lebensstil, den Drake explizit mit einem antagonistischen Kontakt mit der Staatsgewalt in Verbindung bringt, bezeichnet er als „charakterformend" und führt ihn als Grund an, warum „people in the 'hood" sich mit ihm identifizieren können[10]. Er verwendet das Wort „cool" im Hinblick auf seine Erfahrungen in dem hier deutlich als schwarz besetzten Topos „Memphis" – Erfahrungen, die seine vormals angezweifelte Verbindung zur „'hood" legitimieren. Für ihn sind diese Erfahrungen mit einem Gefühl des „Schmerzes" verbunden. Der Schmerz, den er in Memphis erfuhr, lässt ihn als Rapper aus einer Position reden, deren Essenz er als „menschliche Emotion" definiert. Den Fokus der Geschichte seines Reifeprozesses verlagert Drake in dieser kurzen Zusammenfassung klar von der wohlhabenden Nachbarschaft seiner Mutter in Toronto auf die weniger rosigen Umstände bei seinem Vater in Memphis.

In diesem Interview wird ein performativer Prozess deutlich, den Michael P. Jeffries in seinem Buch *Thug Life: Race, Gender, and the Meaning of Hip-Hop* (2011) mit dem Konzept der „complex coolness" umschreibt.

COMPLEX COOLNESS

Jeffries fußt sein Konzept auf der „cool pose"-Theorie von schwarzer Männlichkeit, die Richard Majors und Janet Mancini Billson in ihrem Buch *Cool Pose: The Dilemmas of Black Manhood in America* erläutern.

„Historically, racism and discrimination have inflicted a variety of harsh injustices on African-Americans in the United States, especially on males. Being male and black has meant being psychologically castrated—rendered impotent in the economic, political, and social arenas that whites have historically dominated. ... [B]lack males, especially those who are young and live in the inner cities of our nation, have adopted and used cool masculinity—or as we prefer to call it, ‚cool pose'—as a way of surviving in a restrictive society." (Majors und Mancini Billson 1992, S. 1-2)

Anhand dieser Theorie lässt sich das aggressive, hypermaskuline Bild des stereotypen Gangsta-Rappers, das vor allem in den späten 80er und den 90er Jahren weit verbreitet war (aber auch im 21. Jahrhundert noch die Medienrezeption von Rap mitbestimmt), als Abwehrmechanismus interpretieren, der aus einer historisch bedingten, rassistisch-oppressiven Entmächtigung schwarzer Männlichkeit resultiert.

---

10 Für Betrachtungen zum identitäts- und gemeinschaftsformenden Topos der „hood" vgl. Forman, Murray. *The 'hood Comes First: Race, Space, and Place in Rap and Hip-hop*. Middletown: Wesleyan University Press, 2002.

Jeffries argumentiert jedoch, dass das „cool pose"-Modell für eine differenziertere Behandlung zeitgenössischer Rappertypen nicht ausreicht. Stattdessen schlägt er als alternativen Interpretationsansatz eine „complex coolness" vor, die Brüche in der „cool pose" – markiert durch Momente von Einfühlsamkeit, Demut, Emotionalität und Schwäche – nicht ignoriert, sondern hervorhebt.

„I argue that hip-hop's *complex coolness* [kursiv nach Jeffries] is more than a masklike coping mechanism run amok. It is not a facade that always prevents sincerity, and the pursuit and upkeep of cool style does not always preclude the possibility of genuine substance. ... [H]ip hop's complex coolness is what allows commercially successful representations to simultaneously contain narratives about collective racial identity, political injustice, God and the afterlife, Cadillac Escalades, strip clubs, and drug money." (Jeffries 2011, S. 60)

Jeffries' Interpretationen von kommerziell erfolgreichen Rappen wie *2Pac*, *T.I.*, *50 Cent* und *Jay Z* sind einleuchtend und eröffnen eine differenzierte Wahrnehmung zeitgenössischer Rap-Texte und -Performances. Sie zeigen das komplexe Verhältnis auf, in dem hypermaskulines Auftreten und aufrichtige Emotionalität im Rap koexistieren können – entgegen veralteten und stereotypen Vorstellungen. Ein Blick auf Drakes Texte macht die Widersprüche der „complex coolness" sofort kenntlich[11].

„I'M JUST TRYNA CONNECT WITH SOMETHIN' BABY"

In seinem Song „Connect" auf dem 2013er Album *Nothing Was The Same* (Cash Money Records, 2013) schildert Drake die Geschichte einer schädlichen, fragmentierten Liebesbeziehung. Er beklagt den „lack of communication", der zwischen ihm und dem nicht namentlich genannten „girl" herrscht, sowie die scheinbare Ausweglosigkeit der Situation, die ihn immer wieder zurück zu ihr, aber die beiden niemals auf Dauer zusammen bringt. Von vornherein wird die Geschichte als eine des Scheiterns markiert: „How every conversation starts with ‚this time will be different' / Oh, the idea is fun, oh, the idea is fun". Der Hörer ahnt es: Die Idee wird niemals aufgehen. Drake nimmt im ersten Teil seiner Nar-

---

11 Rap-Texte und -Performances werden im Folgenden als inszenierte, biografisch fundierte Narrative verstanden, die als „hidden transcripts" nach Tricia Rose (1994, S. 100 ff.) zu lesen sind: „Rap music ... uses cloaked speech and disguised cultural codes to comment on and challenge aspects of current power inequalities. ... In this way, rap music is a contemporary stage for the theater of the powerless".

ration nicht die Rolle des „Alphamännchens" an und bekennt sich stattdessen zur eigenen Machtlosigkeit.

Im Refrain zieht sich Drake zurück. Er schließt die Augen, sitzt in seinem Wagen, „swangin'". Die explizite Anspielung im Sample an den Houston-Rap-Klassiker „25 Lighters" von *DJ DMD*, *Lil Keke* und *Fat Pat* ist einerseits zu verstehen als Ode an den Rapstil, der ihn so prägte. Zum anderen gibt sich Drake in seiner Narration einem klassischen „cool pose"-Ritual hin. Der langsame Fahrstil, „swangin'" genannt, der im Houston-Rap so oft als Erfahrungsgrundlage dient, verkörpert eine Kultur des Sehen-und-Gesehenwerdens, des Posierens. Er symbolisiert Dominanz gegenüber seiner Umwelt und schafft gleichzeitig „community". Drakes *Homies* sitzen im Refrain mit im Wagen: „same city, same friends".

Der Refrain bietet die Rahmenhandlung, in der Drake sich seiner gescheiterten Liebschaft erinnert. In der zweiten Strophe wird von ihm „pussy power" anerkannt – und wiederholt. Exzesse auf Kosten anderer, besonders der Seinigen, lässt er ihr durchgehen. Betrunken am Lastwagensteuer „über seine Gefühle fahren" lässt er ihr durchgehen, wegen „pussy power". Wenn alles in Scherben liegt, ist Drake sich nie zu schade, die Scherben wieder aufzusammeln. Er wünscht sich nur, sie würde Mitmenschen die gleiche Beachtung schenken wie materiellen Dingen. Es ist eine geballte Ladung an Emotionen, die Drake hier auf seine Zuhörer abfeuert.

In seiner nostalgischen Erzählung wirft Drake Risse im Konstrukt seiner Männlichkeit auf. Bekenntnisse zu eigenen Emotionen und psychischem Schmerz werden Abwehrmechanismen entgegengestellt. Mehr noch als die von Jeffries zitierten Rapper, die Situationen der „thug love" schildern (Jeffries 2011, S. 105-111), lässt Drake auf „Connect" den „love"-Teil des Begriffes anklingen. Es ist keine „cool pose", die hier Drakes Männlichkeitskonstruktion bestimmt, sondern eine „complex coolness".

Zusätzliche Komplexität erhält diese Coolness bei Drake durch ihre technologisch bestimmte Rezeptionsgegenwart. Drakes Geschichte als die des erfolgreichsten Rappers des Internetzeitalters ist untrennbar mit dem Medium seiner Zeit verbunden. Im folgenden Abschnitt möchte ich zunächst das Internet als bedeutsames Rezeptionsmedium für Drakes Musik und Performance darstellen und aufzeigen, wie sich in Drakes Online-Rezeption verschiedene Modelle von „cool pose"-Männlichkeit in oppressive Hierarchien gliedern.

HIP-HOP-MÄNNLICHKEIT UND DRAKE ALS MEME

„I think Drake will ultimately go down as the GOAT [greatest of all time] rapper of social media", so, mitsamt Message-Board-Acronym,[12] formuliert von Daniel Baker, besser bekannt als Twitter-Persönlichkeit *Desus Nice* im Interview mit der Online-Musikplattform *Noisey*. Anlass des Artikels ist die Untersuchung des Autors Ray Downs unter der Überschrift „Understanding Drake's Meme Appeal".[13] Downs stellt darin zu Beginn die Frage: „How the hell is Drake so popular when people relentlessly make fun of him to such hilarious degrees?" Es ist durchaus eine berechtigte, denn Drakes Popularität sprengt Rekorde, obwohl seine unorthodoxe Männlichkeitskonstruktion vielerorts Spott erntet. Im August 2012 übertrifft Drake Jay Z als Rekordhalter für die meisten Nummer 1-Hits in *Billboards R&B/Hip-Hop Songs Chart* (10 an der Zahl).[14] Im Februar 2015 zieht er mit 14 gleichzeitigen Songs in *Billboards Hot 100* mit den Beatles gleich.[15] Dabei steht Drakes Männlichkeitskonstruktion im direkten Gegensatz zu früheren kommerziell erfolgreichen Modellen. Die Rapper, die er als die populärsten der Gegenwart ablöste – wie etwa 50 Cent, T.I. oder seinen Mentor Lil Wayne – verkörpern ein Modell, das Timothy Brown als Hip-Hop-Männlichkeit beschreibt.

In seinem Aufsatz „Welcome to the Terrordome: Exploring the Contradictions of a Hip-Hop Black Masculinity" beschreibt Timothy J. Brown (2006) eben jene Hip-Hop-Männlichkeit als solche, die sich aus einem Wechselspiel an progressiven sowie regressiven Elementen zusammensetzt. Browns Theorie ist nicht zu verwechseln mit Jeffries' Idee einer „complex coolness", da Brown ähnlichen Verhaltensweisen unterschiedliche Bedeutung zuweist. So interpretiert

---

12 Die Bezeichnung GOAT dient oft als populäre Kurzfassung in Internet-Diskussionen zum Thema „Wer ist der Beste?" in all seinen Facetten. Desus Nice machte sich innerhalb der Twitter-Community vor allem einen Namen durch seine humorvollen Kommentare zu Neuigkeiten aus der Hip-Hop-Welt, was ihm, zusammen mit *The Kid Mero*, auch eine eigene Podcast-Show auf *Complex TV* einbrachte, *Desus vs. Mero*.

13 Zuletzt eingesehen am 20.7.2015 auf http://noisey.vice.com/blog/understanding-drakes-meme-appeal.

14 Santiago, Karinah. „Drake Tops Jay-Z For R&B/Hip-Hop Chart No. 1s Record." Zuletzt eingesehen am 28.7.2015 auf http://www.billboard.com/articles/columns/the-juice/480496/drake-tops-jay-z-for-rbhip-hop-chart-no-1s-record.

15 Trust, Gary. „Drake Ties the Beatles With 14 Simultaneous Hot 100 Hits." Zuletzt eingesehen am 28.7.2015 auf http://www.billboard.com/articles/columns/chartbeat/6487445/drake-ties-beatles-14-simultaneous-hot-100-hits.

Brown das aufsässige, gegenkulturelle Verhalten eines vom Hip-Hop geprägten Sportlers wie Allen Iverson einerseits als subversiv gegenüber rassistisch geprägten Dominanzverhältnissen.[16] Andererseits sieht Brown auch die problematische Seite solcher Dominanzgebärden und beschreibt das regressive Element als eines, das patriarchische Verhältnisse reproduziert. Browns Theorie ist demnach als eine Art Erweiterung des „cool pose"-Modells zu verstehen, die den Impetus einer subversiven „cool pose" zwar anerkennt aber ihren Lebensstil deromantisiert.

Verhaltensweisen, die im Kontext der Hip-Hop-Männlichkeit als „soft" interpretiert werden können, sind laut Brown „definitely not a characteristic of hiphop black masculinity" (206). Drake verkörpert für viele Hip-Hop-Anhänger so sehr das Gegenteil dieses Männlichkeitsentwurfs, dass er im Internet zu einem visuellen Running-Gag, also einem „Meme" geworden ist.

Mit einer kurzen Google-Suche zu „Drake the type..." lassen sich ganze Plattformen ausfindig machen (etwa drakethetype.tumblr.com, twitter.com/ drakethetype oder facebook.com/officialdrakememes), die mit Drakes Status als weichem („soft") Gangsta-Antitypus kokettieren.

„Drake the type of nigga that stares at the corner of a TV screen when the scary part comes on."[17]

„Drake the type of nigga that asks if his homies are ticklish."

„Drake the type of nigga to go to the supermarket, pick up a bruised apple and say ‚who did this to you?'"

„The new Galaxy S4 touch screen sensitivity options: Low, Medium, High, Drake."

Hunderte anderer Memes dieser Art lassen sich finden, die sich aus heteronormativen, patriarchischen, homophoben und sexistischen Motiven einen Spaß machen. Sie verdeutlichen, wie sich der Archetypus der Hip-Hop-Männlichkeit durch Abgrenzung und Herablassung gegenüber Verhaltensweisen definiert, die nicht ins „cool pose"-Schema passen. Brown spricht in einem analogen

---

16 Hier klingt auch Tricia Roses Theorie von Hip-Hop als „hidden transcript" an (Rose 1994, 100 ff.).
17 Diese Zitate entspringen nicht namentlich bekannten Urhebern auf den hier aufgelisteten Social Media-Plattformen. Zum Bedeutungskontext des problematischen Begriffes „nigga" im Rap und dessen rassistischem Ursprung vgl. Kelley, Robin D.G. *Race Rebels. Culture, Politics, and the Black Working Class*, 209-214.

Zusammenhang von Ideologieschaffung: „This example highlights how the tough-edged nature of a hip-hop masculinity in subverting dominant forms of oppression creates its own ideology and recreates power structures that subordinate other identities, namely those labeled as *soft* or *sellout* [kursiv nach Brown]" (206). Ideologien dieser Art haben auch ihre eigenen Wortführer unter den Anhängern der archetypischen Hip-Hop-Männlichkeit – so etwa Lord Jamar, Mitglied der einstmals politisch progressiven Gruppe *Brand Nubian*.

ORTHODOXE UND HEGEMONIALE MÄNNLICHKEIT IM HIP-HOP

In einem Interview mit der Youtube-Plattform *Vlad TV* äußert sich Lord Jamar wie folgt:

„This hip hop shit was made by masculine black and latino males. This is the alpha male shit, not even the beta male, who they're pushing at us now, your Drakes and your fucking Kendrick Lamars and all these softer type of dudes. [Drake], he can rhyme and all that, but trust me, he wouldn't have popped off in the '80s or '90s. Dudes would have looked at him as too soft ... All that falsetto singing and that type of shit, dudes would have been like, ‚What the fuck?' even if he could sing good."[18]

Jamars Äußerungen folgen der gleichen Ideologie wie die „Drake the type..."-Memes. Diese Ideologie erkennt nur eine Art von Männlichkeit im Hip-Hop an, welche auf Heteronormativität und Homophobie basiert und sich alternativen Entwürfen gegenüber dominant zeigen und beweisen will. Diese Verhaltensweise folgt einem sozialen Prozess, den R. W. Connell als „hegemonic masculinity" beschreibt (Connell 1995). Hegemoniale Männlichkeit ist keineswegs ein Archetyp, sondern „the masculinity that occupies the hegemonic position in a given pattern of gender relations, a position always contestable" (Connell 1995, 76). Connell folgt dabei den Ansätzen Antonio Gramscis (1971) zur Theorie der hierarchischen Machtverhältnisse innerhalb einer Gesellschaft.

Die hegemoniale Männlichkeit im Beispiel der Hip-Hop-Männlichkeit ist, Eric Anderson folgend, der seine Überlegungen zum Thema Männlichkeit im Sport des 21. Jahrhunderts aufstellt, hier auch als Kategorie einer „orthodox masculinity" zu verstehen (Anderson 2009, S. 31). Anderson verwendet diese

---

18 djvlad. „Star & Jamar: De La Soul Paved Way for Drake". Online Videoclip. YouTube. Veröffentlicht: 10.12.2013. Zuletzt eingesehen: 22.7.2015. https://www.youtube.com/watch?v=xkhMSHbk4Y4.

Unterscheidung, um die Auffassung von hegemonialer Männlichkeit als sozialem Prozess von der Auffassung orthodoxer Männlichkeit als Archetypus zu trennen. Der soziale Prozess der Subordination alternativer Männlichkeitsentwürfe ist im Hip-Hop so weit fortgeschritten, dass Brown von einer einheitlichen Hip-Hop-Männlichkeit sprechen kann. Sie ist durch soziale Reproduktion zur Norm geworden, wirkt also orthodox, und zeichnet sich durch Subordination konkurrierender Entwürfe aus. Um auf Browns Zitat (206) zurückzukommen: Machtverhältnisse werden reproduziert, die gegenüber „soften" Identitäten oppressiv wirken.

Ein weiteres Beispiel dafür, wie sich orthodoxe Männlichkeit im Hip-Hop als hegemonial positioniert, findet sich im abwertenden Ton, den die Online-Persönlichkeit *Big Ghost* in seiner Rezension von Drakes Album *Take Care* einschlägt.[19] Big Ghost, der mit 42.000 Twitter-Followern über eine beachtliche Reichweite verfügt (Stand: Juli 2015), degradiert in seiner Rezension Drake und seine Hörer in beleidigendem Maße für deren Hang zu Emotionalität und „softness". Er unterfüttert seinen Text mit mokierenden Memes, die Drake als weinerlich, schwach und feminin darstellen. In den separaten Track-Rezensionen überschlägt sich Big Ghost geradezu mit Formulierungen, die Drake entmännlichen sollen:

„I wouldnt be surprised if this nigga could pollinate a flower wit his fuckin breath son. Im pretty sure that son gets up in the morning n plays his harp for his cats n then slides down the muthafuckin banister in his satin man nightie n has a full glass of breast milk before he goes to the studio n hammers out some pooned out shit like this b. ... [L]otta yall muthafuckas dont wanna accept that this shit was a crime against heterosexuality ... This song is too much homosex. [sic]"

Big Ghost macht keinen Hehl aus seiner aggressiven Homophobie, da er sich durch ihre geradezu absurde Überzeichnung unmissverständlich zur orthodoxen Hip-Hop-Männlichkeit bekennt. Die emotionalen Inhalte von *Take Care* und der daraus folgende Männlichkeitsentwurf werden als minderwertig und unterlegen charakterisiert. „At the end of the day this is jus some more of that ‚Here nigga

---

19 „Big Ghost Presents: The Take Care Review". Veröffentlicht auf bigghostlimited.com am 9.11.2011. Zuletzt eingesehen am 24.7.2015 auf http://bigghostlimited.com/big-ghost-presents-the-take-care-review/. Big Ghost ist ein Hip-Hop Blogger, der seine Karriere zunächst damit begann, auf parodistisch angehauchte Weise Ton und Haltung des Wu-Tang-Clan-Rappers *Ghostface Killah* in Kommentaren und Rezensionen zu imitieren. Mittlerweile hat er diesen Stil zu seinem eigenem gemacht, spielt aber weiterhin mit dem narrativen Blickwinkel des respektlosen Hip-Hop-Konservativen.

hold my purse music' that son been specializin in for the last few years [sic]". Die Online-Persönlichkeit Big Ghost treibt in seiner Rezension die Rezeption Drakes in orthodoxen Hip-Hop-Kreisen auf eine kreativ formulierte aber hässliche Spitze. Womöglich übertreibt er die tatsächliche Auffassung des reell existierenden Autors, um sie zu einer polemischen Generalkritik aus Sicht der hegemonialen Hip-Hop-Männlichkeit zu stilisieren.

Als Äußerungen des virtuellen Avatars einer reell existierenden Person müssen die Äußerungen von Big Ghost auch im Kontext der Kommunikation in virtuellen Gemeinschaften verstanden werden. Christian Fuchs schreibt: „Communication in [virtual] communities is often oriented on constructing identities in opposition to the identity of other users in order to produce unique online personae that act differently from others and communicate distinguishable meanings" (Fuchs 2008, S. 311). Drake kann als Twitter-Nutzer dadurch, dass die Rezension auch auf dieser Plattform verbreitet wird, im erweiterten Sinne als Mitglied, also „other user" dieser Gemeinschaft verstanden werden. Virtuelle Gemeinschaften sind nach Fuchs Orte, an denen symbolisches Kapital im Sinne Bourdieus akkumuliert wird – „a capital of status, rank, and reputation that produces differences that gives single users a feeling of superiority and communicates to others the impression that they are inferior" (ibid.). In Big Ghosts Rezension trifft demnach eine sich als hegemonial darstellende orthodoxe Hip-Hop-Maskulinität auf eine virtuelle Kommunikationsweise, die sich ebenfalls als überlegen darstellen will. Daraus folgt eine doppelte Überzeichnung der subordinierenden Haltung, die einerseits Drakes Männlichkeitsentwurf ablehnt und entwertet und gleichzeitig orthodoxe Männlichkeit im Hip-Hop aus einer hegemonialen Position propagiert.

Die weite Verbreitung der Drake-Memes sowie der Zuspruch, den Lord Jamar in einigen Kreisen für seine Äußerungen erhält[20] und die Polemik, mit der Big Ghost seinen Verriss auf die Spitze treibt, zeugen davon, dass Hip-Hops orthodoxe Männlichkeit auch heute noch hegemoniale Züge aufweist. Allerdings ist Drakes rekord-sprengende Popularität sowie auch die später noch näher zu beleuchtende Diversifizierung der Männlichkeitsbilder im Hip-Hop des 21. Jahrhunderts auch Zeichen dafür, dass hegemoniale Männlichkeit nicht unattestierbar ist. Oder, wie es Big Ghost formuliert: „Yall done allowed this nigga to come in the door...n now he done opened the floodgates to a million other soft ass

---

20 Ein Blick auf die Youtube-Kommentare unter dem *Vlad TV*-Video zeigt anerkennende Gedanken auf wie „I will never understand what everyone sees in Drake, ever", „I love those two together", oder „gotta respect these dudes no matter how you feel".

muthafuckas jus like him son [sic]". Im folgenden Verlauf möchte ich Anderson also auch folgen, wenn er die Theorie einer „inclusive masculinity" aufstellt.

INKLUSIVE MÄNNLICHKEIT

Andersons „inclusive masculinity"-Theorie beruht auf Ergebnissen, die er im Rahmen seiner Recherche zu unterschiedlichen Männlichkeitsentwürfen im Sport feststellte. Seiner Studie zufolge ließen sich die Maskulinitätstypen verschiedener Sportlergruppen nicht nach Connells Prinzip der hegemonialen Männlichkeit erklären. Anstatt untergeordneter Gruppen der „protest masculinity" (Anderson nach Connell, 94), die sich zwar von orthodoxen Männlichkeitskonstrukten unterscheiden, aber doch in einer hegemonialen Hierarchie keinen ebenbürtigen Status besitzen, erschließt Anderson in seiner Recherche Männlichkeitstypen, die sich orthodoxer Männlichkeit widersetzen und innerhalb eines gewissen Kulturkreises einen vergleichbaren Stellenwert innehaben. Anderson erforscht also eine Kultur, in der orthodoxe Männlichkeit zwar immer noch als ein möglicher Archetyp für Identitätskonstruktion dient – in der jedoch auch ein alternatives Modell existiert, das in vergleichbarem Maße Einfluss ausübt und zur Nachahmung einlädt. Vertreter des inklusiven Männlichkeitstypus spürten in Andersons Untersuchung kein Verlangen, sich dem orthodoxen Männlichkeitstypus unterzuordnen und sahen diesen auch nicht als überlegen oder natürlich an.

Als ausschlaggebende Faktoren für die Bildung eines inklusiven Männlichkeitstypus führt Anderson die Abnahme von Homo-Hysterie und dem damit einhergehenden homophoben Diskurs an:

„[I]nclusive masculinity theory argues that as cultural homohysteria significantly declines, a hegemonic form of conservative masculinity will lose its dominance, and softer masculinities will exist without the use of social stigma to police them. Thus, two dominant (but not necessarily dominating) forms of masculinity will co-exist, one orthodox and one inclusive." (Anderson, 96)

In solch einem Szenario verliert orthodoxe Männlichkeit ihren hegemonialen Einfluss, da eine kritische Masse an Männern sich von ihr lossagt. Anhand einiger Beispiele aus dem Hip-Hop des 21. Jahrhunderts soll nun vorgeführt werden, dass diese kritische Masse womöglich bald keine ferne Zukunftsversion innerhalb der Hip-Hop-Kultur mehr sein könnte.

„FIND YOUR LOVE"

Auf der zweiten Single seines Debütalbums *Thank Me Later* gewährt Drake seinen Hörern einen tiefen Einblick in seine Gefühlswelt. „Find Your Love" erzählt die Geschichte einer nicht (oder für seinen Geschmack zu wenig) erwiderten Liebschaft, deren Scheitern sich Drake in seiner Narration nicht eingestehen möchte. Er kämpft darin um die Anerkennung einer Frau, in die er sich Hals über Kopf verliebt hat: „I took a chance with my heart and I feel it taking over" (Cash Money Records, 2010). Für ihn ist das Verlangen nach ihrer Bestätigung nicht einfach nur eine „mission", ein eitles Männlichkeitsritual, sondern ein Akt der Verzweiflung: „I'm done waiting, there's nothing left to do but give all I have to you".

Drake wendet sich auf diesem Song in der Vortragsweise komplett vom Rap ab und dem R&B zu – ein Zug, der sich in seinem Oeuvre häufiger wiederholt und der auch als einer der Gründe für seine Rezeption als „softer" Rapper herhält. In einem Interview mit MTV reflektiert Drake sehr bewusst die Genderung von emotionalen R&B-Liedern in der Hip-Hop Welt: „‚Find Your Love' is an extremely vulnerable song. And it's actually a huge risk. It almost feels like the song should be performed by a woman. I'm just hoping that men really hear the song and they're honest with themselves. I know a lot of men feel that way".[21] Worum es genau bei dem Risiko geht, von dem er spricht, macht Drake nicht explizit klar. Es schwingt in diesen Sätzen allerdings mit, dass eine Bedrohung unter Umständen von Männern ausgehen kann, die nicht ehrlich mit sich selbst sind. Orthodoxe Männlichkeitstypen werden sich mit dem Song nicht identifizieren können, da sie ein Eingeständnis der eigenen Gefühle ablehnen.

Der Erfolg der Single „Find Your Love" (bis heute seine höchste Chartplatzierung in Kanada) validiert Drake zum einen als Künstler. Zum anderen aber zeigt es die Vorreiterrolle, die Drake entgegen dem hegemonialen Männlichkeitstypus einnimmt. Er ist sich des Risikos bewusst und geht doch seinen eigenen Weg in Richtung Einfühlsamkeit. Im Jahr 2010 entfaltet dieser Gestus in der Hip-Hop-Kultur eine transformative Wirkung.

---

21 „Drake Feels That His Latest Track Should Be Peformed [sic] By A Woman". Veröffentlicht: 4.5.2010. Zuletzt eingesehen: 27.7.2015. http://www.mtv.co.uk/drake/news/drake-feels-that-his-latest-track-should-be-peformed-by-a-woman.

FRANK OCEAN: EIN PRÄZEDENZFALL

Am 4. Juli 2012 veröffentlicht der Sänger Frank Ocean[22] einen Tumblr-Post, in dem er sich offen zu seiner Bisexualität bekennt.[23] Es ist eine mutige und beachtenswerte Tat, nicht nur weil die Odd-Future-Crew, mit der er seine ersten musikalischen Schritte in der Öffentlichkeit machte, sich vormals (und seitdem noch immer) durch ihren homophoben Sprachgebrauch in ein regressives Licht rückte. Ocean bricht mit seinem poetischen Bekenntnis auch ein Tabu, das in einer heteronormativen Pop-Kultur vor allem über afroamerikanischen Künstlern jahrelang wie ein Damoklesschwert schwebte.

In einem offenen Dankesbrief an Ocean liefert die Autorin und Aktivistin *dream hampton* eine verkürzte Zusammenfassung von Hip-Hops problematischem und oppressivem Verhältnis zu nicht-heteronormativen Sexualitäten oder derlei Gerüchten, von Big Daddy Kane über Afrika „Bam Bam" zu Rahsaan Patterson und Queen Latifah.[24] Hampton dankt Ocean für seinen mutigen Brief und beschreibt ihn als revolutionär, „not least of all because it is about love".

Eine Vielzahl an Künstlern und Medienpersönlichkeiten der Hip-Hop-Welt spricht Ocean Zuspruch und Unterstützung aus, darunter *Tyler, the Creator, Jay Z, Solange Knowles, Action Bronson* und *Miss Info*.[25] Oceans offenes Bekenntnis zu Liebe – gleichgeschlechtlicher Liebe im Besonderen – schafft einen Präzedenzfall in einer Kultur, deren stereotype Auffassung mit Liebe wenig zu tun hat. Gleichzeitig verweist die überwiegend positive Rezeption auf die Möglichkeit eines grundlegenden Wandels.

„KEEPING IT REAL" IM 21. JAHRHUNDERT

Frank Oceans Bekenntnis erweitert den Kontext eines Topos (und fügt ihm eine progressive Ebene zu), der im Hip-Hop oftmals in den Dienst einer orthodoxen

---

22 Als R&B-Sänger ist Frank Ocean zwar kein Rapper im eigentlichen Sinne, aber seine Verbindung zur Hip-Hop-Welt ist durch den Kreis, in dem er sich als Künstler bewegt, ohne Zweifel anzuerkennen.

23 „thank you's". Veröffentlicht auf frankocean.tumblr.com am 4.7.2012. Zuletzt eingesehen am 24.7. 2015 auf http://frankocean.tumblr.com/post/26473798723.

24 „Thank You, Frank Ocean". Veröffentlicht auf lifeandtimes.com am 4.7.2012. Zuletzt eingesehen am 24.7.2015 auf http://lifeandtimes.com/thank-you-frank-ocean.

25 Der Zuspruch von Big Ghost ist positiv, aber ambivalent: „For the record tho...I still support Frank Ocean. I fucks wit his music. And he seems like he a aight dude", so seine Nachricht auf Twitter.

Männlichkeit gestellt wird: *he keeps it real*. Die Autorin und Aktivistin bell hooks bringt Hip-Hops Besessenheit von der „fake cool pose of ‚keeping it real'" (hooks 2005, 141) mit einem destruktiven Lebensstil in Verbindung, den sie als eine zerstörerische Verinnerlichung von patriarchischer Dominanzkultur interpretiert. Hooks kritisiert die „Realness"-Definition von Todd Boyd, der schreibt: „Hip hop is concerned on the other hand with being ‚real', honoring the truth of one's own convictions, while refusing to bend over to accommodate the dictates of the masses. Unlike the previous generation of people who often compromised or made do, in search of something bigger, hip-hop sees compromise as false, fake, and bogus" (Boyd 2003).

Ich möchte hooks beipflichten in ihrer Ansicht, dass Hip-Hops „Realness"-Obsession oftmals destruktive Züge annimmt, die sich selbst in einer „cool pose" geißeln. Jedoch zeigt Oceans subversiver Gebrauch der „keeping it real"-Philosophie auch deren transformatives Potenzial auf, welches hooks kategorisch ausschließt. Außerdem halte ich Boyds Definition für nicht zutreffend in dem Sinne, wie sich beispielsweise Drake als „real" definiert. Bei Drake ist der Authentizitätsgedanke nicht an kompromisslosen Widerstand gekoppelt oder Ausdruck einer aufsässigen „cool pose", sondern untergräbt vielmehr die Pose mit einem offenen Bekenntnis zu Emotionalität und Kompromissbereitschaft. Richard A. Peterson bestätigt in seinem Aufsatz zur sozialen Konstruktion von Authentizität die Fluidität des Konzepts: „the changing meaning of authenticity is not random, but is renegotiated in a continual political struggle in which the goal of each contending interest is to naturalize a particular construction of authenticity" (Peterson 1997, 220). Frank Ocean reiht sich mit seinem Bekenntnis ein in ein neues Verständnis von „Realness", das im Hip-Hop des 21. Jahrhunderts eine größere Rolle spielt als frühere Definitionen, die das Konzept oftmals mit Markern von orthodoxer Männlichkeit und „cool pose" in Verbindung brachten.

So lassen sich in der Analyse Kembrew McLeods aus dem Jahr 1999, in der er verschiedene Hip-Hop-Medien semantisch untersucht, heutzutage mehrere Brüche finden, die einstmalige Definitionen untergraben. Seine Daten unterteilt McLeod in sechs semantische Gruppen, in denen gegensätzliche Pole des „real vs. fake"-Diskurses im Hip-Hop ausgedrückt werden:

Semantic Dimensions	Real	Fake
Social-psychological	Staying true to yourself	Following mass trends
Racial	Black	White
Political-economic	The underground	Commercial
Gender-sexual	Hard	Soft
Socio-locational	The street	The suburbs
Cultural	The old-school	The mainstream

Quelle: Reproduziert nach McLeod (1999).

Alleine schon durch das Verschwimmen der vormals klar trennbaren kommerziellen Konstruktionen von Mainstream und Untergrund[26], die hier in drei Dimensionen anklingen (sozial-psychologisch, politisch-ökonomisch und kulturell), wird die Überholtheit dieser Kategorien deutlich. Im zeitgenössischen Hip-Hop erfolgt eine Hybridisierung der Gegensatzpaare des „real vs. fake"-Diskurses, die von Drake praktisch auf jeder der von McLeod identifizierten semantischen Dimensionen vorangetrieben wird. In seiner „complex coolness" vereint Drake Narrative von „hard" und „soft", bekennt sich als Fan der „old-school", aber repräsentiert den „mainstream". Seine suburbanen Erfahrungen in Toronto spiegelt er oftmals durch eine Linse klassischer „street"-Narrative. Er bekennt sich zu seiner Identität als „black man", bringt aber immer wieder auch Anspielungen auf seinen jüdischen (und weißen) Kulturkontext ein. Es ist genau diese Anerkennung der Widersprüche innerhalb der eigenen Identität, die Drakes „Realness"-Anspruch legitimiert. Ein Song wie „Headlines" ist geradezu programmatisch auf Meta-Ebene, wenn er proklamiert: „The real is on the rise, fuck them other guys/ I even gave 'em a chance to decide, now it's something they know/ They know, they know, they know" (Cash Money Records, 2011). Authentizität

---

26 Vgl. Open Mike Eagle. „Episode #3: The Death of Underground Hip-Hop". Secret Skin. Veröffentlicht auf infiniteguest.org am 22.9.2014. Zuletzt eingesehen am 26.7.2015 auf http://www.infiniteguest.org/secret-skin/2014/09/the-death-of-underground-hip-hop/.

als bewusste Inszenierungsstrategie[27] wird von Drake in den Vordergrund gerückt, wenn er einerseits die Überzeichnung der eigenen Persönlichkeit eingesteht („I know I exaggerated things, now I got it like that") und andererseits seine eigene „Realness" als natürlich und allerorts anerkannt etabliert.

„SWAG" UND „PERSONAL BRANDING" IM INTERNET

Ein weiterer Rapper, der herkömmliche Modelle der Hip-Hop-Authentizität sowie orthodoxe Männlichkeitsbilder und stereotype Repräsentationen schwarzer Hip-Hop-Männlichkeit in Frage stellt, ist Lil B. Als Mitglied der *Bay Area Snap/Hyphy*-Gruppe *The Pack* wird Lil B zu Beginn seiner Karriere schnell in eine Schublade der inhaltslosen Partymusik gesteckt. Als Solokünstler macht sich Lil B ab 2009 aber einen Namen als Rapper, der mit seiner ungefilterten, sprunghaften Bewusstseinsstromtechnik einen Einblick in seine Gedankenwelt bietet, die „realer" kaum sein könnte und von ambivalenten Brüchen geprägt ist. Lil B ernennt sich selbst zum „Based God" und erschafft eine Philosophie, die sowohl radikal positiv und inklusiv, als auch verwirrend komisch ist. Zwei seiner ersten Hits heißen „I'm Miley Cyrus" und „I'm Paris Hilton" und in seinem viralen YouTube-Kulthit „Wonton Soup" verdreht er ultra-orthodoxe und misogyne Zeilen in Absurdität: „Bitches on my dick 'cause I look like J.K. Rowling" (Lil B, 2010). Auf dem Höhepunkt des *Swag*-Rap, der sich durch protzige Zurschaustellung der eigenen Besitztümer (ähnlich des *Bling*-Raps und inhärent problematisch), aber auch durch hyper-individualisierte Kreation eines eigenen Stils („Swag") definiert, treibt Lil B das „Swag"-Konzept auf die Spitze. Er stellt einen Vergleich auf, der mit orthodoxem, hypermaskulinem Angebertum spielt, gleichzeitig aber so absurd ist, dass er eher als quasi-subversiver Gag zu verstehen ist – und stellt damit seinen „Swag" als zweifellos einzigartig dar. Seine „Selbst-Inszenierung als ein Modus von Individualisierung" (Friedrich und Klein 2003, 148) wird im Kontext der Internet-Kommunikation überzeichnet.[28]

Das Phänomen Swag-Rap entsteht nämlich an der kulturellen Schnittstelle, wo Hip-Hops authentizitätsstiftende Inszenierung von Individualität auf den Individualisierungsdrang der Internet-Kommunikation trifft. Das Aufkommen von „Swag" als Identifikationsmerkmal lässt sich unter anderem als Resultat davon lesen, dass Hip-Hop-Kultur im Internetzeitalter sich neuen Modi der Individuali-

---

27 Vgl. Friedrich, Malte und Klein, Gabriele. *Is this real? Die Kultur des HipHop*. Frankfurt: Suhrkamp, 2003, S.160.

28 Vgl. Fuchs, Christian zum Thema Produktion von einzigartigen Online-Persönlichkeiten, vormals hier zitiert von S. 311.

sierung öffnet. „Swag" gehorcht den Regeln des „personal branding", welches als Schlagwort Einzug in die Diskurse zur Selbstinszenierung im Internet gefunden hat. Sowohl Lil B als auch Drake sind Meister des „personal branding", da sie es exzellent verstehen, ihre persönliche Marke, also ihren individuellen „Swag", nahezu übertrieben hervorzuheben und zu verkaufen. Desus Nice bringt es im Noisey-Interview auf den Punkt: „[Drake] started as an easy target for memes, realized the social value of being a piece of content, and started creating situations/photos that he knew social media would devour" (Downs).

„I'M GAY (I'M HAPPY)"

Im Juni 2011 erweitert Lil B erneut seine persönliche Marke. Mit seinem Mixtape-Titel *I'm Gay (I'm Happy)* stellt er einerseits schlicht seinen „Swag" unter Beweis. Doch die Geste, der Homophobie im Hip-Hop einen symbolischen Schlag ins Gesicht zu verpassen, ist zudem höchst progressiv (auch wenn er die Bedeutung durch den eingeklammerten Zusatz relativiert und in einen anderen Bedeutungskontext überträgt).

Eine faszinierende Interpretation dieses Mixtapes lässt sich auf dem Blog des Chicagoer Rappers Lupe Fiasco finden.[29] Fiasco, der mit seinen intelligenten, einfühlsamen und oftmals politisch motivierten Texten und seiner mit Stereotypen brechenden Verkörperung von schwarzer Hip-Hop-Männlichkeit als früher Vorreiter der hier behandelten Künstler zu sehen ist[30], äußert sich begeistert über das radikale Potenzial, das er in Lil B's Texten erkennt: „The vulgar lyrics, happy go lucky cooking dances and sometimes pointless stream of conscious style rambling started to give way to hints of a deadly serious revolutionary mentality lurking underneath. Now I'm not talking Dead Prez or Immortal Technique level stuff here but something just as powerful and meaningful. What I was witnessing was a man in the process of profound self-realization and self-awareness".[31]

---

29 Fiascos Album „*The Cool*" (2007) lässt sich im Übrigen als konzeptionelle Behandlung der „cool pose"-Mentalität und ihrem destruktiven Potenzial lesen.

30 Eine ähnliche Vorreiter-Funktion nimmt im Übrigen auch Kanye West ein, der mit öffentlichen Äußerungen gegen Homophobie im Hip-Hop sowie mit seinem Album *808s & Heartbreak* und mit seinem Kleidungsstil schon vor Drake und den anderen hier zitierten Künstlern auf teilweise progressive Art Tabus brach.

31 Lupe Fiasco. „Why I Like Lil B: A Review". Veröffentlicht auf lupefiasco.com am 30.6.2011. Zuletzt eingesehen am 27.7.2015 auf http://www.lupefiasco.com/news/why-i-lil-b-review

Lupe Fiascos Wertschätzung von Selbstrealisierung und Selbsterkenntnis kann durchaus als Echo der heilsamen Alternative aufgefasst werden, die bell hooks in ihrer Kritik der klassischen „keeping it real"-Mentalität propagiert: „Soul healing for wounded black males necessitates a return to the inner self. It requires that black males not only ‚come home' but that they dare to make of home a place where their souls can thrive" (hooks, 154).

In seinen besten Momenten nimmt Lil B die Einkehr zur Selbstreflexion auf radikal positive Weise an. Das Aufblühen der eigenen Seele ist ein integraler Bestandteil der „Based"-Philosophie. *I'm Gay (I'm Happy)* steht für Akzeptanz und Inklusivität. Drakes „complex coolness" – und seine „personal brand" – halten wenig Raum bereit für solch radikale Transgressionen. Jedoch spielen Drake und Lil B in Sachen kommerzieller Erfolg in unterschiedlichen Ligen. Als Pop-Star ist Drake stärker gebunden an das Konsumverhalten der breiten Masse. In diesem Kontext ist sein Männlichkeitsmodell durchaus als Alternative zum orthodoxen Modell zu verstehen.

DER FALL VON HOMOPHOBIE?

Im Kapitel „The Rise and Fall of Homophobia" in seinem Buch *The Declining Significance of Homophobia: How Teenage Boys are Redefining Masculinity and Heterosexuality* stellt der Autor Mark McCormack die These auf, dass das Internet eine bedeutende Rolle in der Abnahme von Homophobie in der zeitgenössischen Gesellschaft spielt (McCormack 2012, 65-66). Die positiven Beispiele von Frank Ocean und Lil B – deren Rezeptionsdiskurs überwiegend im Internet stattfindet – lassen vermuten, dass diese These unter Umständen auch auf die Hip-Hop-Kultur zutreffen könnte.

Nach Eric Anderson würde dies bedeuten, dass sich innerhalb der Kultur hierarchische Männlichkeitsstrukturen allmählich auflösen, orthodoxe Männlichkeit ihren hegemonialen Status verliert und sich eine inklusive Männlichkeitsstruktur an ihrer Stelle herausbildet. Die hybride, emotional geprägte und sich stellenweise Schwäche eingestehende Männlichkeit, die Drake verkörpert und als kommerziell erfolgreichster Rapper der Jetztzeit in die Welt trägt, könnte als Archetyp für ein alternatives Männlichkeitsmodell einen gleichgestellten Stellenwert abseits der orthodoxen Hip-Hop Männlichkeit dienen.

In einem weiteren Beispiel möchte ich nun aber nochmals die Ambivalenz der von Drake verkörperten Männlichkeit darstellen. Dies soll dazu dienen, dass die problematischen Elemente, die er neben durchaus progressiven Ansätzen nämlich auch verkörpert, nicht außer Acht gelassen werden.

„WE'RE GOING HOME" – ABER WOHIN?

Drakes Song „Hold On We're Going Home" von seinem Album *Nothing Was The Same* (Cash Money Records, 2013) ist eine einfühlsame Liebeshymne, die musikalisch auf den Synthie-Pop der 1980er Jahre anspielt. Ähnlich wie bei „Find Your Love" wendet sich Drake in dem Song einer R&B-Vortragsweise zu. Der Text beschränkt sich auf wenige Verspaare, in denen Drakes narratives Ich sich voll und ganz seiner (ein weiteres Mal anonymen) Angebeteten verschreibt. Er hat nur Augen für sie, sie ist „everything that I see", und er äußert seinen Wunsch nach ihrer „hot love and emotion", nach der er sich endlos sehnt. Er spricht nicht aus einer subordinierenden Stellung, sondern gibt sich dem Bann der weiblichen Adressatin hin, denn, „I can't get over you, you left your mark on me".

So romantisch der Text des Liedes auch sein mag – im zugehörigen Video ergötzt sich Drake visuell an Blockbuster-Action-Filmen aus der Hollywood-Fabrik und eröffnet einen misogynen Blickwinkel auf die weibliche Protagonistin. Die Narration folgt Drake im fiktiven Miami des Jahres 1985, wie er seiner Liebschaft mit viel Geballer aus einer brenzligen Notsituation rettet. Nach einem Intro, das Drake umgeben von Mobster-Persönlichkeiten (unter ihnen auch *A$AP Rocky*) zeigt, wie sie einen Coup zelebrieren, taucht die Kamera, durch einen „male gaze" gesteuert, ein ins Schlafzimmer der weiblichen Protagonistin, gespielt vom Model Ashley Moore. Wir sehen, wie sie (leicht bekleidet) von einer Gruppe Männer gewaltsam entführt wird und wie Drake daraufhin von ihnen über den Anschlag informiert wird.

Während sich Drake ihrer sentimental erinnert, rüsten sich seine Kompagnons im eindrucksvoll ausgestatteten Waffenzimmer für den bevorstehenden Angriff aus. Während Moore zwischendurch immer wieder in hilfloser und verängstigter Position eingeblendet wird, macht sich Drakes nun maskierte Gangster-Bagage auf den Weg zu ihrer Rettung. Drake schießt zunächst die Lichter aus und macht anschließend mit dem Verräter im Bunde kalten Prozess. Dem anschließenden Schusswechsel entzieht sich Moore verzweifelt in ihrer Unterwäsche und wird von einem ihrer Bewacher gepackt, bis Drake ihn mit einem gezielten Schuss von ihr herunter schießt. Er nimmt sie schließlich in den Arm, während sie ihren Tränen freien Lauf lässt, und die Truppe verlässt nach der erfolgreichen Mission gemeinsam den Schauplatz. Bei so viel phallischem, misogynem und gewaltverherrlichendem Schmalz kann einem als Zuschauer durchaus übel werden. Das Video lässt sich auch nicht einfach als ironischer Kontrapunkt zum emotionalen Inhalt des Songs abtun. Es zeigt vielmehr, wie

Drakes „complex coolness" sich stellenweise auch in regressiven und orthodoxen Strukturen verheddert.

EIN OFFENES FAZIT ZUR HIP-HOP-MÄNNLICHKEIT IM 21. JAHRHUNDERT

Drake liefert ein Beispiel für Hip-Hop-Männlichkeit im 21. Jahrhundert, das zweifelsohne auch problematische Züge trägt. Frauenfeindlichkeit und hypermaskulines Gehabe sind Teil einer hegemonialen Männlichkeitskultur, die historisch verwurzelte, rassistische Subordination von afroamerikanischer Männlichkeit in patriarchische Hierarchien der Dominanzkultur überträgt. Dies mag als Abwehrreaktion auf die Kritik seitens orthodoxer Hip-Hop-Sprachrohre wie Lord Jamar und Big Ghost verstanden werden oder als unreflektierte Fortführung des im Hip-Hop verankerten Männlichkeitstypus, der sich durch „cool pose" profiliert. Hierbei darf jedoch nicht außer Acht gelassen werden, dass auch der von Brown definierte Archetyp von Hip-Hop-Männlichkeit aus einer Gesellschaft erwächst, die schwarze Männlichkeit jahrhundertelang auf rassistischer Basis historisch untergraben und subordiniert hat. Die jüngsten Beispiele von oppressiver Polizeigewalt gegen afroamerikanische Männer wie Eric Garner, Michael Brown und Freddie Gray zeigen, dass in der Gesellschaft des 21. Jahrhunderts noch immer rassistisch-oppressive Verhältnisse herrschen, die oftmals auch in den Medien durch Stereotypisierung leichtsinnig, gefährlich und zum Teil böswillig vorangetrieben werden.[32]

Jedoch lassen sich im zeitgenössischen Hip-Hop auch Beispiele finden für eine neue, einfühlsame Verkörperung von Männlichkeit, die sich alten Mustern widersetzt und progressive Züge annimmt. Die „complex coolness", die bereits seit den 90er Jahren durch Rapper wie *2Pac* ein alternatives Modell zur reduktionistischen „cool pose" liefert, erreicht im kulturellen Kontext des Internetzeitalters gesteigerte Komplexitätsstufen. Virtuelle Kommunikation folgt Regeln, die Individualitätsinszenierung vorantreibt und mitunter hegemoniale Hierarchien in Frage stellt. Dadurch eröffnen sich in der Hip-Hop-Kultur Alternativen zu orthodoxen Männlichkeitskonstrukten, die das Potenzial progressiver Modelle hervorheben.

---

32 Vgl. Hansen, Dale. „Conservative Media Coverage of Michael Brown's Killing Is Embarrassing". Veröffentlicht auf huffingtonpost.com am 26.8.2014. Zuletzt eingesehen am 28.7.2015 auf http://www.huffingtonpost.com/dale-hansen/conservative-media-covera_b_5716297.html.

Drakes Männlichkeitsmodell ist von Widersprüchen geprägt, die die Fluidität und den inszenierten Konstrukt-Charakter von Männlichkeit offenbaren. Als populäres Aushängeschild von Hip-Hop im 21. Jahrhundert liefert Drake sowohl innerhalb der Hip-Hop-Kultur als auch im Allgemeinen ein alternatives Männlichkeitsmodell für afroamerikanische Männer, das mit Stereotypen bricht. Für die zeitgenössische Popkultur, in der Hip-Hop eine übergeordnete Rolle spielt – sowie für zeitgenössische Diskurse zu Authentizität, Ethnizität und Maskulinität – ist es wichtig, die regressiven Elemente von Drakes Männlichkeitskonstruktion zwar anzuerkennen, aber auch die progressiven Elemente wertzuschätzen – denn so kann sich Hip-Hop im Internetzeitalter potenziell von hegemonialer Männlichkeit lösen und inklusiver Männlichkeit zuwenden.

QUELLEN UND LITERATUR

ABCNews .com. „Compared to Will Smith, Linked to Rihanna." Veröffentlicht: 14.7.2009. Zuletzt eingesehen: 18.7.2015 http://abcnews.go.com/video/playerIndex?id=8085138.

Anderson, Eric (2009): Inclusive Masculinities. The Changing Nature of Masculinites. New York/London: Routledge.

Bigghostlimited .com. „Big Ghost Presents: The Take Care Review." Veröffentlicht: 9.11.2011. Zuletzt eingesehen: 24.7.2015. http://bigghostlimited.com/big-ghost-presents-the-take-care-review/.

Boyd, Todd (2003): The New H.N.I.C. The Death of Civil Rights and the Reign of Hip Hop. New York University Press.

Brown, Timothy J. (2006): „Welcome to the Terrordome: Exploring the Contradictions of a Hip-Hop Black Masculinity". *Progressive Black Masculinities*. Ed. Athena D. Mutua. New York/London: Routledge.

Connell, R.W. (1995): *Masculinities*. Cambridge: Polity.

djvlad. „Star & Jamar: De La Soul Paved Way for Drake." Online Videoclip. *YouTube*. Veröffentlicht: 10.12.2013. Zuletzt eingesehen: 22.7.2015. https://www.youtube.com/watch?v=xkhMSHbk4Y4.

Downs, Ray. „Understanding Drake's Meme Appeal." Veröffentlicht: 4.5.2015. Zuletzt eingesehen: 20.7.2015. http://noisey.vice.com/blog/understanding-drakes-meme-appeal.

Drake. „Connect." *Nothing Was The Same*. Cash Money Records, 2013. Digital.

Drake. „Find Your Love." *Thank Me Later*. Cash Money Records, 2010. Digital.

Drake. „Headlines." *Take Care*. Cash Money Records, 2011. Digital.

Drake. „Under Ground Kings." Take Care. Cash Money Records, 2011. Digital.

Du Bois, W.E.B. (2003): „The Souls of Black Folk". *The Norton Anthology of American Literature*. Shorter 6th edition. Ed. Nina Baym. W. W. Norton & Company: New York/London.

Forman, Murray (2002): The 'hood Comes First: Race, Space, and Place in Rap and Hip-hop. Middletown: Wesleyan University Press.

Friedrich, Malte; Klein, Gabriele (2003): *Is this real? Die Kultur des HipHop*. Frankfurt: Suhrkamp.

Fuchs, Christian (2008): Internet and Society. Social Theory in the Information Age. New York/London: Routledge.

Gramsci, Antonio (1971): *Selections from prison notebooks*. London: New Left Books.

Hall, Stuart (1997): Representation: Cultural Representations and Signifying Practices. London/Thousand Oaks/Neu-Delhi: Sage.

hampton, dream. „Thank You, Frank Ocean." Veröffentlicht: 4.7.2012. Zuletzt eingesehen: 24.7.2015. http://lifeandtimes.com/thank-you-frank-ocean.

Hansen, Dale. „Conservative Media Coverage of Michael Brown's Killing Is Embarrassing." Veröffentlicht: 26.8.2014. Zuletzt eingesehen: 28.7.2015. http://www.huffingtonpost.com/dale-hansen/conservative-media-covera_b_5716297.html.

hooks, bell: We Real Cool. Black Men and Masculinity. New York und London: Routledge, 2005.

Jeffries, Michael P. (2011): Thug Life: Race, Gender, and the Meaning of Hip-Hop. Chicago University Press.

Kanye West. *808s & Heartbreak*. Roc-A-Fella Records, 2008. Digital.

Kelley, Robin D.G. (1994): Race Rebels. Culture, Politics, and the Black Working Class. New York: The Free Press.

Lil B. *I'm Gay (I'm Happy)*. Amalgam Digital, 2011. Digital.

Lil B. „Wonton Soup." Online Videoclip. *YouTube*. Veröffentlicht: 11.8.2010. Zuletzt eingesehen: 27.7.2015. https://www.youtube.com/watch?v=8m5CIcbytfM.

Lupe Fiasco. *Lupe Fiasco's The Cool*. Atlantic Records, 2007. Digital.

Lupe Fiasco. „Why I Like Lil B: A Review." Veröffentlicht: 30.6.2011. Zuletzt eingesehen: 27.7.2015. http://www.lupefiasco.com/news/why-i-lil-b-review .

Majors, Richard und Mancini Billson, Janet. *Cool Pose. The Dilemmas of Black Manhood in America*. New York: Touchstone, 1992.

McCormack, Mark (2012): The Declining Significance of Homophobia: How Teenage Boys are Redefining Maculinity and Heterosexuality. New York: Oxford University Press.

McLeod, Kembrew: Authenticity within hip-hop and other cultures threatened with assimilation. *Journal of Communication* 49.4 (1999): 134-150.

MTV .co.uk. „Drake Feels That His Latest Track Should Be Peformed [sic] By A Woman." Veröffentlicht: 4.5.2010. Zuletzt eingesehen: 27.7.2015. http://www.mtv.co.uk/drake/news/drake-feels-that-his-latest-track-should-be-peformed-by-a-woman.

Ocean, Frank. „thank you's." Veröffentlicht: 4.7.2012. Zuletzt eingesehen: 24.7.2015. http://frankocean.tumblr.com/post/26473798723.

Open Mike Eagle. „Episode #3: The Death of Underground Hip-Hop." *Secret Skin*. Veröffentlicht: 22.9.2014. Zuletzt eingesehen: 26.7.2015. http://www.infiniteguest.org/secret-skin/2014/09/the-death-of-underground-hip-hop/.

Peterson, Richard A.: In Search of Authenticity. *Journal of Management Studies* 42.5 (2005): 1083-1098.

Rose, Tricia (1994): Black Noise. Rap Music and Black Culture in Contemporary America. Middletown: Wesleyan University Press.

Santiago, Karinah: „Drake Tops Jay-Z For R&B/Hip-Hop Chart No. 1s Record". Veröffentlicht: 10.8.2012. Zuletzt eingesehen: 28.7.2015. http://www.billboard.com/articles/columns/the-juice/480496/drake-tops-jay-z-for-rbhip-hop-chart-no-1s-record.

Trust, Gary. „Drake Ties the Beatles With 14 Simultaneous Hot 100 Hits". Veröffentlicht: 27.2.2015. Zuletzt eingesehen: 28.7.2015. http://www.billboard.com/articles/columns/chart-beat/6487445/drake-ties-beatles-14-simultaneous-hot-100-hits.

Tumblr.com. Zuletzt eingesehen: 25.7.2015. drakethetype.tumblr.com.

Twitter.com. Zuletzt eingesehen: 25.7. 2015. twitter.com/BigGhostLtd/status/220685856351072256.

Twitter.com. Zuletzt eingesehen: 25.7.2015. twitter.com/drakethetype.

Anything goes

Weirdo-Rap, seine Wurzeln im analogen Untergrund
und seine digitale Diffusion in den Mainstream

STEPHAN SZILLUS

Rapper sind harte, maskuline Typen, die alles Feminine, Weiche verachten. So das in der Realität fußende Klischee. Dass HipHop als Kultur längst nicht mehr so eindimensional funktioniert, beweisen Künstler wie der Kalifornier Lil B, der offen mit Anspielungen auf Homosexualität spielt und eines seiner Mixtapes „I'm Gay" nennt – früher ein absolutes Tabu im HipHop. Für Künstler wie ihn wurde vor einigen Jahren eigens der Begriff des „Weirdo Rap" ins Leben gerufen. Diesen Begriff brauchen wir nicht mehr. Erstens gibt es im HipHop-Untergrund schon sehr lange alternative Strömungen, die progressive Männer- und Gesellschaftsbilder vertreten. Und zweitens ist der vermeintliche „Weirdo Rap" zum neuen Mainstream geworden.

Die Natur von HipHop ist kompetitiv. In seiner martialischsten Form, dem Eins-gegen-Eins-Battle zwischen zwei Rappern, nutzen die Kontrahenten jedes Stereotyp, das sich in einen Witz oder eine Beleidigung wenden lässt. Wer sich auf einer Battle-Plattform im Internet umsieht, wird feststellen: Rassismus und Sexismus sind ein ganz normaler Bestandteil von Battle-Rap. Wer als Nicht-Szene-Affiner institutionalisierte Battles wie die derzeit wichtigste Berliner Veranstaltung „Rap am Mittwoch" aufsucht, muss den Eindruck gewinnen, dass die teilnehmenden Rapper jede Form zivilisierter Zurückhaltung verloren und das politisch Inkorrekte zur Leitschnur ihrer verbalen Praxis auserkoren haben. Sicher, man kann all das historisch zurückführen auf die *Griots* in Westafrika, das „Playing the Dozens", die Stagger-Lee-Figur im Blues, die Mama-Jokes von der Straßenecke, den Trashtalk im Friseursalon und auf dem Basketballfeld.

Trotzdem zweifeln nicht wenige HipHop-Schaffende berechtigterweise an, ob wir diese Kulturtechniken noch brauchen. In einem Artikel, den James „Nocando" McCall vor zwei Jahren für die *L.A. Weekly* verfasste, gestand der ehemalige Battle-Rapper: „Lieber Battle-Rap, ich stehe einfach nicht mehr besonders auf dich." McCall war früher einmal einer der gefürchtetsten Gegner der kalifornischen Acapella-Battle-Szene. Längst hat er sich aus dem aktiven Zirkus zurückgezogen. „Über die Jahre habe ich einen neuen Respekt für die Bedeutung von Männlichkeit gewonnen, und ich habe verstanden, was es heutzutage heißt, ein Mann zu sein", schreibt er über die Gründe. „Und deswegen werde ich nie wieder jemanden runtermachen, nur um selbst besser dazustehen."

In dem Text erklärt Nocando weiter, dass er durchaus stolz auf gewisse Momente seiner Karriere sei: „Die Momente, in denen ich mich den Tyrannen entgegenstellte – aus Prinzip, um Partei zu ergreifen für die Nerds und Exzentriker, für die sich sonst niemand einsetzte." Doch dann schreibt er: „Ich schäme mich aber auch für die Momente, wenn ich mich, entweder um zu gewinnen oder weil mir nichts besseres einfiel, für Homophobie oder Dickenwitze entschied oder für absurde, hypothetische Drohungen darüber, was ich mit meinem Gegner anstellen würde – oder mit seiner ‚Schlampe'." McCall fragt sich, warum er einfachen Worten, besonders wenn sie herabsetzend oder beleidigender Natur sind, inzwischen eine höhere Bedeutung beimisst als früher. „Wenn du mich heute eine Schwuchtel nennst, dann lache ich und denke: ‚Was ist falsch daran, schwul zu sein?' Ich habe Freunde und Familienmitglieder, die homosexuell sind, und das sind coole Menschen. Es könnte passieren, dass ich dir eine reinhaue. [...] Wer degradiert schon einen erwachsenen Mann und erwartet keine Konsequenzen? Jemand ohne Empathie oder ein respektloses Kind. Oder ein Battle-Rapper."

Was McCall hier anzweifelt, ist die im HipHop verbreitete Praxis der Selbstüberhöhung und der gleichzeitigen verbalen Erniedrigung des faktischen oder imaginären Gegenübers. Es geht um die Inszenierung der eigenen Maskulinität. Rapper wollen harte, schwere Jungs darstellen, mit denen sich keiner anlegt. Das war zu Zeiten von Gangsta-Rappern wie *N.W.A.* nachvollziehbar, als es darum ging, den täglichen Überlebenskampf im Ghetto glaubhaft abzubilden und gleichzeitig darzustellen, dass man sich als Marginalisierter trotz aller Widrigkeiten nicht geschlagen gibt, sondern zum Gegenangriff übergeht. Das war auch bei *Public Enemy* nachvollziehbar, als es darum ging, Entschlossenheit und Willensstärke im Kampf gegen ein politisches Unterdrückungssystem zu manifestieren. N.W.A. oder Public Enemy mussten bedrohlich wirken, weil sie dem Establishment und seinen Vertretern, aber auch der bürgerlichen Gesellschaft Angst einjagen wollten. Ihr Image wurde in der Folge zu einem Idealtypus des Rappers und von seiner eigentlichen Bedeutung losgelöst: Härte und Coolness wurden zum Selbstzweck.

In den neunziger Jahren sah das durchschnittliche HipHop-Musikvideo immer gleich aus: Sozialbauten und Hochhäuser, eine Clique von harten Jungs in übergroßer Kleidung, die Drohgebärden in Richtung Kamera vollführten und im Idealfall noch geifernde Kampfhunde an der Leine hatten. Diese normierten Videos von der Stange wurden 1996 in dem Clip „What They Do" der alternativen HipHop-Band *The Roots* gelungen persifliert. Darin wurden typische Klischees nachgestellt und mit satirischen Bildunterschriften versehen, außerdem passierten im Zuge der Umsetzung unvorhergesehene Malheure – so bekam eine Tänzerin vom stundenlangen Schütteln ihres Hinterns einen „severe butt cramp" (laut Texteinblendung im Video; auf Deutsch etwa: „schwerer Po-Krampf").

Wenn man sich heutige HipHop-Videos anschaut, stellt man fest: Die eindimensionale Visualisierung ist einer vielfältigeren Bildsprache gewichen. Auch die Rollenbilder der Künstler selbst beschränken sich nicht mehr auf die authentische Abbildung ihrer eigenen prekären Lebenswelt. Das stereotype Verständnis einer normierten Rapper-Persona wurde aufgebrochen. Rap ist Kunst, und Kunst darf alles. Die Zeiten, in denen sich das Image eines Rappers vor allem aus Machismo und Straßenkredibilität speiste, scheinen vorbei. Natürlich gibt es auch dieses Rap-Subgenre immer noch, doch die vermeintlichen „Weirdos" haben in weiten Bereichen die Kontrolle übernommen. Längst ist es angesagt, „anders" zu sein.

Dabei stammt die Bezeichnung des „Weirdos" aus dem überholten Gesellschaftsbild der High-School-Dramen der achtziger Jahre: Auf jeder Schule gibt es dort immer die schöne Cheerleaderin, die Abschlussballkönigin, und ihren identitätslosen Tross boshafter Freundinnen, die ihr einfach nur nacheifern möchten, nur eben nicht ganz so schön und beliebt sind. Dann gibt es natürlich die „coolen" Jungs, denen es eigentlich nur um ihre maskulinen Hobbys (Sport, Saufen, Autos) geht. Abseits dieser Rollenbilder gibt es die „Weirdos", die Außenseiter – die Bücherwürmer und Stubenhocker, die Schmächtigen und Unsportlichen, die empfindsamen Nerds. Rapper wollten allerdings lange Zeit keine Nerds sein, sie wollten Stärke und Coolness demonstrieren.

An dieser Stelle lohnt sich ein kurzer Rückblick in die Geschichte des amerikanischen Rap vor der Jahrtausendwende. In den 1980er Jahren hatten *Run-D.M.C.* die authentische Mode aus dem Ghetto auf die Bühne gebracht: Sie waren die Homeboys von der Straßenecke in Trainingsanzügen, Sneakers und Filzhüten („Tougher Than Leather"). *LL Cool J* posierte als durchtrainierter Muskelmann und Frauenschwarm, die besten Rapper dieser Ära inszenierten sich als kritische Denker (*Rakim*), lässige Playboys (*Big Daddy Kane*) oder skrupellose

Straßengangster (*Kool G. Rap*). Der Battle-Gedanke als inhärentes Definitions- und Abgrenzungsmerkmal des HipHop hatte seine Spuren hinterlassen: Man musste cleverer, tougher und gestählter als der Gegner sein, um im Großstadtdschungel zu überleben. Frauen spielten im HipHop zu dieser Zeit kaum eine Rolle, wenige Ausnahmen wie *Roxanne Shanté* oder *Salt-N-Pepa* bestätigen die Regel. *Queen Latifah* war eine der wenigen Frauen mit emanzipatorischer Agenda, die in der HipHop-Szene ernst genommen wurde.

In den neunziger Jahren gab es zwei Lichtgestalten, die das Idealbild des Rappers über Jahre prägten: *The Notorious B.I.G.* und *Tupac Shakur*. Beide bedienten auf ihre Weise das Klischee des harten Mannes aus der Unterschicht: Biggie als ehemaliger Drogendealer von der Straße (siehe N.W.A.), Tupac als martialischer Freiheitskämpfer und Sohn einer Black-Panther-Aktivistin (siehe Public Enemy). Beide waren technisch herausragende Rapper und hervorragende Geschichtenerzähler. Beide schrieben gelegentlich sexistische Texte, beide gerierten sich als Frauenhelden. Vielleicht ist es der Zeit geschuldet, in der sie aufwuchsen, doch ihr Bild von Männlichkeit war eingeschränkt und rückwärtsgewandt, wenn man auch Tupac zugutehalten muss, dass er hin und wieder von starken und stolzen Frauen wie seiner eigenen Mutter rappte („Dear Mama").

Bald bildeten sich alternative Künstler-Entwürfe zum omnipotenten Gangsta-Rapper heraus, im Prinzip seit den frühen neunziger Jahren. Als „Sündenfall" des hypermaskulinen und omnipotenten HipHop-Weltbildes kann das Album „3 Feet High and Rising" der New Yorker Rap-Gruppe *De La Soul* gelten. Im Gegensatz zu ihren Kollegen aus der Inner City kamen die drei Schulfreunde aus Long Island nicht aus dem Ghetto, sondern waren Kinder des afroamerikanischen Mittelstands. Sie verstanden sich als Teil eines Kollektivs namens „Native Tongues", zu denen auch noch die *Jungle Brothers, A Tribe Called Quest, Monie Love* und später die *Leaders of The New School* (mit dem Rapper *Busta Rhymes*) gehörten. De La Soul verwandten keine Mühe darauf, ihre bürgerliche Herkunft zu verschleiern. Sie rappten nicht nur über andere Themen als ihre Berufsgenossen aus den Projects, sondern sie erweiterten auch den ästhetischen und musikalischen Horizont des Genres.

Auf „3 Feet High and Rising" riefen De La Soul das „Daisy Age" aus, das Zeitalter des Gänseblümchens. Sie wollten ihre Gegner weder metaphorisch noch faktisch ermorden. Weder waren sie politische Agitatoren noch gefährliche Gangster-Typen, sondern einfach nur Nerds und Liebhaber der HipHop-Kultur. De La Soul machten sich im Booklet des Albums selbst darüber lustig, dass sie keinen „Parental Advisory Explicit Lyrics"-Sticker brauchten. Das Image der „HipHop-Hippies", das sie und ihre Freunde aus der *Native Tongues Posse* aufgrund der afrikanischen Gewänder und umgehängten Peace-Zeichen verpasst bekamen, langweilte sie zwar selbst bald, doch für den Moment waren De La Soul ein Befreiungsschlag. Gerade weiße, europäische HipHop-Fans konnten sich mit ihrem unverkrampften und selbstreflexiven Ansatz identifizieren und legitimierten darüber auch ihre eigene Beziehung zu einer Subkultur, die sie weder als Urheber noch als Adressaten vorgesehen hatte.[1]

Während sich also im Mainstream zu Beginn der neunziger Jahre der Gangsta-Rap durchsetzte, feierte man im Untergrund ein Gegenbild. Das galt sowohl für die Ost- wie für die Westküste, die beiden relevanten geografischen HipHop-Szenen dieser Zeit. In New York gab es die harten Burschen wie *Nas*, *Jay-Z* oder *Biggie Smalls*; auf der anderen Seite brodelte eine Bohème-Szene zwischen Jazz-Rap, schwarzer Consciousness und Afrocentricity: Bands wie *A Tribe Called Quest*, *Digable Planets* oder *Gang Starr*. Ein ähnliches Bild zeigte sich in Kalifornien: Zum aggressiven Gangsta-Rap von *N.W.A.*, *Dr. Dre* oder *Snoop Doggy Dogg* gab es ab 1992 eine Gegenbewegung um Bands wie *The Pharcyde*, *Souls of Mischief* oder *Freestyle Fellowship*. Sowohl an der Ost- wie an der Westküste entwickelten sich lebendige Szenen um Spoken-Word- und Jazz-Cafés, in denen an manchen Tagen auch gefreestylet werden durfte: Man denke nur an das *Project Blowed* in Los Angeles oder die *Lyricist Lounge* in New York. Dabei agierten die Szenen noch nicht strikt voneinander getrennt, sondern interagierten durchaus miteinander.

Auch auf inhaltlicher Ebene wurde die altbekannte (African-)American-Dream-Erzählung des Gangsta-Raps (Stichwort „from rags to riches" mit Mitteln des Ghettos) durch neue Ideen ersetzt. Eine wichtige Figur war der Lead-Rapper der *Ultramagnetic MCs*, Keith „Kool Keith" Thornton, der sich als Solokünstler für beinahe jedes Projekt einen neuen Alias-Namen verpasste und etwa aus der Perspektive eines Gynäkologen aus dem Weltraum („Dr. Octagon") oder eines schwarzen King-Imitators („Black Elvis") rappte. Zeitgleich tauchte der Rapper *Zev Love X*, der zu Beginn der neunziger Jahre noch bei der Native-Tongues-nahen Formation *KMD* gerappt hatte, unter dem Pseudonym *MF DOOM* wieder auf und erfand sich als maskentragender Superheldenrapper neu. Ihm wird auch

---

1 Dieses Gefühl der illegitimen Teilhabe muss bei vielen Weißen, sogar bei amerikanischen Fans und Rappern, tatsächlich bis in die Nullerjahre (in denen der Inbegriff der harten, schwarzen Männerfigur, *50 Cent*, dominierte) wirksam gewesen sein. So berichtet der weiße Mittelstandsrapper *Asher Roth* in einem Interview mit dem Magazin *Vibe* 2008: „When I wrote my ‚A Millie'-freestyle, that was me listening to 10 years of hip hop and not relating to it at all. Like, *Damn, I don't sell coke. Damn, I don't have cars of 25-inch rims. I don't have guns.*" Sein einziger Hit hieß dann auch folgerichtig „I love College".

der Ausspruch „Keep it unreal" zugeschrieben, der als Widerspruch zum ewigen Authentizitätsdogma des „keepin' it real" zu begreifen war. „Keepin' it real" bedeutete nämlich nicht, in seinen Texten einfach nur die schlichte Wahrheit zu erzählen – für die meisten HipHop-Fans standen diese Worte auch für ein eingeschränktes Kunstverständnis: ‚Real' war nur, wer eine gewisse soziale Herkunft vorweisen konnte und in der Regel ein archaisches Männlichkeitsbild vertrat. Dass ein Mittelstandskind streng genommen das „keepin' it real" erfüllte, wenn es eben gerade nicht versuchte, wie ein harter Straßengangster zu wirken (vgl. dazu auch Dietrich 2015, S. 274-275), wurde dabei gerne übersehen.

Zum Ende der neunziger Jahre agierten die HipHop-Szenen im Mainstream und im Underground weitgehend getrennt. Auf der einen Seite gab es den in Amerika besonders erfolgreichen Mainstream-Entwurf, der bis heute gerne mit dem „Bling Bling"-Ausspruch des Südstaaten-Rappers *B.G.* verbunden wird. Zu diesem Lager gehörten sowohl Shawn „Jay-Z" Carter, Sean „Puff Daddy" Combs und sein *Bad-Boy*-Imperium als auch *Suge Knight* und sein *Death-Row*-Label, daneben aber auch vermehrt neue Camps aus dem Süden wie das von *Master P* geleitete *No-Limit*-Label oder das von den Williams-Brüdern Baby und Slim gegründete *Cash-Money*-Camp. All diesen Labels und den darauf beheimateten Künstlern war gemeinsam, dass sie authentisch und glaubhaft von den Widrigkeiten ihres Daseins und ihrem sozialen Aufstieg berichteten. In ihren Texten und Videos ging es um tradierte Bilder von Hood-Authentizität, um Statussymbole wie teure Autos, Kleidung und Uhren, um schnelles Geld und leichte Frauen. Überhaupt spielten Frauen in dieser Konstruktion nur eine Rolle als willige Gespielinnen, die stets von ihren männlichen Mentoren und Gönnern abhängig waren – siehe *Lil' Kim* oder *Foxy Brown*, die sich im Schatten von The Notorious B.I.G. und Jay-Z bewegten.

Gleichzeitig war im Untergrund die Gegenbewegung erstarkt, die auf den oben beschriebenen Entwicklungen basierte. Inzwischen gab es unabhängige Labels, Vertriebe und Strukturen für Rap-Künstler, die sich nicht dem herrschenden und kommerziell funktionierenden Dogma unterwerfen wollten. Plattenfirmen wie *Rawkus*, *Def Jux*, *Anticon* oder *Stones Throw* wurden zu beliebten Refugien für HipHop-Fans in Amerika, Europa oder Japan, die sich mit dem eindimensionalen Rapper-Bild des Mainstreams nicht identifizieren konnten. HipHop-Künstler, die von den A&R-Managern der großen Labels als „weird" oder „unkommerziell" bezeichnet wurden, fanden langsam ein weltweites Publikum. Hier wurden rappende Frauen als eigenständige Künstlerinnen anerkannt, die es mit jedem männlichen Gegenpart aufnehmen konnten: Beispiele hierfür waren Untergrund-Rapperinnen wie *Apani B* oder *Jean Grae*, die wichtige Protagonistinnen dieser Szene waren.

Die Independent-Bewegung verlor um die Jahrtausendwende herum an Fahrt, weil auch sie wiederum zum Klischee verkam und manche Protagonisten ihre Werte als Dogmen und starre Regelwerke begriffen – ein Verständnis, das der freien, kreativen Entfaltung von Kunst selten gut tut. Als zeitgleich das Internet seinen Siegeszug durch die Privathaushalte der westlichen Welt antrat, gewannen jedoch alternative, vermeintlich „weirde" Kunstentwürfe plötzlich neuen Raum und neue Verbreitungsmöglichkeiten. Nischenthemen und generell Andersartigkeit wurden im Netz tendenziell eher abgefeiert anstatt verpönt. Künstler, die durch das Nadelöhr der traditionellen, althergebrachten Musikindustrie niemals gepasst hätten, fanden durch das Internet ihr Publikum.

Schauen wir uns im amerikanischen HipHop der letzten fünf Jahre um: Zu den interessantesten Figuren gehörte etwa der Produzent und Rapper *Tyler, The Creator*, der in seinen selbstgedrehten Videos stets mit kunstvollen Schockmomenten arbeitete – beispielsweise in „Yonkers" eine Kakerlake lebendig verschluckt, nur um sich danach zu übergeben. Einer der erfolgreichsten Rapper der letzten Jahre war *Drake*, ein ehemaliger Kinderschauspieler aus Toronto, der dem bis dahin vorherrschenden, hypermaskulinen Rapper-Bild ein melancholisch-nachdenkliches Update verpasste. Drake arbeitet in seiner Musik mit starken R&B-Einflüssen – eine Stilrichtung, die von weiten Teilen der Kern-HipHop-Community seit jeher als „verweichlicht" und „verwässert" betrachtet wird. Drake schreibt und singt Texte über Einsamkeit und Entfremdung, über Heimat und Heimatlosigkeit. Er will gar kein harter Bursche sein, sondern gibt den sensiblen Herzensbrecher und Frauenversteher, der mit dem Mädchen aus dem Stripclub am liebsten durchbrennen und ihr eine College-Ausbildung finanzieren möchte.

Drake bezog sich ganz eindeutig auf *Kanye West*, der bereits 2003 mit seinem Debütalbum „College Dropout" einen neuen Rapper-Typus entwarf. Im Verlauf der Neunzigerjahre hatten sich zwei Rap-Typen herausgeschält: Der bereits erwähnte harte, hypermaskuline Gangsta-Rapper und der „Backpack-Rapper", der den Gangsta-Rap zwar mit Verweis auf die Frühgeschichte der HipHop-Kultur ablehnt, in seinem Habitus aber ähnlich regelkonform und traditionalistisch agiert. Kanye wollte beides sein („first rapper with a Benz and a backpack", so formulierte er selbst seinen Anspruch), doch er war viel mehr. Er kannte die Codes beider Welten: Die der Rapper aus der Unterschicht, für die er tagsüber Beats bastelte, aber auch die der Nerds vom College, das der Sohn einer Universitätsprofessorin vorzeitig verließ. Gerade diese Integrationskraft führte zu einer außerordentlichen Karriere, die beide genannten Rapper-Typen transzendierte. Noch heute ist Kuration seine große Stärke, wenn er beispielsweise abseitige Electronica-Kunst des venezolanischen Produzenten *Arca* auf einem

HipHop-Album unterbringt, das sich eine Dreiviertelmillion Mal verkauft („Yeezus"). Die Nerds lieben ihn gerade für die subtilen Hinweise darauf, dass er eigentlich immer noch einer von ihnen ist.

Natürlich zog Kanye West mit seiner Vorliebe für extravagante High-Fashion-Outfits bereits den Zorn jener auf sich, die Rap als eine betont männliche und straßenaffine Praxis mit einem entsprechend konservativen Dresscode deuten. Und selbstverständlich weicht die melancholische oder verträumt flirtende Pose von Drake genauso vom inszenatorischen Standardrepertoire ab wie seine Performance mit Turtle-Neck-Pullover im Video zu „Hotline Bling" (https://www.youtube.com/watch?v=CL1GEyK9Y0o), die fast so etwas wie einen kleinen Shitstorm in den sozialen Netzwerken hervorrief (vgl. Obst in diesem Band). Allerdings stehen sowohl Drake als auch Kanye West noch für relativ biedere, herkömmliche Rapper-Images, wenn man sie mit den echten neuen „Weirdos" des Genres vergleicht.

Young Thug aus Atlanta gilt seit einigen Jahren als großer Shooting-Star: Er färbt seine Haare, trägt jede Menge Piercings und enge Kleidung und löst in Auftreten und Ästhetik sowohl Genres als auch traditionelle Geschlechterrollen auf, vergleichbar etwa mit Prince in den 1980er Jahren. Dabei bezieht er sich als Vorbild auf *Lil Wayne*, den Paradiesvogel aus New Orleans, der sich selbst gerne als Außerirdischen oder Marsianer bezeichnete, auch wenn er die künstlerische Überinterpretation seiner Musik stets ablehnte (und durch diese intellektuelle Verweigerung eigentlich direkt einen Topos künstlerischer Selbstinszenierung fortführt). Die Rapperin *Nicki Minaj* tritt als männerfressendes Monster mit Comic-Schminke und Po-Implantaten auf, ihre Videos und Live-Shows gleichen opulenten Kostümstreifen.

In Deutschland ist die Szene noch nicht ganz so weit, doch die Diskussion wird heftig geführt. Wenn deutsche Gangsta-Rapper in Interviews konstatieren, dass es vielen Berufsgenossen an „Realness" und Authentizität fehle, dann ist damit oft zweierlei gemeint: Einerseits, dass es Rapper gibt, die sich ihre Gangsta-Geschichten nur ausdenken, ohne sie tatsächlich erlebt zu haben. Der Vorwurf lautet, dass sie sich damit ein fiktives Image erschaffen und damit näher an literarischen Autoren oder gar Protagonisten von Actionfilmen sind. Andererseits meinen sie aber auch, dass es Menschen gibt, die ihrer Meinung nach gar nicht erst für den Beruf des Rappers geeignet sind: Menschen, die nicht dem typischen Milieu entstammen, aus dem HipHop einst geboren wurde. Menschen, die nicht mit ihrem materiellen Reichtum protzen, weil es ihnen niemals an etwas gemangelt hat. Menschen, die Frauen nicht bloß zu willigen Sexobjekten degradieren, weil sie es nicht anders gelernt haben.

Während HipHop-Traditionalisten auch in Deutschland die Bewahrung eines Formats und seiner gelernten Geschichten einfordern, drängen seit Jahren neue Figuren in die Szene, die neue Geschichten mitbringen und HipHop primär als freie Kunst begreifen, in der zunächst einmal alles erlaubt ist. Inzwischen hat sich eine Kaste von Künstlern gebildet, die mit dem unscharfen Begriff des „Cloud-Rap", der vor sieben bis acht Jahren zunächst für amerikanische, primär im Internet aktive Rap-Künstler verwendet wurde, nur sehr unzureichend und missverständlich beschrieben ist: Junge Künstler wie das Berliner Kollektiv *Live from Earth* und Rapper wie *Yung Hurn*, *LGoony*, *Crack Ignaz* oder *Haiyti*, die die Grenzen dessen, was HipHop bedeuten kann, aktuell neu ausloten und dabei auch verschieben. Im Kern geht es bei ihnen um Eskapismus und freien kreativen Ausdruck. Die meisten von ihnen lieben es, wenn sie von traditionalistisch veranlagten HipHop-Fans abgelehnt werden.

Die Vaterfigur aller Bewegungen, die in den letzten Monaten und Jahren unter Stichworten wie „Cloud Rap" verhandelt wurden, war der Amerikaner *Lil B*. Ursprünglich war er Teil der Rap-Kombo *The Pack* aus Berkeley in der Bay Area (einer Gegend, die immer wieder progressive musikalische Strömungen hervorbrachte), die mit dem Song „Vans" über einen in der Hood zu dieser Zeit nicht besonders beliebten Schuh für Skateboarder einen kleineren Hit landeten. Als Lil B zum Solokünstler wurde, begann seine Metamorphose zum Lieblingsrapper aller Internet-Nerds: Durch einen niemals abreißenden Strom von selbstgebastelten Freestyle-Mixtapes, Low-Budget-Videos und absurden Twitter-Nachrichten, in denen er stets von sich selbst in der dritten Person sprach, wurde Lil B zu einem Held der neuen Generation DIY.

Lil B prägte eine ganze Generation von Independent-Künstlern, die nicht mehr darauf wartete, von einer großen Plattenfirma entdeckt zu werden. HD-Kameras wurden immer günstiger, im Internet öffneten sich Kanäle wie YouTube und SoundCloud, die ein herkömmliches Vertriebsmodell nicht mehr zwingend erforderlich machten. Als Promotion-Tools nutzten junge Künstler die frühen Social-Media-Plattformen wie MySpace, später Facebook, Twitter, Instagram und Snapchat. Meist ging dieser Do-it-yourself-Geist auch mit einer Ablehnung oder Erweiterung des klassischen Rapper-Rollenbildes einher. Lil B hatte mit seinem Mixtape-Titel „I'm Gay" provoziert – auch wenn er in Interviews anschließend erklärte, selbst nicht schwul zu sein, sondern das Wort „gay" in seiner altertümlichen Bedeutung als Synonym für „happy" zu verwenden. Trotzdem ist ein solcher Titel in einer tendenziell homophoben subkulturellen Umgebung wie HipHop ein klares Statement. Kanye West und die *Diplomats* hatten rosa Polohemden salonfähig gemacht, Lil B spielte nun offen mit dem Wort „gay", und *Frank Ocean* sprach kurze Zeit später offen über seine Bisexualität. Im Internet fanden diese Entwicklungen großen Beifall. Das Bewusstsein veränderte sich.

Was vor Jahren noch undenkbar schien, wurde durch das Internet plötzlich Normalität: Nerds und Freaks, Outsider und Marginalisierte bekamen eine wichtige Stimme innerhalb der HipHop-Kultur. Die Kunstform öffnete sich dadurch für andere Erzählstränge und Narrative als das ewig gleiche Ghettolied und die zwanghafte Betonung der eigenen Maskulinität. Lil B löste im Internet eine Welle von Nachahmern aus, die von der Leichtigkeit seiner Musik und der Einfachheit seiner Videos angestachelt wurden. In Schweden adaptierte der damals 16-jährige *Yung Lean* seinen Sound und seine Ästhetik und wurde damit zum bekanntesten „Cloud-Rapper" Europas. In Österreich zeigte sich *Yung Hurn* inspiriert dazu, improvisiert wirkende Low-Budget-Videos zu drehen und unterhaltsamen Drogen-Rap zu produzieren. Lil B und Yung Lean nennt er als wichtigste Inspiration zu Beginn seiner Karriere.

Während sich Lil B und seine Epigonen als kreative Freigeister gerierten, wurde es bei einem anderen Schlag Künstler populär, sich wie eine überlebensgroße Comic- oder Actionfigur zu inszenieren. Im Unterschied zu den frühen Super-Muskelmännern wie *LL Cool J* war es jedoch inzwischen erlaubt, sich dabei aus dem engen Korsett der eigenen biografischen Rahmenhandlung zu befreien. Ganz in der Tradition von *Kool Keith* oder *MF DOOM* sehend, legte sich die aus dem Ghetto von South Jamaica, Queens stammende Nicki Minaj verschiedene Alias-Figuren mit eigenen Namen und Akzenten zu, darunter *Roman Zolanski*, einen homosexuellen Mann mit orangem Haar aus London.

Die Diskussion um das „Keepin' it real" ist durch die neuen Möglichkeiten von Internet und Social Media jedoch keinesfalls verstummt, sondern vielmehr noch angeheizt worden. Progressivere Geister als die oben beschriebenen Traditionalisten geben nunmehr die neue Losung aus, es sei im HipHop für eine authentische Performance nicht mehr zwingend erforderlich, dass der Sprecher das Erzählte tatsächlich erlebt habe, sondern dass man es ihm abkaufe – gegen diese Form von „Entertainment-Rap", wie diese Strömung von Kritikern verächtlich genannt wird, hegt sich selbstverständlich starker Widerspruch aus der Riege der Traditionalisten. Der deutsche Rapper *Megaloh* brachte seine Definition von „Realness" auf den Punkt, als er in dem Song „Rap ist" zusammenfasste: „Einzige Mucke, wo man das, was man sagt, auch verkörpern muss".

Auf der anderen Seite gibt es die mehrheitlich jungen Vertreter einer „Anything Goes"-Mentalität, die achselzuckend weiter ihre YouTube-Kanäle, Snapchat- und Twitter-Feeds bespielen. Immerhin lässt sich jedenfalls klar konstatieren, dass sich HipHop aus der selbstverordneten Authentizitätssackgasse befreit hat. Durch das Internet ist der neue, andersartige „Weirdo Rap"-Entwurf zu einer globalen Bewegung geworden, seine Ästhetik und seine Inhalte sind längst in den Mainstream diffundiert. Ohne das Internet, ohne Social Media und die Demokratisierung der Vertriebswege in der Musikindustrie wäre diese Entwicklung nicht so schnell in dieser breiten Form passiert.

Selbstverständlich ist HipHop als lautes, aggressives Sprachrohr für Minderheiten nach wie vor relevant. Doch die permanente Überzeichnung und Übersteigerung männlicher Egos drohte, die HipHop-Kultur in ihrer Außenwirkung der Lächerlichkeit preiszugeben. „When keepin' it real goes wrong" hieß einer der lustigsten Sketche des US-Comedians Dave Chappelle (https://www.youtube.com/watch?v=bq1HNTem4tw). Wenn das Internet eine Idee im HipHop verankert hat, dann die der Gleichberechtigung. Frauen dürfen rappen. Mittelstandskinder dürfen rappen, Veganer dürfen rappen, Skater dürfen rappen, Rocker dürfen rappen, vermeintliche „Softies" dürfen rappen. Und sie alle finden ein Publikum, wenn sie ihre Narrative überzeugend genug vermitteln. Mit *Juicy Gay* gibt es inzwischen sogar einen jungen, deutschen Rapper, der offen mit homosexuellen Bildern spielt. Ob er selbst schwul sei, spielt dabei überhaupt keine Rolle. Seine Kunstfigur ist es. Vor einigen Jahren wäre das mindestens so undenkbar gewesen wie das Outing eines Bundesliga-Profis. Für HipHop ist das wichtig – zur Auslöschung der letzten Züge von Intoleranz in einer Kulturtechnik, die einst von Marginalisierten entwickelt wurde.

LITERATUR

Dietrich, Marc (2015): *Rap*resent what? Zur Inszenierung von Authentizität, Ethnizität und sozialer Differenz im amerikanischen Rap-Video, Bochum/Berlin: Westdeutscher Verlag.

Deutschsprachiger Rap und Politik

MARTIN SEELIGER

> Just as the communist movement cannot fail to develop strategy and tactics for its political practice and its intervention in economic struggles, it cannot neglect its tasks in the field of ideology and popular culture.
>
> ERIKSEN 1980

EINLEITUNG

„Die Frage ist doch, warum dieser Scheiß-Kapitalismus so verdammt stabil ist!" Mit seiner programmatischen Formulierung eines wirtschaftssoziologischen Grundproblems hatte sich ein nicht mehr ganz so junger Sozialwissenschaftler schlussendlich so weit aus dem Fenster des gemeinsamen Diskussionsraums[1] gelehnt, dass selbst der launige Einwand eines anderen Diskussionsteilnehmers (vgl. ähnlich Staiger 2011), bei der bestehenden Gesellschaftsformation handele es sich eben um eine Kakerlake, die auch einen atomaren Winter unbeschadet überstehen könne, nicht mehr weiterhalf: Die Zuhörer waren, insofern sie an den engagierten, allerdings wohl auch bisweilen etwas diffusen Beiträgen des besagten Fachvertreters interessiert gewesen waren, hoffnungslos abgehängt (oder

---

1 Gedankt sei dem Sozialistischen Deutschen Studierendenbund der Universität Bielefeld (und dort insbesondere Torben Wollberg), der am 2. Dezember zur Teilnahme das Format „Politischer Rap – Zwischen Rebellion und Warenform" veranstaltete, an der ich als Podiumsgast mitwirken durfte. Weiterhin danke ich Marc Dietrich und Laura Paetau für wichtige Kommentare und Kritik. Für Faktenwissen über die deutsche Rapgeschichte und einen wichtigen Beitrag zur Verdeutlichung der Argumentation bedanke ich mich herzlich bei Hannes Loh! An etwaigen Unklarheiten bin ich aber selbst schuld!!

schlichtweg entnervt). In diesem Text möchte der besagte Vertreter nun versuchen, einige der dort geäußerten Gedanken wieder aufzunehmen und weiterzuentwickeln.

Die Frage, warum der Kapitalismus so stabil ist, wird hierbei nicht erschöpfend beantwortet werden können.[2] Zumindest aber partiell, und zwar indem die Bedeutung politischer Gestaltungsmacht von Akteuren untersucht wird, die die Popkultur – genauer: deutschsprachige Rapmusik – als Vehikel ihrer Äußerungen nutzen. Zuerst wird im folgenden Abschnitt eine theoretische Bestimmung des Zusammenhangs von Politik als einer Form zur gesellschaftlichen Ordnung im Zusammenhang mit dem Bereich der Popkultur angestellt. Anhand dreier Fallbeispiele soll anschließend ein exemplarischer Rahmen die Thematisierung radikaler politischer Ideen innerhalb dieses Genres abbilden. Als Beispiele dienen hierbei der Rapper *Makss Damage* sowie die Gruppen *Tick Tick Boom* und die *Antilopengang*. Vor diesem Hintergrund wird schließlich die Frage aufgeworfen, wie groß der Einfluss politischen Raps auf gesellschaftliche Ordnung verglichen mit dem Einfluss des Genres als ganzem ist. Ohne die Impulse explizit politischer Äußerungen aus dem Bereich des Polit-Raps (Friedrich/Klein 2003) unter den Tisch fallen lassen zu wollen, wird hierbei die These vertreten, dass man – sucht man nach dem politischen Einfluss deutschsprachigen Raps – vermutlich eher im Mainstream (bzw. in anderen Subgenres wie dem Gangstarap) fündig wird.

THEORETISCHE RAHMUNG:
POLITIK UND POPULÄRKULTUR

Dass Politik wichtig ist, finden zwar nicht alle, aber viele (auf welche Art auch immer). Und deshalb ist Politik als „Kampf um die rechte Ordnung" (Otto Suhr) in der Geschichte der sozialwissenschaftlichen Auseinandersetzung unter vielen verschiedenen Aspekten analysiert worden (Nolte 2012). Den grundsätzlich konflikthaften Charakter des Politischen benennen Eichhorn et al. (1969: 340). Ihnen zu Folge ist Politik

„der alle Bereiche des gesellschaftlichen Lebens durchdringende Kampf der Klassen und ihrer Parteien, der Staaten und der Weltsysteme und der Verwirklichung ihrer sozioökonomisch bedingten Interessen und Ziele" (ebd.).

---

2   Das haben schon andere mit größerem Erfolg versucht (vgl. Boltanski/Chiapello 2003; Wallerstein et al. (2013; vgl. eher skeptisch Streeck 2014).

Während diese marxistische Sichtweise die unterschiedlichen Interessen der politischen Gruppen aus ihren sozialstrukturellen Positionen ableitet, muss ein realistisches Verständnis des Begriffes mit dem Konzept der „Kultur" diejenigen Wertvorstellungen (oder mit Marx selbst gesprochen „Ideologie") in den Blick rücken, welche die Ordnung der Gesellschaft ihren Mitgliedern gegenüber angemessen erscheinen lässt. Die ‚politische Arena' ließe sich in diesem Sinne als Ort verstehen,

„where different groups contend over competing views of how society should be organized, and inevitably the clashes over deep value disagreements produce polarization and hostility between rival camps" (Block/Somers 2014: 34 f.).

In diesem Sinne ist politisches Handeln mit Lehmbruch (1968: 17) darauf gerichtet, „gesellschaftliche Konflikte über Werte verbindlich zu regeln". Als wesentliche Instanz zur Vermittlung solcher Werte wirkt in der modernen Gesellschaft das Feld der Populärkultur.[3] Zur politischen Bedeutung dieser Sphäre lassen sich mit der Kritischen Theorie der Frankfurter Schule und den (maßgeblich vom Birminghamer Center for Contemporary Cultural Studies aus inspirierten) Cultural Studies zwei paradigmatische Positionen unterscheiden. Diese Positionen sollen im Folgenden kurz vorgestellt werden, um die anschließende Beurteilung des politischen Charakters von politischem Rap in Deutschland zu untermauern.

Politik und Populärkultur in der Kritischen Theorie

Während Vertreter der Kritischen Theorie der Frankfurt Schule (Wiggershaus 2001) anfänglich mit dem Ziel angetreten waren, Möglichkeit und Notwendigkeit einer Veränderung der Gesellschaft wissenschaftlich zu belegen, fand dieser anfängliche Optimismus unter dem Eindruck von Faschismus und Stalinismus ab den 1930ern sein Ende mit dem „Abschied vom Proletariat" (Steinert 2007: 14). Eine Vielfalt von Analysegegenständen – wie etwa die Prägung des politischen Charakters in der familiären Sozialisation (1987) oder die kulturstiftende Bedeutung der Aufklärungsphilosophie (Horkheimer 1925) – ergaben hierbei das empirische Spektrum eines ‚interdisziplinären Materialismus' (Horkheimer).

Hinsichtlich politischer Bedeutung der Alltagskultur stellt die von Theodor W. Adorno und Max Horkheimer (1988) verfasste „Dialektik der Aufklärung" das Hauptwerk der Frankfurter Schule dar. Die Auswirkungen des Warencharak-

---

3 Für eine alternative Sichtweise, aus der nicht die Populärkultur, sondern die Familie politische Wertsetzungen bedingt, siehe etwa Lakoff (2002).

ters von Kulturprodukten haben Horkheimer und Adorno schon vorher analysiert. Den Begriff der „Kulturindustrie" prägen sie allerdings im US-amerikanischen Exil im Rahmen ihrer „Dialektik der Aufklärung". Was man in Europa als Begleitmusik gesellschaftlicher Faschisierung erlebt hatte, wurde – so die Wahrnehmung der beiden – nun in Hollywood auf die Spitze getrieben. Während diese vermeintliche Zuspitzung in Bezug auf die Entwicklung der Kulturindustrie in den USA eine historische Sichtweise erkennen lässt, ist eine historische Komponente in der Theorie der Kulturindustrie weitgehend abwesend.[4] Diese ahistorische Sichtweise kann uns als erstes Indiz dafür gelten, dass die Kritik der Kritischen Theorie in erster Linie eine konzeptionelle ist. Bei dieser nimmt man aber – z.b. wie hier in einem Beitrag für das Wiener Radio – kein Blatt vor den Mund: „Kulturindustrie ist die synthetische Kultur der verwalteten Welt" (Adorno 2003: 288).

Ein zweites Verdachtsmoment, das auf eine tendenziöse Darstellung hindeutet, lässt sich außerdem in einer Identifikation der Kritischen Theoretiker mit Teilen der bürgerlichen ‚Hochkultur' des 19. Jahrhunderts erkennen. Eine Idealisierung dieses bürgerlichen „Vernunfsmoments" (Dubiel 1992: 24), findet sich etwa in der Kulturkritik Herbert Marcuses:

„In der Lyrik und Prosa dieser vortechnischen Kultur ist der Rhythmus von Menschen enthalten, die wandern oder in Kutschen fahren und die Zeit und Lust haben, nachzudenken, etwas zu betrachten, zu fühlen und zu erzählen" (Marcuse 2004: 79).

Spätestens Ende der 1960er Jahre – so Marcuse (1966: 100) weiter – sei es hiermit allerdings vorbei gewesen:

„Der Markt, der [...] gleich gut Kunst, Anti-Kunst und Nicht-Kunst, alle möglichen einander widerstreitenden Stile, Schulen und Formen in sich aufnimmt, liefert ein behagliches Gefäß, einen freundlichen Abgrund, in dem der radikale Impuls der Kunst, ihr Protest gegen die etablierte Wirklichkeit untergeht."

Emanzipatorische Impulse auf dem Feld der Populärkultur sind aus dieser Sicht also nicht zu erwarten.

Dass Produkte der Kulturindustrie „nach dem Prinzip ihrer Verwertung angefertigt, nicht nach ihrem Wahrheitsgehalt" (Behrens 2004: 3) und zu einer „Manifestation der Reklame für die Welt so wie sie ist" (ebd.: 5) werden, stellt nun einen Topos der Kritik dar, der sich auch in der Beurteilung gegenwärtiger Popu-

---

4 Adornos Schriften zum Jazz aus den 1960ern basieren etwa auch auf seinen Grundannahmen aus den 1920er Jahren.

lärkultur wiederfindet: „Sex, Pop und Geld ergeben das Dreigestirn des alltäglich bunteren Zivilisationskarnevals" (Stenblock 2004: 87).[5]

Vor diesem Hintergrund nimmt es wohl nicht wunder, dass die oftmals materialistischen und chauvinistischen Bildwelten, die das Genre Rap in weiten Teilen auszeichnen, den skeptischen Blicken kritischer Kulturtheoretiker keineswegs entgehen. So resümiert Behrens (2004: 15): „Als ästhetisches Epiphänomen sind HipHop und Rap ungeeignete Beispiele, wenn es um die Aktualität einer kritischen Ästhetik geht". Erscheint musikalischer Protest also noch zielführend, wenn die Musik gesellschaftlich integriert worden ist?

Die Zentralstellung des Ästhetikbegriffs bezeichnet hier ein grundsätzliches Problem des Ansatzes: Während dieser in einen kausalen Zusammenhang mit ihrer repressiv-strukturierenden Wirkung auf die „objektive gesellschaftliche Einrichtung" (Adorno 2003a: 178) gegenübergestellt wird, kommt den Konsumenten keine aktive Rolle zu.[6] Während dies für das Projekt einer ‚Kritischen Ästhetik' als nicht weiter schlimm erscheinen mag, genügt einer politisch interessierten Kultursoziologie – wie immer so auch hier – nur der Fokus auf die soziale Praxis, innerhalb derer Kulturprodukte ihre Bedeutung gewinnen. Und genau hier setzen Vertreter der Cultural Studies an.

Cultural Studies

Der Fokus auf die soziale Praxis des Aushandelns von Bedeutungen in den Cultural Studies ist keine grundsätzliche Innovation, sondern ergibt sich aus einer Verbindung pragmatistischer Philosophie (James 2010) mit der Soziologie des symbolischen Interaktionismus (Blumer 1981) und dem hegemonietheoretischen Blickwinkel Antonio Gramscis (2012).[7] Dem Fokus auf (kreative) Aneignung erweitert sich der Begriff der Kulturproduktion also um den Aspekt ihres Konsums. Popkultur ist demnach mehr als eine „folgenlose Rebellion auf der profitablen Spielwiese des Marktes" (Wicke 2011: 8), nämlich Ort einer Austragung oder (zumeist symbolischen) Auseinandersetzung. Ideologiekritisch informiert und ethnografisch fundiert zeigt so etwa Willis' (1981) Untersuchung einer Gruppe von Jugendlichen aus der englischen Arbeiterklasse, wie der Klassenge-

---

5   Für einen intelligenten Versuch einer kritischen Genealogie solcher konservativer Kulturkritik siehe Hecken (Hecken 2010).

6   Hans Joas (1992: 134) spricht hier auch von einer „Verdammung der Rezipienten zu passivreflexionslosen ‚Lurchen' (Adorno)".

7   Siehe hierzu allgemein Carey (1989) und aus kultursoziologischer Sicht Keller (2012).

gensatz von Akteuren auf dem Feld der Populärkultur erlebt und reproduziert wird. Populärkultur erscheint hierbei aus Sicht der Cultural Studies als

„Ausdruck von Lebensstilen und Alltagspraktiken, sozialer Stellung und Weltbildern spezifischer Milieus; [...] als politischer Kampf um Repräsentation, Zeichen und Symbole" (Scharenberg 2001: 243) und „Medium der Kritik und Reproduktion sozialer Ungleichheit" (ebd.: 244).

Anders als in der Kritischen Theorie (auch in ihren modernen Varianten; vgl. Lederer 2012) stellt HipHop-Kultur (und damit auch Rap) aus Sicht der Cultural Studies ein potenziell emanzipatorisches Feld dar. Vor allem in der Frühphase sieht Scharenberg (2001: 247) einen „symbolische[n] Angriff auf die dominanzkulturelle Hegemonie":

„Die Ausgegrenzten widersprachen der ihnen auferlegten Marginalisierung, indem sie ihre Lebenswelten und Erfahrungen ins Zentrum einer ‚gettozentrischen' Identitätsbildung rückten."

Anders als in der Kritischen Theorie – so ließe sich resümieren – wird der grundsätzlich dialektische Charakter von Herrschaftsverhältnissen (vgl. Hegel 2003) hier in den Cultural Studies ernstgenommen. Wie etwa Homi Bhabha (1994) herausarbeitet, wird koloniale Herrschaft nicht nur von den Kolonialherren ausgeübt und stellt also keine Subjekt-Objekt-Beziehung sondern ein relationales Phänomen dar. Im Sinne der Kritischen Theorie ließe sich nun wieder einwenden, dass die Möglichkeit eines eingehegten, kontrollierten Widerspruches ein irrationales Herrschaftsverhältnis rationalisiere (vgl. Marcuse 1966). Der „Der Hip-Hop-Kapitalismus" – bemerkt Wicke (2011) – sei dagegen „frei von jedem schlechten Gewissen und deshalb so unerschütterlich."

Zur theoretischen Rahmung

Während die Kritische Theorie (und hier vor allem Adorno und Horkheimer) die Stabilität und Persistenz eines gesellschaftlichen Verblendungszusammenhangs voraussetzen, betonen Beiträge aus dem Bereich der Cultural Studies die Handlungsfähigkeit von Akteuren, die die Reproduktion (und Transformation!) dieser kulturellen Ordnung ermöglicht. Aus beiden Sichtweisen – so möchte ich argumentieren – werden wichtige Punkte erkennbar. Die Berücksichtigung beider Sichtweisen sensibilisiert uns dafür, Rapmusik im „von notwendigen Widersprüchlichkeiten gespickten Spannungsfeld von Kommerzialisierung und Gegenkultur" (Scharenberg 2001: 245) zu sehen. Begreifen Kulturrezipienten (und damit: -produzenten!) sich im Weber'schen Sinne als „Kulturmenschen", die willens und in der Lage sind, sich zur Welt zu verhalten und ihr einen Sinn zu geben, wird die soziale Welt zum „Ort ständiger Kämpfe um den Sinn dieser Welt" (Bourdieu/Wacquant 2006: 101). Eine entsprechende Sichtweise auf Hip-Hop-Kultur „zwischen Affirmation und Empowerment" habe ich an anderer Stelle (Seeliger 2012) zu etablieren versucht. Aus einem entsprechenden Blickwinkel werden auch die folgenden Ausführungen vorgenommen.

DEUTSCHSPRACHIGER POLIT-RAP

Drei Fallbeispiele

Während politische Inhalte in deutschsprachiger Rapmusik nicht nur implizit (Seeliger 2012), sondern – wie etwa schon durch frühe Gruppen wie *Advanced Chemistry*, *Anarchist Academy* oder im Rahmen des HipHop-Partisan-Netzwerks[8] – auch explizit und programmatisch seit spätestens Anfang der 1990er Jahre zum Thema gemacht wurden, entwickelt sich das Genre politischer Rapmusik in deutscher Sprache seit ein paar Jahren mit einer besonderen Dynamik.[9] Diesem Umstand wird unter anderem im Rückblick auf die Genreentwicklungen des Szenemagazins *Juice* auf das Jahr 2014 Rechnung getragen:

„Ob Sookee, Antilopengang, Kobito, Tapete oder Tick Tick Boom. Das Jahr 2014 hat uns auch zahlreiche Rapalben aus der linken Szene beschert."[10]

Um das Spektrum politischer Rapmusik aus dem deutschsprachigen Raum exemplarisch (und explizit: nicht vollumfänglich repräsentativ) abzubilden, werden im Folgenden verschiedene Vertreter des Genres vorgestellt.

a) Tick-Tick-Boom – „Rapper wissen, wer die Zecken sind"

Ende des Jahres 2012 fand sich mit *Tick Tick Boom* ein Kollektiv von ca. 20 musikinteressierten Menschen zusammen, um gemeinsame Projekte im Bereich politischen Raps zu realisieren. Etwas über ein Jahr später erschien das erste ge-

---

8   http://hhp-hangover.de/
9   Ähnliche (allerdings eher kurzfristige) Entwicklungsschübe wurden anschließend an die Pogrome der 1990er Jahre sowie etwa den Mord an Alberto Adriano (durch die *Brothers Keepers*) in Gang gesetzt.
10 http://juice.de/juice-164-mit-bushidoshindy-cover-und-juice-cd-126-ab-18-12-am-kiosk/ (Abruf: 14.2.2015)

meinsame Album und seitdem ist *Tick Tick Boom* (vor allem über die rappenden Mitglieder) über die subkulturelle Öffentlichkeit der deutschen Linken hinaus bis in die Rap-Landschaft hinein vertreten.

Die vorwiegend aus Berlin stammenden „Sänger*innen, DJ*anes, Beatproduzent*innen, Veranstalter*innen, Grafiker*innen und Rapper*innen" vertreten ein Subgenre, das sie als „Zeckenrap" bezeichnen.[11] Zentrale politische Anliegen sind mit Sexismus, Homophobie und Rassismus politische Phänomene, die sich vor allem durch ihre unmittelbare Erfahrbarkeit auszeichnen. Zwar werden diese – soweit dies die Form der lyrischen Auseinandersetzung ermöglicht – im Kontext gesellschaftlicher Verhältnisse thematisiert und kritisiert. Die Thematisierung grundsätzlicher politischer Fragen (d.h. den Klassenwiderspruch sowie die Auseinandersetzung mit Märkten als zentralem Vergesellschaftungsmoment) beschränken sich aber vor allem auf parolenhafte Äußerungen. Dieser Fokus auf Formen sozialer Diskriminierung (Geschlechterverhältnisse und Rassismus), wie sie in Abgrenzung von den K-Gruppen als politisch relevante Themen vor allem durch die Neuen Sozialen Bewegungen (vgl. Reichhardt 2014) etabliert worden sind, stellt in den Texten der Künstler den wesentlichen inhaltlichen Bezugsrahmen dar.

Kritik am Kapitalismus erfolgt in den Texten von *Tick Tick Boom* plastisch und konkret (etwa in Bezug auf die Gentrifizierung von Stadtteilen oder in Bezug auf Geschlechterverhältnisse). Ein weiteres Merkmal ist die hohe Reflexivität, die die Vertreterinnen des Netzwerkes gegenüber sich selbst und ihrem eigenen Schaffen an den Tag legen. So werden die Dynamiken der Szeneöffentlichkeit und ihre subjektive Erfahrung in zahlreichen Veröffentlichungen (sowohl des Netzwerkes selbst als auch in denen der einzelnen Mitglieder) zum Thema gemacht. Eine enge Verflechtung mit dem Personenkreis (der Berliner) stellt ein weiteres wesentliches Merkmal des „Tick Tick Boom"-Netzwerks dar.

b) *Makss Damage* als Protagonist des Rechtsrap

Dass politischer Rap im deutschsprachigen Raum keineswegs auf das linksradikale Spektrum beschränkt ist, beweist der ursprünglich aus Gütersloh stammende Künstler *Makss Damage*. Nachdem er Mitte der Nullerjahre aus dem Umfeld der Sozialistischen Deutschen Arbeiterjugend heraus bereits mit kontroversen Musikbeiträgen hervorgetreten war, bekannte sich der Rapper Anfang 2011 öffentlich zu seiner rechtsradikalen Gesinnung. Mit der „Sturmzeichen EP", der „Hausdurchsuchungs EP", dem kürzlich erschienenen Album „2033" sowie ver-

---

11 Vgl. http://ticktickboom.bandcamp.com/ (Abruf: 14.2.2015)

schiedenen Einzelveröffentlichungen trägt der Rapper maßgeblich zur Etablierung nationalistischen Raps als eigenständigem Genre bei.

Dass entsprechende Tendenzen im deutschsprachigen Sprechgesang kein grundsätzliches Novum darstellen, wurde bereits von Güngör und Loh (2002) herausgearbeitet. Die musikalischen Beiträge von *Makss Damage* heben sich von diesen traditionellen Veröffentlichungen durch ihre vergleichsweise hohe Qualität ab. Anders als etwa im Rechtsrock der 1990er Jahre üblich beschränken sich die Inhalte hierbei allerdings nicht mehr auf die Replikation fremdenfeindlicher und antisemitischer Parolen, sondern korrespondieren – ähnlich wie die Texte linksradikaler Künstler – mit einer weitreichenden Gesellschaftsanalyse.

Dass eine völkisch definierte Solidargemeinschaft („die Deutschen"; oder bisweilen auch „die Europäer") durch gezielte Zulassung von Zuwanderung belastet und in ihrer sozialen Kohäsion unterminiert werde, basiert seinen Darstellungen zu Folge auf einer politischen Systematik, welche wiederum der Kontrolle einer kleinen, aber umso einflussreicheren Gruppe unterliegt.

Als plastische Motive dieser Unterdrückung und Beeinflussung skandalisiert der Rapper die Präsenz von Migranten (oder denen, die man auf Grund äußerer Merkmale dafür halten könnte) im öffentlichen Raum. Eine auf diese Weise um sich greifende Deutschenfeindlichkeit sowie die Überlastung hiesiger Wohlfahrtssysteme ergeben sich aus seiner Sicht keineswegs als unintendierter Effekt unregulierter Einwanderung. Die genauen Ursachen bleiben in seinen Darstellungen allerdings im Dunkeln – angeblich hätten sie irgendetwas mit dem politischen Projekt der einflussreichen Kleingruppe zu tun (es geht dabei jedenfalls darum, dem deutschen Volk zu schaden).

Seinen stalinistischen Wurzeln bleibt *Makss Damage* hierbei insofern treu, als dass er für die Mobilisierung gegen die systematische Unterdrückung an der Schnittstelle von Klassen- und Volksidentität plädiert. Passend hierzu werden aggressive und hasserfüllte Textpassagen durch gemeinschaftsstiftende Verweise auf geteilte deutsche Traditionen sowie einen gemeinsamen Feind (mal die einflussreiche Kleingruppe, mal die Einwanderer insgesamt) komplettiert.

Trotz der diffusen Analyse der politischen Verhältnisse (vieles bleibt unklar und lässt sich aller Wahrscheinlichkeit nach mangels inhaltlicher Richtigkeit auch nicht belegen), zeichnet sich in den Äußerungen von *Makss Damage* ein relativ klares Weltbild ab, das als Baustein rechter Erlebniswelten (Glaser/Pfeiffer 2014) gut geeignet erscheint.

c) „Wir haben die Flaschenpost!" Die *Antilopengang* als „Kritische Theorie 2.0"?

Die *Antilopengang* kann schließlich als derzeit wohl bekannteste Gruppe aus dem Bereich des Polit-Rap im weiteren Sinne gelten. Die ursprünglich aus dem „HipHop-Partisan"-Netzwerk stammende Vorgängergruppe *Anti-Alles-Aktion* löste sich nach einigen Jahren der musikalischen Zusammenarbeit auf. Vier der ehemaligen Mitglieder fanden sich 2009 im Rahmen der *Antilopengang* unter neuem Namen zusammen. Nachdem der zu Anfang äußerst explizit vertretene politische Anspruch auf unterschiedlichen Veröffentlichungen im Zeitraum von 2009 bis 2013 einem stilistischen Understatement gewichen war, trat dieser auf dem Ende 2014 veröffentlichten Debutalbum der Gruppe (mit Charteinstieg auf Platz 41!) wieder deutlicher in den Vordergrund (allerdings ohne dass das Understatement hierbei völlig aufgegeben worden wäre). Besondere Aufmerksamkeit erregte die Gruppe mit dem Song „Beate Zschäpe hört U2", in dem die Alltagswirklichkeit von Rechtsradikalismus in Deutschland aus verschiedenen Blickwinkeln thematisiert wird.

Die Analyse der politischen Bedeutung der *Antilopengang* erfolgt in Auseinandersetzung mit einer Besprechung, die der Göttinger Sozialwissenschaftler Samuel Salzborn für den Internet-Blog „Publikative.org" verfasst hat.[12] Im neuen Album „Aversion" sieht er nicht nur einen neuen „Stern am Himmel der musikalischen Gesellschaftskritik", sondern auch die „musikalische Formulierung von Kritischer Theorie für das Jahr 2015".

Sensibel für die und reflexiv gegenüber den „Ambivalenzen bürgerlicher Vergesellschaftung" erkennt die *Antilopengang* – so Salzborn – die „Notwendigkeit und Kraft der Negation, die wohl den Kern der klassischen Kritischen Theorie ausmacht". Klug beschreibt der Rezensent die Parallele in der Kritik autoritärer Impulse in vermeintlich fortschrittlichen Bewegungen, die sowohl die späten Frankfurter[13] als auch die *Antilopengang* teilweise äußern. Interessant er-

---

12 http://www.publikative.org/2015/01/06/das-akademische-karussell-kritische-theorie-2-0/

13 Wussten Sie z.B., dass Adorno eine (an Karl Marx' ‚Kritik des Gothaer Programms' angelehnte) ‚Kritik des Godesberger Programms' der SPD aus dem Jahr 1959 unveröffentlicht ließ, um den linksradikalen Studierenden damit nicht in die Hände zu spielen (vgl. Wiggershaus 2001: 664)? Die Furcht vor denen, „die an der schwer erschütterten Demokratie rütteln" (Adorno) teilt er möglicherweise mit dem Rapper *Danger Dan*, der in seiner Kritik der unangenehmen Aspekte einer ‚Moral Economy' (Thompson 1980) eine staatstragende Haltung annimmt – für einen linksradikalen

scheint hier zu sehen, wie die Impulse der Kritischen Theorie innerhalb der deutschen Linken diffundieren – so ist es sicher kein Zufall, dass *Danger Dan* an Adorno angelehnte Argumentationsmuster ausfüllt, die wir aus der sogenannten antideutschen Linken kennen.[14]

Salzborn mag die *Antilopengang*, Salzborn mag die Kritische Theorie und möglicherweise teilen alle drei den „vom Hass geschärften Blick auf das Bestehende", den Horkheimer – wie er in einem Brief an Adorno bemerkt – bei Alfred Sohn-Rethel vermisst. Aus Sicht eines Kommentators beinhaltet sein Artikel eine „entschuldigende Anbiederung ans Bürgertum". Die Kritik ist so hart, wenig differenziert und ungerecht, wie das im Internet eben üblich ist. Aber ihr Ziel verfehlt sie m.E. nicht.[15]

Versuch einer vergleichenden/ zusammenfassenden Betrachtung

Kritik an Verdinglichung und Entfremdung wird im linken Rap eher nicht materialistisch (d.h. an den konkreten Lebensbedingungen der Menschen ansetzend), sondern idealistisch (d.h. eher in Bezug auf subjektive Befindlichkeiten und die Auseinandersetzung mit moralischen Ideen) fundiert.[16] Dass dies bei *Makss*

Rapper durchaus bemerkenswert! (Vgl. http://www.neues-deutschland.de/artikel/9518 37.punk-hat-viele-widerspruechliche-inhalte.html.)

14 Für die identitäre Selbstvergewisserung antideutscher Gruppen sind die „wursthaarigen Weltverbesserer" (Phantasiezitat) ja immanent wichtig, vielleicht ein bisschen so wie bei der Öko-Bewegung und den K-Gruppen in den 1970ern (Reichhardt 2014).

15 Das Etikett „Kritische Theorie" erscheint mir übertrieben, hört sich aber sicher für viele Leser gut an. Diejenige Koketterie mit der Sozialfigur des bürgerlichen Intellektuellen, die in der Vergangenheit vor allem bei dem *Antilopengang*-Rapper *Koljah* („Der King liest Brecht!"), teilweise auch bei *Danger Dan* zur Imagekonstruktion diente, funktioniert durch genau diese Art institutionell zertifizierter Zuschreibungen („Der Professor hat gesagt, es sei nicht nur schlau, sensibel und tiefsinnig, sondern auch Kritische Theorie – ähnlich so wie dieser Adorno").

16 Auch hier finden wir wieder eine Nähe zur Kritik der Frankfurter Schule. Adorno und seine Kollegen kritisieren mangelnde Verwirklichung in der Erwerbsarbeit. Inwiefern der gewerkschaftlich organisierte Arbeiter vielleicht auch gern entfremdet arbeitet, wenn die Kohle stimmt, erscheint hier oftmals nicht weiter von Interesse. Eine Ausnahme hinsichtlich dieses materialistischen Bias stellen hierbei am ehesten die (queer-)feministischen (sic!) Beiträge wie im folgenden Track von *Sookee* und *Refpolk* dar: https://www.youtube.com/watch?v=lh40mwtGt18

Damage nicht der Fall ist, mag mit seiner linkssozialistischen Prägung im Umfeld der SDAJ zu tun haben. Ähnliche Motive finden sich im linken deutschsprachigen Polit-Rap etwa mit dem Hamburger Rapper *Holger Burner* (vgl. Seeliger 2012a) oder den Veröffentlichungen der Dortmunder Gruppe *Anarchist Academy*.

Es mag nicht überraschend erscheinen, dass ein zentrales Bezugsmoment im deutschsprachigen Polit-Rap die nationale Geschichte sowie deren Verarbeitung darstellt. Selbstverständlich erfolgt diese aus der Perspektive der jeweils vertretenen politischen Spektren fundamental unterschiedlich. Die Auseinandersetzung mit dem Nationalsozialismus und seinen Folgen auf die deutsche Gesellschaft stellt jedenfalls ein zentrales Thema dar. Mit Blick auf die Beiträge von *Makss Damage* erscheint hier besonders bemerkenswert, dass seine positiven Referenzen an Nation und Rasse per HipHop-Kultur transportierbar sind.

Angesichts dieser Heterogenität des Spektrums lässt sich von einer „großen Klammer einer einheitlichen Erzählung" (Hannes Loh) nur schwer sprechen. Deutschsprachiger Polit-Rap bezieht sich auf die deutsche Geschichte. Das war es aber auch schon.

FAZIT – POLITISCHE IMPLIKATIONEN VON MAINSTREAM-RAP

Die beispielhafte Vorstellung der drei Künstler(gruppen) hat nicht nur gezeigt, dass Polit-Rap in Deutschland existiert, sondern verdeutlicht auch, wie divers die Ausdrucksformen dieses Subgenres sind. Unstrittig erscheint weiterhin, dass alle drei Fallbeispiele einen deutlichen politischen Einfluss entfalten. Während dieser bei *Makss Damage* und *Tick Tick Boom* wohl vor allem in der identitären Selbstvergewisserung radikaler politischer Milieus zu finden ist, reicht er bei der *Antilopengang* (in erster Linie auf Grund der größeren Resonanz im Mainstream) über den Rand dieser Milieus hinaus. Darüber, inwieweit die Unterschiede im Hinblick auf die Resonanz mit den oftmals weniger explizit geäußerten politischen Inhalten und dem größeren Pop-Appeal der *Antilopengang* zusammenhängt, lässt sich lediglich spekulieren. Als unplausibel erscheint die Annahme jedoch auf keinen Fall.

Vor dem Hintergrund des weiter oben entwickelten Verständnisses des Politikbegriffs lässt sich nun die Frage formulieren, ob es tatsächlich das Subgenre des Polit-Raps ist, von dem aus Rap als Bestandteil der Populärkultur am deutlichsten zur gesellschaftlichen Ordnung beiträgt. Diese Frage beantworte ich mit einem klaren „Nein". Die Kulturindustrie-These der Kritischen Theorie scheint sich hier insofern zu bestätigen, als dass Mainstream-Populärkultur viel mehr zur Stabilisierung der gesellschaftlichen Ordnung beiträgt als zu ihrer Überschreitung.[17] Noch weiter zugespitzt ließe sich sogar argumentieren, dass die Bildwelten des Gangstarap eine Entwicklung westlicher Gesellschaften entschuldigen, die in den letzten Jahrzehnten soziale Desintegration über eine Zentralstellung des Marktes als strukturierender Institution vorantreibt (vgl. Streeck 2013; Crouch 2011).

Heißt dies also, Rap ist prinzipiell affirmativ? Die Wirklichkeit – so möchte ich argumentieren – ist komplizierter. Rap ist prinzipiell weder emanzipatorisch, regressiv, affirmativ oder sonst irgendwie politisch tendenziös. Seine politische Wirkung ergibt sich vielmehr aus dem Zusammenwirken verschiedener Faktoren. Eine Kritische Theorie des Raps lässt sich also nur mit Blick auf die konkreten sozialen Praktiken entwickeln, die ihn hervorbringen. Eine solche Analyse (vgl. Seeliger 2012) zeigt uns ein oftmals widersprüchliches Bild. Während in der Rezeption des symbolischen Kosmos deutschen Gangstaraps materialistische und fremdenfeindliche Ideologien nicht nur entschuldigt, sondern verstärkt werden, enthält dieser durchaus auch Momente des (selektiven) Empowerments über die Aktualisierung hegemonialer Männlichkeit (vgl. Seeliger/Knüttel 2010) oder sogar implizite Versuche einer klassenpolitischen Konstituierung (vgl. Seeliger 2012a; Lill 2011).

Welche inhaltlichen Impulse können in der kulturellen Praxis deutschsprachigen HipHops nun vom Genre des Polit-Rap ausgehen? Gruppen wie *KIZ*, *Zugezogen Maskulin* oder die Künstler aus dem Hamburger „Rattos Locos"-Umfeld haben jüngst gezeigt, dass eine Popularisierung expliziter politischer Inhalte durchaus realisierbar ist. Kann Polit-Rap also möglicherweise diffundieren?[18]

---

17 Ähnlich argumentieren Güngör und Loh (2002) im Hinblick auf die mainstreamkulturelle Vereinnahmung des Rap-Genres durch die Stuttgarter Gruppe *Die Fantastischen Vier* zu Beginn der 1990er Jahre („We are from the Mittelstand").

18 Man könnte (an anderer Stelle) mal versuchen, sich vorzustellen, wie das funktionieren soll. Aus marxistischer Perspektive formuliert der eingangs zitierte Neil Eriksen (1980) folgende „long term goals in the field of music":„The unionization of all productive workers within the music industry, including performers and song-writers" (1), „The development of close links between music workers and revolutionary organizations" (2), „An increasing access to and control over the means of ideological production by the working class and its allies" (3), „The increasing utilization of available technology and technique by revolutionary organizations, with the aim in particular, of making record production and distribution available to revolutionary art-

Der Fokus auf Handlungsfähigkeit, wie er in der eingangs erwähnten Diskussion entwickelt werden sollte, erscheint – dies gebe ich hiermit zu – angemessener, als mir das zum Zeitpunkt der Podiumsdiskussion klar war. Ob man zur Bearbeitung der Frage nach politischen Impulsen aus dem Bereich des HipHops vorwiegend auf Polit-Rap achten sollte, erscheint mir hingegen als fraglich. Handlungsfähigkeit ist ihrem Ergebnis nach per Definition variabel (Beckert/ Joas 2001). Wenn sich die soziale Welt uns also – wie mit Bourdieu und Wacquant argumentiert – als ein ständiger Kampf um Bedeutungen offenbart, ist Popkultur weder emanzipatorisch noch affirmativ, sondern eben genau das, was wir aus ihr machen. Um diesen Vorgang zu verstehen, erfordert es den Blick auf den Gebrauch von Handlungsfähigkeit. Denn ob der Kapitalismus stabil bleibt, hängt letztlich davon ab, wie gehandelt wird.

LITERATUR

Adorno, Theodor W. (2003): ›Für Wiener Radio, 21.2.1969‹, nach einem Typoskript. In: Theodor W. Adorno Archiv (Hg.), ›Adorno. Eine Bildmonographie‹, Frankfurt a.M.: Suhrkamp.

Adorno, Theodor W. (2003): Einleitung in die Soziologie. Frankfurt a.M.:Suhrkamp.

Adorno, Theodor W.; Horkheimer, Max (1988): Dialektik der Aufklärung. Philosophische Fragmente. München: Fischer.

Beckert, Jens; Joas, Hans (2001): Action Theory. In: Handbook of Sociological Theory. Wiesbaden: Springer US. S. 269-285.

Behrens, Roger (2004): Adornos Rap. Adornos Rap. Die Kulturindustriethese in Neuerscheinungen und ein Exkurs über HipHop. Quelle: http://txt.rogerbehrens.net/Rap.pdf.

Bhaba, Homi K. (1994): The location of culture. New York: Routledge.

Block, Fred; Somers, Margaret R. (2014): The Power of Market Fundamentalism. Karl Polanyi´s Critique. Cambridge: Harvard University Press.

Blumer, Herbert (1981): Der methodologische Standort des Symbolischen Interaktionismus. In: Arbeitsgruppe Bielefelder Soziologie (Hg.): Alltagswissen,

---

ists" (4), „The encouragement of lyrical and musical expression in order to free music from the narrow limits of bourgeois notions of what is acceptable and popular" (5), „The establishment and encouragement of performance contexts and artist-audience relationships which challenge the commodity form of entertainment and the distinction between producer and consumer" (6). In Bezug auf das kulturindustrielle Feld des Rap erscheint dies insgesamt derzeit wohl eher als unrealistisch. Aber wer weiß!?

Interaktion und gesellschaftliche Wirklichkeit 1+2. Opladen: Westdeutscher Verlag.

Boltanski, Luc; Chiapello, Eve (2003): Der neue Geist des Kapitalismus. Konstanz: UVK.

Bourdieu, Pierre; Wacquant, Loïc J. D. (2006): Reflexive Anthropologie. Frankfurt a.M.

Carey, James (1989): Communication as Culture: Essays on Media and Society. Sussex: Psychology Press.

Crouch, Colin (2011): Das befremdliche Überleben des Neoliberalismus: Postdemokratie II. Berlin: Suhrkamp.

Dubiel, Helmut (1992): Kritische Theorie der Gesellschaft: Eine einführende Rekonstruktion von den Anfängen im Horkheimer-Kreis bis Habermas. Weinheim: Juventa.

Eichhorn, Wolfgang et al. (Hg.) (1971): Wörterbuch der marxistisch-leninistischen Soziologie. Opladen: Westdeutscher Verlag.

Eriksen, Neil (1980): Popular Cultura and Revolutionary Theory: Understanding Punk Rock. In: Theoretical Review 18, online unter: https://www.marxists.org/history/erol/ncm-6/punk.htm.

Friedrich, Malte; Klein, Gabriele (2003): Is this real? Die Kultur des HipHop. Frankfurt a.M.

Glaser, Stefan; Pfeiffer (2014): Erlebniswelt Rechtsextremismus: Menschenverachtung mit Unterhaltungswert. Schwalbach: Wwochenschau Verlag.

Gramsci, Antonio (2012): Gefängnishefte. Hamburg: Argument Verlag.

Hegel, Friedrich Wilhelm (2003): Phänomenologie des Geistes. Frankfurt a.M.: Suhrkamp.

Horkheimer, Max (1925): Über Kants Kritik der Urteilskraft als Bindeglied zwischen theoretischer und praktischer Philosophie. Leipzig: Hirschfeld.

James, William (2010): Philosophical Conceptions Practical Results. Charleston: Nabu Press.

Joas, Hans (1992): Pragmatismus und Gesellschaftstheorie. Frankfurt a.M.: Suhrkamp.

Keller, Rainer (2012): Das interpretative Paradigma. Wiesbaden: Springer.

Lakoff, George (2002): Moral Politics: How Liberals and Conservatives think. Chicago: University of Chicago Press.

Lederer, Karin (Hg.): Zum aktuellen Stand des Immergleichen. Dialektik der Kulturindustrie - vom Tatort zur Matrix. Berlin: Verbrecher Verlag.

Lehmbruch, Gerd (1968): Einführung in die Politikwissenschaft. Stuttgart: Kohlhammer.

Lill, Max (2011): Neoliberale Alltagsmythologien in der Krise. Zwischen bürgerlichem Ressentiment und Gangsta Rap. In: Sozialismus 5. S. 1-12.

Loh, Hannes, Güngör, Murat (2002): Fear of a Kanak Planet. HipHop zwischen Weltkultur und Nazirap. Höfen.

Marcuse, Herbert (1966): Repressive Toleranz. In: Wolff, Robert Paul; Moore, Barrington; Marcuse, Herbert: Kritik der reinen Toleranz. Frankfurt a.M. S. 91 – 127.

Marcuse, Herbert (2004): Der eindimensionale Mensch. Studien zur Ideologie der fortgeschrittenen Industriegesellschaft. München: Fischer.

Nolte, Paul (2012): Was ist Demokratie? Geschichte und Gegenwart. München: C.H. Beck.

Reichhardt, Sven (2014): Authentizität und Gemeinschaft: Linksalternatives Leben in den siebziger und frühen achtziger Jahren. Berlin: Suhrkamp.

Scharenberg, Albert (2001): Der diskursive Aufstand der schwarzen ‚Unterklassen'. Hip Hop als Protest gegen materielle und symbolische Gewalt. In: Weiß, Anja et al. (Hg.): Klasse und Klassifikation. Die symbolische Dimension sozialer Ungleichheit. Wiesbaden. S. 243-269.

Seeliger, Martin (2012): Deutscher Gangstarap. Zwischen Affirmation und Empowerment. Berlin: Posth.

Seeliger, Martin (2012a): Kulturelle Repräsentation sozialer Ungleichheiten Eine vergleichende Betrachtung von Polit- und Gangsta-Rap. In: Dietrich, Marc; Seeliger, Martin (Hg.): Deutscher Gangstarap. Sozial- und kulturwissenschaftliche Perspektiven. Bielefeld: Transcript. S. 165-187.

Seeliger Martin; Knüttel, Katharina (2010): „Ihr habt alle reiche Eltern, also sagt nicht, ‚Deutschland hat kein Ghetto!'". Zur symbolischen Konstruktion von Anerkennung im Spannungsfeld zwischen Subkultur und Mehrheitsgesellschaft. In: Prokla 160 (3).

Staiger, Markus (2011): Die entsolidarisierte Gesellschaft. Unter: http://staiger.tumblr.com/post/9518085876/entsolidarisiertegesellschaft (Abruf: 3.2. 2015).

Steenblock, Volker (2004): Kultur oder die Abenteuer der Vernunft im Zeitalter des Pop. Leipzig: Reclam.

Steinert, Heinz (2007): Das Verhängnis der Gesellschaft und das Glück der Erkenntnis. Dialektik der Aufklärung als Forschungsprogramm. Münster.

Streeck, Wolfgang (2014): How will Capitalism end? In: New Left Review 87. Quelle: newleftreview.org/II/87/wolfgang-streeck-how-will-capitalism-end.

Thompson, Edward P. (1980): Plebeische Kultur und moralische Ökonomie. Aufsätze zur englischen Sozialgeschichte des 18. und 19. Jahrhunderts. Frankfurt a.M./Wien: Ullstein.

Wallerstein, Immanuel et al. (2013): Does Capitalism Have a Future? Oxford: Oxford University Press.

Weber, Max (1973): Die ‚Objektivität' sozialwissenschaftlicher und sozialpolitischer Erkenntnis. In: Winckelmann, Johannes (Hg.): Gesammelte Aufsätze zur Wissenschaftslehre. Tübingen: Mohr. S. 180-214.

Wicke, Peter (2011): Rock und Pop: Von Elvis Presley bis Lady Gaga. München: C.H. Beck.

Wiggershaus, Rolf (2001): Die Frankfurter Schule: Geschichte. Theoretische Entwicklung. Politische Bedeutung. München: DTV.

Willis, Paul (1981): Learning to Labor: How Working Class Kids Get working Class Jobs. New York: Columbia University Press.

„Eine Welt, zwei Parallelen"

Der Israel-Palästina-Konflikt im deutschsprachigen Gangsta-Rap aus intersektionaler Perspektive[1]

MALTE GOSSMANN

EINLEITUNG

Durch mehrere wissenschaftliche Untersuchungen im Bereich Rap und meine langjährige Erfahrung als HipHop-Aktivist bin ich zu der Ansicht gelangt, dass eine Auseinandersetzung mit dieser Subkultur in vielerlei Hinsicht dabei helfen kann, gesellschaftlich relevante Themen zu erfassen und zu analysieren (Goßmann 2012). Denn erstens stellt Rap als Teil der HipHop-Kultur eine der weltweit einflussreichsten Jugendkulturen überhaupt dar – und das, je nach Region, schon seit etwa zehn bis dreißig Jahren (Ferchhoff 2007: 202). Zweitens werden in den Songs – direkt und indirekt – brisante Themen wie Migration und Rassismus, Geschlecht und Sexualität, Armut und Ausgrenzung in großer Dichte behandelt (Böß 2009: 92 ff.). Drittens sind eben jene Songs und die dazugehörigen Videos überwiegend frei im Internet – vor allem in sozialen Medien wie *YouTube* – verfügbar und damit leicht zugänglich sowohl für die Konsument_innen als auch für die Forschung. Viertens wird Rap auch immer wieder öffentlich skandalisiert – wobei die Diskussionen in der Regel oberflächlich verlaufen, gesellschaftliche Zusammenhänge ausblenden und Herrschaftsverhältnisse wie etwa Rassismus reproduzieren (kritisch hierzu Menrath 2001: 54;

---

[1] Beim vorliegenden Artikel handelt es sich um eine gekürzte und überarbeitete Version meiner 2013 verfassten Masterarbeit *Der Israel-Palästina-Konflikt im Rap. Eine intersektionale Untersuchung von Beispielen aus Deutschland und England im Kontext von Klasse, Männlichkeit, (antimuslimischem) Rassismus und Antisemitismus*.

Lenz/Paetau 2012: 113 ff.). Im Rap verdichten sich also gesellschaftliche Konflikte in gut beobachtbarer Form, was ihm ein bedeutendes zeitdiagnostisches Potenzial verschafft.

Hier möchte ich im vorliegenden Artikel ansetzen und aus sozialwissenschaftlicher Perspektive einen Blick auf die Verarbeitung des Israel-Palästina-Konfliktes im Gangsta-Rap in Deutschland werfen. Bei meiner bisherigen Auseinandersetzung mit Rap war der zentrale Ansatz, Rap nie isoliert, sondern immer im Zusammenhang mit seinem gesellschaftlichen Kontext zu betrachten. Die Frage lautet also nicht nur: Wie wird der Israel-Palästina-Konflikt im Gangsta-Rap verarbeitet?, sondern auch: Welche gesellschaftlichen Herrschaftsverhältnisse und Ideologien spielen eine Rolle und wie beeinflussen sie sich wechselseitig?

Es erscheint mir sinnvoll, hierfür auf die Intersektionalitätstheorie zurückzugreifen, um die Wechselwirkungen von sozialen Kategorien und Herrschaftsverhältnissen in ihrer Gleichzeitigkeit erfassen zu können. Diese wurde als Theorie politischer Kämpfe entwickelt und zielte von Beginn an auf ein besseres Verständnis der Zusammenwirkung verschiedener Herrschaftsverhältnisse sowie ihrer Bekämpfung ab.

Im Anschluss an einen kurzen Einblick in die Intersektionalitätstheorie skizziere ich die Bezüge auf den Israel-Palästina-Konflikt im deutschsprachigen Rap. Darauf aufbauend analysiere ich zwei Beispiele aus den letzten Jahren: 1) *Parallelen* von *Ćelo & Abdï* feat. *Haftbefehl* sowie 2) *Freedom* von *Massiv*. Abschließend erörtere ich, was die Verarbeitung des Israel-Palästina-Konflikts im Gangsta-Rap für eine Diskussion des Konflikts im Kontext unterschiedlicher Herrschaftsverhältnisse bedeutet.

Wie komme ich dazu, mich mit der Frage zu beschäftigen, wie der Israel-Palästina-Konflikt im Rap verarbeitet wird? Zunächst: Rap ist ein wichtiger Teil meines Lebens und das schon seit über einem Jahrzehnt. Ich bin als Rapper aktiv, organisiere Rap-Konzerte, bin Rap-Fan – und setze mich kritisch mit Rap (und meiner Rolle darin) auseinander. Im Hinblick auf den Israel-Palästina-Konflikt wiederum beobachte ich, dass er in den letzten zehn Jahren im deutschsprachigen Rap als Bezugspunkt an Bedeutung gewonnen hat. Dies liegt zum einen sicherlich daran, dass soziale Medien wie Facebook es möglich machen, Neuigkeiten aus aller Welt mit einem Mausklick dem eigenen Publikum mitzuteilen, und die jeweiligen Postings auch Jahre später noch einsehbar sind. Zum anderen gibt es jedoch auch vermehrt Bezüge in Songs, welche auf die generelle Bedeutung des Israel-Palästina-Konflikts als Projektionsfläche hinweisen (was mitnichten ein Alleinstellungsmerkmal von Rap ist). Es wird in der Regel schnell deutlich, dass es um mehr geht als den Konflikt selbst: etwa um Migrationsgeschichten und die Ausgrenzung in der deutschen Gesellschaft, Männlichkeit, (antimuslimischen) Rassismus oder Antisemitismus. Der vorliegende Artikel stellt den Versuch dar, ein wenig Klarheit in diese Verstrickungen verschiedener Ideologien und Herrschaftsverhältnisse zu bringen.

INTERSEKTIONALITÄTSTHEORIE

Der Begriff Intersektionalität steht für die Verwobenheit und das Zusammenwirken von Herrschaftsverhältnissen entlang verschiedener sozialer Kategorien. Das Konzept stammt aus dem Kontext des US-amerikanischen *Black Feminism* der späten 1970er und frühen 1980er Jahre (Lutz et al. 2010: 10). Ausgangspunkt war hierbei die Kritik Schwarzer[2] Feministinnen an einem großen Teil der damaligen feministischen Bewegung, dass der Blick vieler *weißer* Feministinnen ausschließlich auf die Interessen *weißer*, heterosexueller Frauen gerichtet sei. Dies wiederum sei in der Vorstellung eines homogenen Subjekts „Frau" begründet, die Differenzen zwischen Frauen und Herrschaftsverhältnisse jenseits der Kategorie „Gender" außer Acht ließe. Gleichzeitig wurde auch der Androzentrismus der Schwarzen Bürgerrechtsbewegung kritisiert, da hier die spezielle soziale Position Schwarzer Frauen ebenfalls nicht vorkäme. Als prägend für diese Kritik gilt die Erklärung *A Black Feminist Statement* des *Combahee River Collective* von 1977. Aufbauend auf eigene Erfahrungen von und Auseinandersetzungen mit Unterdrückung forderte der Zusammenschluss Schwarzer, lesbischer und sozialistischer Autor_innen eine

„integrated analysis and practice based upon the fact that the major systems of oppression are interlocking. [...] As Black women we see Black feminism as the logical political movement to combat the manifold and simultaneous oppressions that all women of color face." (The Combahee River Collective 1982: 13)

In einer Vielzahl von Beiträgen haben Aktivist_innen und Wissenschaftler_innen in den folgenden Jahren an einer Weiterentwicklung des Konzepts gearbeitet. Der Begriff Intersektionalität wurde dabei entscheidend von Kimberlé Williams Crenshaw in ihren Aufsätzen *Demarginalizing the Intersection of Race and Sex* (1989) und *Mapping the Margins* (1991) geprägt. Von zentraler Bedeu-

---

2   Ich schreibe die Bezeichnung *Schwarz* mit großem Anfangsbuchstaben, um den Konstruktcharakter der Kategorie „Rasse" deutlich zu machen. Gleichzeitig setze ich *weiß* kursiv, um im Kontext von Rassismus die privilegierende Bedeutung der Bezeichnung zu betonen (Eggers et al. 2005: 13).

tung ist ihre Untersuchung eines Gerichtsprozesses, in dem Schwarze Frauen ein Unternehmen wegen dessen diskriminierender Einstellungspolitik verklagt hatten – und verloren. Crenshaw führt das Urteil des Gerichts darauf zurück, dass die US-amerikanischen Antidiskriminierungsgesetze ausschließlich für Schwarze Männer und weiße Frauen entworfen wurden – und das Unternehmen sich deswegen darauf zurückziehen konnte, dass es durchaus (*weiße*) Frauen und Schwarze (Männer) einstelle (1989: 150). Mit der Metapher der *intersection*, an der sich verschiedene Herrschaftsverhältnisse kreuzen, versucht Crenshaw dementsprechend, die besondere Subjektposition Schwarzer Frauen und den Zusammenhang der Kategorien „*race*" und „*gender*" zu benennen.

Schon in dieser kurzen Einführung in die Intersektionalitätstheorie wird deutlich, dass jene nicht ohne die Kämpfe gegen gesellschaftliche Ausgrenzungen denkbar ist, die ihr vorausgingen. Gleichzeitig ist zu beachten, dass sowohl die Kämpfe als auch die Ausgrenzungen und Herrschaftsverhältnisse bewusst im Plural genannt werden, um ihre Wechselwirkungen in den Blick nehmen zu können, aber auch um nach möglichen politischen Bündnissen zu fragen. Im Hinblick auf den Untersuchungsgegenstand meiner Arbeit lässt sich feststellen, dass auch hier Herrschaft und Unterdrückung eine zentrale Rolle spielen. Damit ist nicht nur die Entstehung von Rap in den 1970er Jahren in New York im Kontext von wohnräumlicher Segregation, Armut und Rassismus gemeint (Rose 1994: 27 ff.). Bestimmte Inhalte wie erlebte gesellschaftliche Ausgrenzung als auch Mechanismen wie die Bearbeitung dieser Ausgrenzung mit Hilfe von Männlichkeit, Sexismus und Homophobie finden sich in Rap-Songs bis heute (Goßmann/ Seeliger 2015: 303 ff.). Gleichzeitig stellt meine Untersuchung keinen Selbstzweck dar, sondern steht im Kontext polarisierender Debatten um den Israel-Palästina-Konflikt in westeuropäischen Einwanderungsgesellschaften, die nicht fähig scheinen, die vielfachen Perspektiven auf das Thema zu begreifen – geschweige denn zusammenzudenken (Bunzl/Senfft 2008; Rabinovici/Speck/ Sznaider 2004). Es erscheint mir deswegen sowohl in wissen-schaftlicher als auch in politischer Hinsicht sinnvoll, in meiner Untersuchung auf die Intersektionalitätstheorie aufzubauen. Ich lege meinen Fokus hierbei auf Klasse, Männlichkeit, (antimuslimischen) Rassismus und Antisemitismus.[3]

---

3   Eine Erläuterung der Begriffe und Darlegung ihrer Relevanz für Rap ist mir an dieser Stelle aus Platzgründen nicht möglich. Bei Interesse stelle ich gerne meine Masterarbeit zu Verfügung (Kontakt: maltegossmann@googlemail.com).

RAP UND DER ISRAEL-PALÄSTINA-KONFLIKT

Angesichts der großen medialen Aufmerksamkeit für Gangsta-Rap ist es nicht verwunderlich, dass sich öffentliche Kontroversen um Antisemitismus oder die Verarbeitung des Israel-Palästina-Konflikts im Rap meist um Gangsta-Rap oder verwandte Subgenres wie *Battle-Rap* oder *Straßen-Rap* drehen, wobei sich hier auch die meisten Songs und Verweise zum Thema finden lassen. Erste Anfänge einer Debatte zum Thema finden sich 2002 im Buch *Fear of a Kanak Planet*, in dem sich die beiden ehemaligen Rapper Murat Güngör und Hannes Loh kritisch mit dem damaligen Aufkommen des Battle-Rap auseinandersetzen. Sie weisen hier auch auf Textzeilen wie „ich schick deine Kinder ins KZ" hin, die sie als „Nazi-Metaphern" (2002: 315) zwar im Kontext des Wettbewerbs verorten, aber gleichzeitig als ein Einfallstor für offenen Antisemitismus problematisieren.

Ungleich drastischer wirkte jedoch der Song *Die Herausforderung* von *Bözemann* im Jahr 2007, der sich gegen den Berliner Rapper Massiv richtete. Massiv hatte sich kurz zuvor als Gangsta-Rapper mit seinen Bezügen auf Palästina als den Herkunftsort seiner Großeltern sowie auf den Islam einen Namen innerhalb der Rap-Szene gemacht. In *Die Herausforderung* bezeichnet sich Bözemann selbst als „Albaner", der „an der Front" war, als die „NATO gebombt [hat]", nennt Massiv „Gaza-Schwuchtel" und beerdigt ihn im dazugehörigen Musik-Video – mit einem Davidstern auf seinem Grab. Nach einem medialen Aufschrei und Ermittlungen wegen Volksverhetzung veröffentlichte Bözemann eine Stellungnahme, in der er zunächst auf eigene rassistische Ausgrenzungserfahrungen in Deutschland hinwies und dann versicherte, dass die Verwendung des Davidsterns nicht antisemitisch gemeint gewesen sei, sondern im Gegenteil Massivs antijüdische Textzeilen und Terrorismusbezüge entlarven sollte (rap.de 28.11.2008). Massiv selbst reiste 2008 im Rahmen der *European Palestinian Hiphop Tour* durch das Westjordanland und spielte dort mehrere Konzerte (taz 21.11.2008). Die Förderung von Massivs Tour durch das Goethe-Institut wurde derweil in Deutschland wegen dessen gewaltverherrlichender Texte medial skandalisiert (ebd.).

Ähnlich wie zwei Jahre zuvor Bözemann sorgte der Berliner Rapper *Kaisa* 2010 in einem Interview mit dem Online-Magazin *rap.de* für einen öffentlichen Eklat, weil er das Ausmaß des Holocausts anzweifelte und die behaupteten Fehlinformationen in eine Verbindung mit vermeintlichen Unklarheiten bei den Terroranschlägen auf das World Trade Center brachte (mut-gegen-rechte-gewalt. de 15.03.2010). Ausgangspunkt waren zwei Zeilen aus seinem Song *Endlich Klartext* gewesen, in dem er in einem Rundumschlag voller Gewaltfantasien, die sich unter anderem gegen Schwule richteten, auch behauptete: „Sechs Millionen

Juden tot – keiner denkt an Afrika! Was ist dieses Israel? Ich kenn nur Palästina". Kaisa äußerte im Anschluss in einer Stellungnahme Verständnis für die Empörung, bezeichnete seine Antworten im Interview als unpassend und entschuldigte sich für die Relativierung des Holocausts (rap.de 22.03.2010). Gleichzeitig wies er auf ein Ungleichverhältnis zwischen der Empörung gegenüber einer Holocaustleugnung und Leugnungen von beispielsweise der Sklaverei oder eines palästinensischen Leidens hin, wobei er hier auch die Bedeutung „einer entsprechenden Lobby" (ebd.) hervorhob.

Als im April 2012 *Die Welt* schließlich konstatierte: „Der deutschsprachige Rap hat ein Antisemitismus-Problem", bezog sie sich damit allerdings wiederum auf neuere Entwicklungen. Anlass waren hier der steigende Bekanntheitsgrad von Haftbefehl, der zuvor festgestellt hatte, „viele reiche Börsianer sind nun mal einfach Juden" (juice.de 15.12.2010), sowie der Erfolg seiner Kollegen Ćelo & Abdï, die sich unter anderem deutlich gegen Israel und Zionismus ausgesprochen und in ihren Texten positiv auf den islamistischen Selbstmordattentäter Mohammed Atta bezogen hatten. Im November 2012 tauchte Rap in einem ähnlichen Zusammenhang in der Öffentlichkeit auf: *Bushido*, kommerziell erfolgreichster Rapper Deutschlands und darüber hinaus Gewinner eines Bambis in der Kategorie „Integration", hatte im sozialen Netzwerk Twitter als Profilbild eine Nahost-Karte in palästinensischen Nationalfarben hochgeladen – und Israel war darauf nicht zu sehen (sueddeutsche.de 11.01.2013). Während die israelische Botschaft belustigt reagierte, wurde dem Rapper von deutschen Politiker_innen vorgeworfen, das Existenzrecht Israels in Frage zu stellen und Hass zu sähen (spiegel.de 14.01.2013). Grundsätzlich gibt es neben den hier genannten Beispielen noch zahlreiche Songs, die teilweise oder vollständig vom Israel-Palästina-Konflikt handeln sowie in der Regel anti-israelisch sind und ein „Free Palestine" im Namen tragen.[4] Allerdings stoßen diese, verglichen mit anderen Veröffentlichungen, auf wenig öffentliche Resonanz.

Der Berliner Journalist, HipHop-Aktivist und frühere Label-Chef Marcus Staiger verweist in einem Artikel im Musikmagazin Spex (11.07.2012), der die zu diesem Zeitpunkt vermutlich ausführlichste Auseinandersetzung mit Antisemitismus im deutschsprachigen Rap darstellt, auf diverse Beispiele für israel- bis judenfeindliche Äußerungen in Songs, Interviews oder persönlichen Gesprächen. Auch wenn er diese Äußerungen in einem Kontext von tatsächlicher biografischer Betroffenheit durch den Konflikt und der Inszenierung einer „panarabisch-muslimische[n] Solidarität" durch „die arabische Welt" sieht, warnt Staiger da-

---

4   Die einzigen mir bekannten deutschsprachigen pro-israelischen Songs zum Thema sind *Sommerlüge* von *DangerDan* und *Frieden ohne Freiheit* von *Roni 87*.

vor, dass sich durch das Spiel mit anti-israelischen und antisemitischen Verweisen in der Rap-Szene in Deutschland schließlich eine grundsätzlich antisemitische Einstellung durchsetzen könnte.

Es überrascht wenig, dass es im Rap selbst seitdem vor allem Staiger gewesen ist, der Diskussionen um die Verarbeitung des Israel-Palästina-Konflikts im Rap ausgelöst hat. So warf er zum Beispiel den Rappern *Fard & Snaga* vor, in ihrem im März 2014 veröffentlichten Musik-Video *Contraband* Islamismus zu verherrlichen und antisemitische Stereotype zu bedienen (staiger.tumblr.com 11.04.2014). *Kollegah*, zur Zeit einer der berühmtesten Rapper Deutschlands, verteidigte die beiden Rapper und kritisierte, man könne „heute noch nicht mal das Wort ‚Jude' verwenden, ohne als Antisemit dargestellt zu werden, noch nicht mal das Wort ‚Israel'" (hiphop.de 05.04.2014).

Während des Gaza-Kriegs im Juli und August 2014 erschienen gleich mehrere Songs, in denen sich Rapper klar pro-palästinensisch positionierten. Der bekannteste unter ihnen kam wieder einmal von Massiv, der seinen Song *Palästina* von 2008 neu unter dem Titel *Palestine* mit einem Musik-Video auf YouTube veröffentlichte. Im Video sind bekannte Rapper wie *Farid Bang*, *KC Rebell* oder *Ćelo & Abdï* mit einem Blatt Papier beziehungsweise einem Geldschein zu sehen, auf das/den „Free Palestine" geschrieben steht. Des Weiteren riefen bekannte Rapper wie Bushido über Facebook dazu auf, sich an Demonstrationen „gegen den Krieg und Rassismus in Palästina" zu beteiligen, oder forderten wie *Kay One* ihre Fans auf, „für Palästina" zu spenden. Seitdem die öffentliche Aufmerksamkeit für den Konflikt wieder stark gesunken ist, spielt er im deutschsprachigen Rap allerdings eine eher geringe Rolle. Auffallend waren zum einen Haftbefehl, der im Oktober 2014 seinen „moslemischen als auch jüdischen Brüdern und Schwestern" zum islamischen Opferfest sowie zum Jom Kippur Glückwünsche aussprach und sich im Zuge seines einen Monat später erschienen Albums *Russisch Roulette* wiederholt öffentlich vom Antisemitismus distanzierte.[5] Zum anderen äußerte sich wiederholt Massiv, der über seinen Facebook-Account im Sommer 2015 Falschmeldungen über Israel bis hin zu antisemitischen Verschwörungstheorien teilte.[6]

---

5 Wie glaubhaft letztlich Haftbefehls Distanzierungen sind, die oft auch einer gewissen Ambivalenz nicht entbehren, kann an dieser Stelle nicht ausführlich diskutiert werden (u.a. welt.de 24.11.2014). Was unabhängig von der Glaubwürdigkeit jedoch vorerst sichtbar bleibt, ist eine öffentlichkeitswirksame Abgrenzung vom Antisemitismus.

6 Beispiele hierfür sind das Posting, dass der jüdisch-israelische Attentäter Mordechai Majer, der Anfang August 2015 ein palästinensisches Kind getötet haben soll, nur sechs Monate Freiheitsstrafe erhalten habe, sowie die Behauptung, dass angeblich

Insgesamt lässt sich festhalten, dass der Israel-Palästina-Konflikt im deutschsprachigen Rap – welcher immerhin schon Anfang der 1990er Jahre entwickelt wurde – lange Zeit kaum eine Rolle spielte. Erst mit dem Aufkommen von Battle-Rap Ende der 1990er Jahre wurden vereinzelt Nazi-Metaphern verwendet, die zwar unter anderem den Holocaust verharmlosten, aber sich nicht auf den Israel-Palästina-Konflikt bezogen. Jedoch können sie als eine wichtige Grundlage für aktuelle Bezüge im Gangsta-Rap wie „der Irani und der Arabi haben Hausverbot in Tel Aviv, Bombengürtel, Zelame" (Massiv und *Sinan G* in *Hausverbot in Tel Aviv*, 2015) gesehen werden, die weniger einer Auseinandersetzung mit dem Konflikt als vielmehr der eigenen Inszenierung dienen. Anders als noch vor zehn Jahren ist heute eine offene pro-palästinensische und anti-israelische Haltung im deutschsprachigen Rap keine Ausnahme mehr – teilweise gehen damit offene antisemitische Aussagen durch Artists einher.

BEISPIEL 1:
ĆELO & ABDÏ FEAT. HAFTBEFEHL – PARALLELEN

„Eine Welt, zwei Parallelen – ich will Para seh'n"

Das Rap-Duo Ćelo & Abdï aus Frankfurt am Main wurde 2010 durch ihr Mixtape *Mietwagentape* bekannt. Der Künstlername Ćelo heißt auf Bosnisch Glatzkopf, Abdï ist die Abkürzung für dessen Vornamen Abderrahim. Sie erzählen in ihren Songs über ihr Leben auf den Straßen von Frankfurt am Main und mischen ihre deutschen Texte mit Wörtern und Sätzen aus dem Arabischen, Französischen und Bosnischen, aber auch anderen Sprachen. Wenn auch Männlichkeitskult, Gewaltverherrlichung und Sexismus in ihrer Selbstinszenierung eine große Rolle spielen, scheint die mal glorifizierende, mal ironische Beschreibung des Lebens als Kleinkrimineller am Rande der Gesellschaft an erster Stelle zu stehen.

In den Songs von Ćelo & Abdï finden sich, wenn auch fragmentarisch, positive Bezüge auf Palästina und Islamismus sowie Abwertungen von Israel und den USA durch Textzeilen wie „der Rest ist fehl am Ort wie Semitismus im Block von Feyenoord"[7] (Wettskandal 2010).[8]

    4.000 Israelis am 11.09.2001 nicht zur Arbeit im World Trade Center erschienen seien.

7 Ćelo bezieht sich hier auf das antisemitische Verhalten, mit dem viele Fußball-Fans in den Niederlanden Ajax Amsterdam angreifen – etwa durch Sprechchöre wie „Hamas,

Zudem wurden Ćelo & Abdï wegen der Abkürzung „HJ" ihres Debutalbums *Hinterhofjargon* von 2012 vorgeworfen, eine „antiimperialistische Symbolik mit Nazi-Koketterien" zu verbinden (welt.de 16.04.2012). Zu den Vorwürfen des Antisemitismus sagte Ćelo:

„Ich selbst komme aus Bosnien, einem Land, in dem viele Kulturen aufeinander treffen. Ich bin Moslem, in meiner Familie gibt es Christen und auch Juden. Sarajevo ist das Jerusalem Europas. Die Vorwürfe haben keine Grundlage." (zit. n. vice 2012)

Haftbefehl aus Offenbach am Main, der Ćelo & Abdï nach dem Release von *Mietwagentape* zu seinem Label *Azzlack* holte, prägte mit Alben wie *Azzlack Stereotyp* oder *Kanackiş* maßgeblich den deutschsprachigen Gangsta-Rap der letzten Jahre. Die Geschichte seines Künstlernamens, die inzwischen in zahlreichen Artikeln und Interviews wiederholt wurde, liest sich wie folgt: Nachdem er mit 15 Jahren die Schule abgebrochen und einige Zeit im Jugendarrest verbracht hatte, wurde 2006 ein Haftbefehl wegen Betruges gegen ihn ausgestellt. Er floh zunächst in die Türkei, wo er anfing, Musik zu machen. Dank einer Ausbildung, die er später wieder abbrach, hatte er die Möglichkeit ohne Verhaftung zurück nach Deutschland zu kommen. Nach eigener Aussage war in der Türkei der Haftbefehl das einzige, was ihm von Deutschland blieb, weshalb er sich damals den Künstlernamen „Haftbefehl" zulegte (laut.de o.D. a). Dass Haftbefehl dabei seinen Namen mit einem harten „H" spricht, ist typisch für seinen Sprachstil, der auch im deutschen Feuilleton positiv diskutiert wird (u.a. faz.de 30.04.2013; sueddeutsche.de 23.12.2012). Er selbst bezeichnet ihn als *Kanackiş* (thuglifeclothing.com 30.12.2011). Ähnlich wie auch Ćelo & Abdï benutzt und mischt Haftbefehl viele Wörter aus diversen Sprachen, die in Deutschland gesprochen werden, und setzt bewusst eine ‚kanackişe' Aussprache ein, die als Gegensatz zum Hochdeutschen auch einen Teil seiner Identitätskonstruktion darstellt. Von

---

Hamas, Juden ins Gas". Ajax Amsterdam gilt als jüdischer Fußballverein, was zum einen mit der tatsächlich prägenden Rolle von Juden in der Geschichte des Vereins zusammenhängt und sich zum anderen durch Fan-Kultur und Fan-Konflikte verselbstständigte. Daran beteiligten sich auch Fans von Feyenoord Rotterdam mit zum Beispiel dem Zeigen vom Hitlergruß im Stadion beim Spiel gegen Ajax Amsterdam (11Freunde 15.05.2011).

8 Hierbei kommt es auch durchaus zu widersprüchlichen Zeilen, wenn im Song *MVP* auf *Mietwagentape* gesagt wird „weil ich on stage bomb' wie Tel Aviv" (eigene Aufwertung durch positiven Bezug auf die militärische Stärke Israels) und auf *Para* gerappt wird „[wir] marschieren wie die HJ" (eigene Aufwertung durch positiven Bezug auf das militärische Auftreten der Hitlerjugend).

zentraler Bedeutung ist hierfür die Selbstbezeichnung *Azzlack*, die laut Haftbefehl für „asozialer Kanake" (zit. n. hhnoise.de 01.2011) steht. Azzlacks sind für ihn überwiegend Menschen mit Migrationshintergrund, aber nicht ausschließlich: Entscheidender ist die Klassenlage, die geteilte Ablehnung eines geregelten bürgerlichen Lebens sowie das individuelle Streben nach Reichtum.[9] Gleichzeitig handelt es sich bei der Welt der Azzlacks um einen männlichen Raum, in dem Frauen vor allem als sexualisierte Statussymbole vorkommen.

Zum Vorwurf, in dem Song *Psst* mit der Zeile „[ich] ticke Kokain an die Juden von der Börse" antisemitische Stereotype zu bedienen, reagierte Haftbefehl ähnlich wie Ćelo:

„Ich habe damals Kokain an Juden verkauft, die an der Börse spekuliert haben. Ist es schlimm, das zu sagen? Es war einfach so, daran kann ich doch nichts ändern! Und deswegen habe ich doch nichts gegen Juden! Ich habe viele jüdische Freunde. Die Leute verstehen das falsch. Ich bin selber Kurde, wir werden heute noch verfolgt, da wird mir doch nicht einfallen, etwas gegen Juden zu haben." (zit. n. faz.de 30.04.2013)

In dem älteren Song *Mama, reich mir deine Hand* (2008) wird Haftbefehl allerdings deutlicher, wenn er rappt: „geb' George Bush 'nen Kopfschuss und verfluche das Judentum (…) ihr wollt nur Waffen verkaufen und die Taschen voll mit Kies". Ausführlicher setzt er sich mit dem Israel-Palästina-Konflikt in dem nachdenklichen *Free Palestine* von 2010 auseinander, in dem er „stopp den Krieg – boycott Israel" fordert, allerdings auch feststellt: „Juden führen einen Krieg gegen Moslems – aber umgekehrt auch".

Der Song *Parallelen* war die dritte Single-Auskopplung vom Album *Hinterhofjargon* von Ćelo & Abdï. Er wurde zusammen mit Haftbefehl aufgenommen und erschien samt dem Musik-Video im Mai 2012 auf YouTube, wo er bis August 2015 fast zehn Millionen Mal angeschaut wurde und damit einen der bekanntesten Songs der Artists darstellt. Text und Video stellen eine Parodie auf die Debatten um vermeintliche *Parallelgesellschaften*[10] dar, indem – ausgehend

---

9   Ich danke an dieser Stelle Sabina Bilalović für ihre Hinweise zur Bedeutung der Selbstbezeichnung Azzlack.

10 Nach Bukow et al. stellt die Skandalisierung angeblicher migrantischer Parallelgesellschaften eine bürgerlich-nationale Abgrenzung „gegenüber dem Rest der Welt" (2007: 16) dar sowie eine Verteidigung von Privilegien. Die initiierten Debatten sind hierbei nicht neu, sondern wurden beispielsweise schon im Deutschland der 1920er Jahre geführt. Sie zeichnen sich unter anderem durch eine Leugnung struktureller rassistischer Diskriminierung hinsichtlich des Aufenthaltsstatus oder des Bildungssystems aus und vermischen sich mit räumlicher Segregation in Städten. Antimuslimischer Rassismus

von der Lebensrealität der Artists und gerichtet an jene, die diese teilen – bruchstückhaft aufgezeigt wird, was für widersprüchliche Ereignisse parallel zueinander auf der Welt stattfinden. Der Israel-Palästina-Konflikt steht hier nicht an zentraler Stelle, aber taucht immer wieder durch Verweise im Text oder im Video auf, womit der Song in seiner fragmentarischen Art typisch für Ćelo & Abdï und Haftbefehl ist.

Globale Metapher für die eigene Situation

Für den Song *Parallelen* von Ćelo, Abdï und Haftbefehl halte ich drei zentrale Identitätskonstruktionen fest: *der Azzlack*[11], *die Unterdrückten* und *die Mächtigen* der Welt. Im Folgenden betrachte ich ihre Wechselwirkungen mit (antimuslimisch) rassistischen Debatten, ökonomischer Ausgrenzung, Aspekten des Antisemitismus und marginalisierter Männlichkeit. Wie ich aufzeigen werde, funktioniert vor diesem Hintergrund die Verarbeitung des Israel-Palästina-Konflikts als Teil einer globalen Metapher für die im nationalen Kontext erlebte Unterdrückung und den Kampf um den individuellen ökonomischen Aufstieg.

In der binären Weltsicht der *Azzlacks* wird in *Parallelen* Palästina den *Unterdrückten* und Israel den *Mächtigen* der Erde zugeordnet. Ohne dass es explizit gemacht wird, verschwimmt das Symbol „Israel" vor dem Hintergrund der Azzlack-Identität und der erlebten Ausgrenzung in Deutschland mit dem ‚Oben' aus (all-)mächtigen Politikern, Polizei und Eliten, die für Unterdrückung und Elend verantwortlich gemacht werden. Währenddessen vermischt sich Palästina mit der Rebellion des Azzlacks als Einzelkämpfer, der sich – wenn es sein muss, rücksichtslos und egoistisch – gegen seine Unterdrückung wehrt. Text und Video präsentieren eine auf den ersten Blick diffuse Mischung aus einer Darstellung von Scharon und Bush als „Lügner" und „Führer", aggressiver Gestik und Kufiya-Vermummung[12], positivem Bezug auf Selbstmordattentate und einer Palästina-Fahne sowie der Andeutung eines Genozids in Palästina und einer Verschwörung der *Illuminaten*. Dieser Mix bietet, nicht zuletzt vor dem Hintergrund

---

verortet ‚den Islam', etwa in Form von männlich-religiöser Herrschaft über Frauen, häufig in ebenjenen angeblichen Parallelgesellschaften (ebd. 23).

11 Ich schreibe *Azzlack* hier bewusst im Singular, da bei dieser Identitätskonstruktion letztendlich der individuelle Erfolg im Mittelpunkt steht, wie ich weiter unten aufzeigen werde.

12 Im Deutschen wird anstatt *Kufiya* auch oft die Bezeichnung *Palituch* (*Palästinensertuch*) verwendet.

von weiteren Äußerungen in Interviews und Songs, Anschlussmöglichkeiten[13] für Antisemitismus, ohne dass Jüdischsein auch nur einmal benannt werden muss: etwa die Darstellung von Israel als das Übel der Welt, die Verherrlichung islamistischer Anschläge, die Unterstellung eines systematischen Völkermords an den Palästinenser_innen durch den „Führer" Scharon oder der Hinweis auf eine angebliche Weltverschwörung, unter der insbesondere muslimische Menschen zu leiden hätten.

Allerdings liegt der Schwerpunkt des Songs auf der Thematisierung von antimuslimisch rassistischen Debatten und einer benachteiligten Klassenposition. In Text und Video kommen vielfältige Ausgrenzungen zur Sprache und zeichnen die Konturen einer Perspektive auf Israel und Palästina, die die Vorstellung einer Leitperspektive[14] auf den Konflikt ad absurdum führt. Die Missachtung von Antisemitismus und die bloße Verortung von Israel auf der Seite „der Mächtigen" führen im Song *Parallelen* demnach zu Anschlussmöglichkeiten für Antisemitismus. Gleichzeitig würde eine reine Fokussierung auf ebenjene Punkte aber (antimuslimischen) Rassismus und Ausgrenzung nach Klasse als Kontext einer Form der Verarbeitung des Konflikts negieren. Zudem sollte das Klassenbewusstsein der Azzlacks, das Platz für unterschiedliche ethnische Bezüge lässt, und der eng damit zusammenhängende spielerische Umgang mit verschiedenen Sprachen nicht übersehen werden. Hier scheint der kreative Ort zu liegen, von dem aus sich – vermutlich eher praktisch als theoretisch – Wege ergeben können, die Jüdischsein miteinschließen.

Die Frage, wie die Verarbeitung des Israel-Palästina-Konflikts im Song *Parallelen* nun zu deuten ist, lässt sich zwar an dieser Stelle nicht abschließend beantworten, sondern hängt vom Kontext der Rezipient_innen ab. Nicht zuletzt die große Bedeutung von Männlichkeit auf der Identitätsebene erschwert jedoch eine differenzierte Auseinandersetzung mit dem Konflikt, da Durchsetzungskraft, Provokation und Selbstgerechtigkeit ein zentraler Bestandteil der Azzlack-Identität sind. Gleichzeitig bleibt die Positionierung zum tatsächlichen Konflikt damit aber auch an der Oberfläche, weil sie vor allem dem Zweck der Selbstinszenierung dient und der Konflikt eine Folie für die Positionierung zur eigenen

---

13 Ich spreche bewusst von *Anschlussmöglichkeiten*, um die Offenheit und Tendenz dieser Momente gleichzeitig zu betonen (Ullrich 2008: 38).

14 Ich wähle den Begriff „Leitperspektive" in Anlehnung an die Debatte um eine ‚deutsche Leitkultur', die im Jahr 2000 durch Friedrich Merz, zu dieser Zeit Fraktionsvorsitzender der CDU, ausgelöst wurde. Er sprach in einer Bundestagsrede von einer „gewachsenen, freiheitlichen deutschen Leitkultur", an die sich „Zuwanderer" (zit. n. bpb.de 15.07.2010) anpassen müssten.

Unterdrückung darstellt. Sollte die Positionierung zum Konflikt sich also als ein Hindernis für den ökonomischen Aufstieg und das Erlangen von Prestige darstellen, würde es – so scheint es – nicht sonderlich schwerfallen, auf sie zu verzichten. Der Israel-Palästina-Konflikt wäre hier folglich weniger eine reale Auseinandersetzung, die thematisiert wird, sondern mehr eine wirkungsvolle Metapher für die eigene Unterdrückung und den Kampf dagegen, die wie alle Metaphern im Rap zwar ihre Geschichte hat, aber letztendlich an Bedeutung verlieren kann, sobald es eine wirkungsmächtigere gibt. Denn die Feststellung „Eine Welt, zwei Parallelen – ich will Para seh'n" stellt in erster Linie eine Resignation vor den Verhältnissen dar sowie den individuellen Versuch, sich in ihnen zurechtzufinden, so gut es eben geht.

BEISPIEL 2:
MASSIV – FREEDOM

„Hört denn keiner unsere lauten Hilferufe?"

Massiv wurde in einer Kleinstadt in Rheinland-Pfalz geboren. Als junger Mann ohne Schulabschluss überzeugte er seine Eltern, mit ihm nach Berlin zu ziehen, damit er dort Geld mit seiner Musik verdienen konnte (laut.de o.D. b). 2006 kam es zu den ersten Veröffentlichungen – unter anderem seinem ersten Hit *Ghettolied* – und wenig später zu einem Vertrag mit dem Major-Label *Sony BMG*, das ihn als deutsche Version des US-Rap-Stars *50 Cent* aufbauen wollte (ebd.). Gleichzeitig gründete Massiv sein eigenes Label *Al Massiva*, das er auch nach der Trennung von Sony BMG 2009 weiterhin betrieb (ebd.). Ein Merkmal, das ihn von anderen Rappern zum Anfang seiner Rap-Laufbahn unterschied, war der starke Bezug auf Palästina als das Herkunftsland seiner Großeltern – seine Eltern waren aus einem Flüchtlingslager im Libanon nach Deutschland geflohen. Textzeilen wie „ich bin der PLO-Sunnite (...) der mit Katjuschas eure Gegend zerschmettert" (*Al Massiva* 2007) oder „ich bin der aus Falastin, ich esse immer noch Falafel" (*Nackenklatscher* 2011) – im Musik-Video vorgetragen mit Kufiya auf dem Kopf oder vor dem Gesicht – sind immer noch typisch für Massiv, auch wenn er damit vermutlich inzwischen im deutschsprachigen Rap nicht mehr auffällt. Darüber hinaus veröffentlichte er über die Jahre insgesamt drei Songs, in denen es weniger um Israel geht, sondern vor allem um die Darstellung eines palästinensischen Leidens: *Mein Heimatland* (2007), *Palastine* (2008) und *Freedom* (2009). Die oben erwähnte Konzert-Tour durch das Westjordanland war gleichzeitig seine erste Reise in die palästinensischen Autonomiegebiete.

Massiv hat in seiner Rap-Laufbahn immer wieder die Öffentlichkeit polarisiert, wobei er selbst oft eine eher tragische als souveräne Rolle spielte. So kam es zu Beginn seiner Karriere mehrfach zu Auseinandersetzungen mit anderen Rappern in Form von Diss-Tracks, aber auch zu körperlicher Gewalt – beispielsweise wurde im Jahr 2008 auf offener Straße auf ihn geschossen (taz.de 16.01.2008). Die Konflikte führten für ihn, der sich selbst als „Prototyp Kanacke" bezeichnet, auch zu einer Bewährungsstrafe wegen gefährlicher Körperverletzung (rap.de 23.04.2009). Während ihm in der Rap-Szene zum Teil Ausverkauf und Verrat vorgeworfen wurde, skandalisierten Politiker_innen oder Journalist_innen Massivs Musik wiederholt als gewaltverherrlichend (u.a. welt.de 23.07.2007).

Der Song *Freedom* wurde im Januar 2009 als kostenloser Download auf der Homepage von Massiv und auf YouTube über Al Massiva veröffentlicht. Er hat bis August 2015 über 500.000 Klicks erreicht. Massiv schrieb den Text nach seiner Konzert-Tour durch das Westjordanland 2008 und veröffentlichte ihn nur ein paar Tage nach dem Ende von Israels Militäroperation *Gegossenes Blei*. *Freedom* war zum Zeitpunkt der Untersuchung sein bekanntester Song zum Israel-Palästina-Konflikt und vermutlich durch die vorherigen Erfahrungen bei der Reise durch das Westjordanland auch sein bedeutendster. Vereinzelte Textzeilen zum Thema aus anderen Songs wie etwa „ich bin der PLO-Sunnite (…) der mit Katjuschas eure Gegend zerschmettert" sollen lediglich für die Kontextualisierung von *Freedom* verwendet werden, um neben *Parallelen* von Ćelo, Abdï und Haftbefehl auch einen Song zu untersuchen, der sich vollständig dem Israel-Palästina-Konflikt widmet.

Gefangen zwischen Ignoranz und Hilflosigkeit

Für den Song *Freedom* von Massiv halte ich drei zentrale Identitätskonstruktionen fest: *der Mahner, die Leidenden innerhalb Palästinas* und *die Ignoranten außerhalb Palästinas*. Im Folgenden betrachte ich ihre Wechselwirkungen mit den Hinweisen aus dem Song auf antimuslimisch rassistische Repräsentationen von Palästinenser_innen und ihre strukturelle Unterdrückung. Es zeigt sich, dass Massiv bei der Verarbeitung des Israel-Palästina-Konflikts auf die im Rap gängige männliche Selbstinszenierung sowie auf die Konstruktion eines klaren Feindbildes verzichtet, um einer persönlichen Annäherung an das Thema Raum zu geben.

Die Verarbeitung des Israel-Palästina-Konflikts findet im Song *Freedom* auf eine für Rap untypische verletzliche Art und Weise statt. Massiv stellt sich stattdessen als mitfühlend und hilflos dar. Deutlich legt er seine Überforderung angesichts weinender Kinder „im TV" und „knapp sechzig Jahren harter Krieg" offen. Die Verwendung von zahlreichen Friedenssymbolen im Text unterstreicht hierbei nicht nur den Wunsch nach einer Besserung der Lage der Palästinenser_innen, sondern betont auch die eigene Ohnmacht, die der Konflikt auslöst. Israel oder Jüdischsein spielt in dieser Auseinandersetzung zwar keine Rolle – oder wird bewusst nicht thematisiert –, allerdings steckt in dem Satz „dieses Land ist heilig für die Moslems, Christen und die Juden" auch die Anerkennung einer komplexen Situation. Demnach wird Jüdischsein hier weder ‚den Leidenden' noch ‚den Ignoranten' zugeordnet, und gleichzeitig der religiös-jüdische Bezug zu Israel als ein Anspruch unter vielen respektiert.

Der Fokus des Songs liegt eindeutig auf Palästina, doch obwohl die Leidenden hier durchgehend als harmlose Opfer beschrieben werden und gleichzeitig auf strukturelle Ausgrenzung und eine antimuslimisch rassistische Repräsentation von ihnen als Islamisten hingewiesen wird, geht an sie auch ein Appell, sich zu ändern: „du musst lernen, deinen Feind zu lieben". Dieser Aufruf lässt sich sicherlich zum einen mit den vielfachen religiösen Bezügen im Song als Flucht in eine religiöse Phrase erklären, scheint sich aber zum anderen aus einem Pragmatismus heraus zu ergeben, der wiederum in der als ausweglos empfundenen Situation begründet liegt. Dies wird auch an Massivs Worten gleich zu Beginn seines Songs deutlich:

„Dieses Blutvergießen muss ein Ende haben. Ich geb's immer noch nicht auf und ich glaub' daran, dass sich irgendwann beide Parteien die Hände geben."

Wichtig ist hier in erster Linie nicht Gerechtigkeit oder gar ein Sieg, sondern Frieden. Dass Massiv als der Mahnende aus einer privilegierten Situation heraus – nämlich aus Deutschland – zu ‚den Leidenden' in Palästina spricht, macht das Dilemma seiner Botschaft offensichtlich. Denn einerseits verstehen ihn die seiner Ansicht nach Ignoranten außerhalb Palästinas nicht, wenn er rhetorisch fragt: „Was erleben wir im Gegensatz zu Menschen, die am Abgrund leben?". Andererseits kann er selbst aber als jemand, der ‚die Leidenden' innerhalb Palästinas besucht und vor Ort „die Städte bereist" hat, nur unverrichteter Dinge wieder nach Deutschland zurückgehen und verzweifelt feststellen: „Unser Volk verblutet, hört denn keiner unsre lauten Hilferufe?".

Interessanterweise gab sich Massiv in den Songs, die er vor seiner Konzert-Tour durch das Westjordanland aufnahm, deutlich aggressiver, konfrontativer und kämpferischer. Zwar enthalten auch *Heimatland* und *Palästina* nachdenkliche Zwischentöne, aber Sätze wie „[wir] kämpfen bis zum letzten Mann" (*Heimatland*) oder „das ist der ehrenvolle Tod, guck wie Allah dich in den Himmel ruft" (*Palästina*) ziehen eine deutliche Grenze zwischen ihnen und der Aussage von *Freedom*. Dadurch gibt der Song einen Einblick in eine persönliche Verarbeitung des Israel-Palästina-Konflikts und legt gewissermaßen die Gedankenwelt abseits von einem klaren Freund-Feind-Schema, das auch immer einer männlichen Selbstinszenierung zu dienen scheint, offen. Im Song *Freedom* von Massiv wird der Konflikt ohne männliche Selbstinszenierung verarbeitet, was eine persönliche Herangehensweise ermöglicht. Ergebnis ist ein offener Umgang mit der eigenen Hilflosigkeit und Überforderung angesichts der Rolle als *Mahner* zwischen dem empfundenen Leid in Palästina und der Ignoranz in Deutschland. Antimuslimischer Rassismus wird dabei nur am Rande angedeutet, die strukturelle Unterdrückung der palästinensischen Bevölkerung betont sowie ein jüdischer Anspruch auf Israel festgehalten, und die Menschen in Palästina werden trotz des erlebten Unrechts zur Versöhnung aufgefordert.

DISKUSSION

Der Song *Parallelen* von Ćelo, Abdï und Haftbefehl zeigt, dass durch Erfahrungen von Klassismus und (antimuslimischem) Rassismus im nationalen Kontext der Israel-Palästina-Konflikt als Metapher für die eigene Situation an Bedeutung gewinnen kann. Dies hängt mit mehreren Faktoren zusammen: Erstens fügt sich der Konflikt scheinbar widerspruchsfrei in eine Wahrnehmung der Gesellschaft als eines Raums mit klarer Machtverteilung zwischen oben und unten ein. Palästina wird hierbei der eigenen Situation – unten – zugeordnet. Damit stellt sich die Frage, zu welcher Seite im Konflikt sich zugehörig gefühlt wird, kaum noch, da ein Eintreten für Israel einer Verleugnung der eigenen Ausgrenzungserfahrungen gleichkäme. Dies umso mehr, da vermutlich die gesellschaftliche Stigmatisierung als muslimisch eine Empathie für das ebenfalls in erster Linie als muslimisch und unterdrückt wahrgenommene Palästina nahelegt.

Zweitens verstärkt der männliche Habitus im Rap, der nach dem Soziologen Michael Meuser mit seinem Hypermaskulinismus gleichzeitig eine marginalisierte Männlichkeit darstellt,[15] die widerspruchsfreie Deutung des Konflikts mit eindeutiger Verteilung von Gut und Böse. Eine selbstkritische Auseinandersetzung oder eine Solidarisierung mit Juden und Jüdinnen als Opfer von Antisemitismus würde hier ein Eingeständnis von Schwäche bedeuten – und damit die eigene Männlichkeit als wichtiges symbolisches Kapital in Frage stellen.

---

15 Meuser stellt hierzu fest, dass Männern, die in ihrem sozialen Geschlecht über eine habituelle Sicherheit verfügen, „Ausdrucksformen von Hypermaskulinität, wie sie in der Figur des Rambo oder des Macho symbolisiert sind, fremd [sind]" (Meuser 2006: 314). Demnach zeichnen sich Männlichkeiten im Rap oft durch eine hohe Unsicherheit aus.

Drittens eignet sich eine anti-israelische Haltung im Gangsta-Rap in Deutschland als Provokation der Öffentlichkeit. Ein Genre, das auf Skandale angewiesen ist und dafür vor allem auf Sexismus, Homophobie sowie auf rassistische Stereotype zurückgreift, muss in Deutschland, dem Land des Holocausts, den Konflikt auch als eine gute Möglichkeit sehen, um Aufmerksamkeit zu erregen. Die große Nähe zwischen dem deutschen Staat und Israel, aufbauend auf einer „besonderen und verpflichtenden Beziehung" (Ullrich 2008: 60), verleiht einer pro-palästinensischen Haltung in erster Linie nicht gegenüber Israel, sondern vor allem innerhalb der deutschen Gesellschaft ein rebellisches Image.[16] Außerdem fügen sich anti-israelische Positionierungen und das Angebot von Anschlussmöglichkeiten für Antisemitismus hier in eine Rassifizierung von Antisemitismus als muslimisches Problem ein (Attia 2009: 86 ff.). Damit wird ähnlich wie etwa bei der Selbstinszenierung vieler Gangsta-Rapper als ‚sexistischer Muslim' ein rassistischer Blick bedient sowie positiv umgedeutet und selbstbewusst abgewehrt.

Allerdings dient der Israel-Palästina-Konflikt im Gangsta-Rap auch als ein Instrument, welches einen bestimmten Zweck erfüllen soll – nämlich die Erregung von Aufmerksamkeit, die der potenziellen Anhäufung von ökonomischem Kapital dient. Die besondere Vorsicht des deutschen Staats aber auch von Teilen der Gesellschaft im Umgang mit Israel auf Grund der NS-Vergangenheit – nicht zu verwechseln mit Sensibilität und Auseinandersetzung – setzt der ‚positiven' Wirkung des Instruments dabei deutliche Grenzen. Die große Bedeutung von Gangsta-Rap in Deutschland als Rap-Genre, das die kapitalistische Vermarktung und den ökonomischen Aufstieg tendenziell über den Inhalt stellt, im Zusammenspiel mit dem deutschen historischen Kontext könnte demnach eine Erklärung dafür sein, dass der Konflikt hier im Vergleich mit Großbritannien oder Frankreich relativ wenig thematisiert wird, obwohl er sich ebenso als Metapher für die eigene Unterdrückung eignet und für viele Rapper auch durchaus von Bedeutung zu sein scheint.

Jedoch macht der Song *Freedom* von Massiv deutlich, dass es im Gangsta-Rap zu unterschiedlichen Auseinandersetzungen mit dem Israel-Palästina-Konflikt kommen *kann*. In der Musik von Massiv, der lange Zeit eine der zentralen Figuren des Gangsta-Rap in Deutschland darstellte, spielte der Bezug auf Paläs-

---

16 Gleichzeitig kann sich diese Haltung auch einer Bestätigung durch die deutsche Gesellschaft sicher sein. Laut einer 2015 veröffentlichten Studie der Bertelsmann-Stiftung haben 48 Prozent der Deutschen „eine schlechte Meinung über Israel" und über ein Drittel „setzen die israelische Politik gegenüber den Palästinensern mit dem Nationalsozialismus gleich" (bertelsmann-stiftung.de 26.01.2015).

tina von Anfang an eine große Rolle, während seine Selbstinszenierung als hart, kriminell und gesellschaftlicher Außenseiter derjenigen anderer Gangsta-Rapper ähnelte. Deswegen kann, auch wenn die Erfahrungen von Klassismus und (antimuslimischem) Rassismus im untersuchten Song nicht direkt thematisiert werden, davon ausgegangen werden, dass sie für den Rapper von großer Bedeutung sind und sich der Konflikt ebenso gut als Metapher der eigenen Situation eignet. Trotzdem ist die Herangehensweise in *Freedom* eine gänzlich andere als in *Parallelen*, weil sie erstens persönlich ist – dies hängt vermutlich allgemein mit der Fluchtgeschichte seiner Eltern und konkret mit seiner Tour durch das Westjordanland zusammen – und zweitens der männliche Habitus von Ćelo, Abdï und Haftbefehl nicht zum Einsatz kommt. Während die Ursache des Konflikts zwar unklar bleibt beziehungsweise einem anonymen Außen zugeordnet wird und unschuldige Kinder Palästina symbolisieren, führen die Empathie für das Leid (in Palästina) zum Ruf nach Frieden und Versöhnung.

Gleichzeitig deutet der offene Umgang mit der eigenen Hilflosigkeit an, inwiefern in *Freedom* das Gefühl seinen Ausdruck findet, in Deutschland als jemand, der aus eigener Erfahrung und durch seine Familiengeschichte um das Leid in Palästina weiß, mit seinem „Hilferuf" nicht ernstgenommen zu werden. Hiermit thematisiert *Freedom* erstens indirekt Rassismus als einen allgemeinen Kontext, in dem die Geschichte von Flucht und Migration in Deutschland verarbeitet wird. Zweitens wird antimuslimischer Rassismus als konkreter Kontext angesprochen, in dem in Deutschland ein Leben als Mann mit palästinensischem Migrationshintergrund und Muslim stattfindet. Dabei spielt vermutlich auch eine Rolle, dass es als schwierig empfunden wird, in Deutschland eine palästinensische Fluchtgeschichte zu erzählen, weil sie – im Land der NS-Täter_innen – den jüdischen Staat als Täter darstellt (Attia 2009: 81 ff.). Beide Punkte tauchen allerdings lediglich in einzelnen verstreuten Andeutungen auf, weswegen des Weiteren vermutet werden kann, dass zum einen das Wissen darum vorausgesetzt wird – das heißt, dass die eigene Situation vom Publikum weitgehend geteilt wird –, und zum anderen für eine direkte Benennung sowohl Analyse als auch Begriffe fehlen.

Es ist jedoch wichtig festzuhalten, dass sich die Rollen von Ćelo, Abdï und Haftbefehl auf der einen Seite und Massiv auf der anderen seit den Songs *Parallelen* und *Freedom* verändert zu haben scheinen. Während erstere anstatt mit zwei- bis eindeutigen Provokationen kaum noch mit Bezügen zum Israel-Palästina-Konflikt arbeiten, positioniert sich letzterer nicht mehr versöhnlich, sondern wieder zunehmend anti-israelischer und schreckt auch vor antisemitischen Verschwörungstheorien nicht zurück. Es kann an dieser Stelle allerdings nur spekuliert werden, ob bei Ćelo, Abdï und Haftbefehl inhaltliche Auseinandersetzungen oder öffentlicher Druck und fortschreitende Kommerzialisierung[17] ausschlaggebend waren, und ob Massiv mit populistischen anti-israelischen Statements um Aufmerksamkeit ringt oder doch die Wahrnehmung des Gaza-Kriegs 2014 in Deutschland prägend war und sich der zeitliche Abstand zu seiner Reise durch das Westjordanland bemerkbar macht.

FAZIT

Omar Kamil, Professor für Politik und Zeitgeschichte des Nahen Ostens in Erlangen, weist darauf hin, dass viele arabische Intellektuelle von einem Konkurrenzverhältnis zwischen dem arabischen Leid unter dem Kolonialismus und dem jüdischen Leid durch den Holocaust ausgehen (2004: 162). Laut Kamil verschob sich durch den Kolonialismus die Wahrnehmung jüdischer Menschen von marginalisierten Schwachen hin zu einem Teil der Kolonialmächte (ebd.: 175). Der Zionismus werde gemäß dieser Logik zu einer „Fortsetzung des europäischen Kolonialismus" (ebd.: 176).

Der Kulturwissenschaftler Matti Bunzl wiederum überträgt diese Projektionsthese auf die westeuropäischen Migrationsgesellschaften: Antisemitische Einstellungen und Verhaltensweisen marginalisierter Muslime in Europa führt er darauf zurück, dass diese das Judentum als Teil einer europäischen Hegemonie begreifen, die zum einen ihre eigene Ausgrenzung durch antimuslimischen Rassismus und zum anderen die Unterdrückung von Palästinenser_innen zu verantworten hat (2004: 65 f.). Der Unterschied zum Antisemitismus der extremen Rechten ist hier laut Bunzl, dass jüdische Menschen eben nicht als Fremde angegriffen würden, die nicht zu Europa gehören, sondern im Gegenteil als (vermeintlicher) Teil der ausgrenzenden Mehrheitsgesellschaft (ebd.: 65 f.).

Rap stellt wohl eines der wichtigsten Sprachrohre marginalisierter Muslime oder Migrant_innen aus dem Nahen Osten und der Türkei in Deutschland – beziehungsweise derer, die von der rassistischen Mehrheitsgesellschaft dafür gehalten werden – dar. Der Blick auf die Geschichte der Verarbeitung des Israel-Palästina-Konflikts im Rap sowie die genauere Betrachtung von zwei Beispielen aus dem Gangsta-Rap haben gezeigt, was die von Kamil und Bunzl ausgemachte

---

17 Dies betrifft vor allem Haftbefehl, der spätestens mit seinem neuen Album *Russisch Roulette* eine Publikumsgruppe hinzugewonnen hat, die sich – vereinfacht – als *Hipster* beschreiben lässt, und dessen Texte teilweise begeistert im deutschen Feuilleton diskutiert werden (vgl. u.a. welt.de vom 24.11.2014; zeit.de vom 27.11.2014).

Projektion von Antisemitismus und Rassismus im Zusammenspiel mit Männlichkeit und Klasse in der Praxis bedeuten kann.[18]

Ob diese Projektion im (Gangsta-)Rap in Zukunft weiter an Bedeutung gewinnt, hängt nicht nur davon ab, wie sich der Israel-Palästina-Konflikt *vor Ort* entwickelt. Wichtiger scheint zu sein, wie der Konflikt in Deutschland diskutiert wird und auch ob Rap gesamtgesellschaftlich als eine Möglichkeit dient, Antisemitismus zu einem Problem wahlweise ‚der Muslime' oder ‚der Unterschicht' zu erklären. Die Stigmatisierung von Rap könnte sich, je nach politischer Situation, noch verstärken, wie zuletzt die Debatte über einen angeblichen Zusammenhang zwischen Islamismus und Rap gezeigt hat (kritisch hierzu allgood.de 19.02.2015). Es ist allerdings auch entscheidend, ob sich *im* Rap selbstkritische Diskussionen entwickeln können. Hierfür wäre nicht nur Reflektion nötig, sondern auch, männlichem Wettbewerb, kapitalistischen Verwertungsmechanismen[19] oder auch der Vermarktungslogik sozialer Netzwerke wie Facebook zu widerstehen. Kein leichtes Unterfangen, aber sollte es gelingen, könnte Rap eine wesentliche Qualität wieder stärker entfalten: Die Fähigkeit, als „Sprachrohr der Straße" Zeitdiagnose und subversive Inhalte zu verknüpfen.

LITERATUR

Attia, Iman (2009): Die „westliche Kultur" und ihr Anderes. Zur Dekonstruktion von Orientalismus und antimuslimischem Rassismus. Bielefeld: transcript.

Böß, Raphael (2009): Step into a world! HipHop zwischen Marginalität und Mitte. Münster: Unrast.

Bunzl, John/Senfft, Alexandra (2008): Zwischen Antisemitismus und Islamophobie. Vorurteile und Projektionen in Europa und Nahost. Hamburg: VSA-Verlag.

Crenshaw, Kimberlé Williams (1989): „Demarginalizing the Intersection of Race and Sex: A Black Feminist Critique of Antidiscrimination Doctrine, Feminist Theory and Antirascist Politics". In: The University of Chicago Le-

---

18 Mit der Nutzung des Israel-Palästina-Konflikts als Projektionsfläche steht Rap selbstverständlich nicht alleine da, wie etwa Peter Ullrichs Untersuchung der Linken in Deutschland und Großbritannien (2008) oder diverse Studien zu Antisemitismus und Rassismus in Deutschland zeigen (u.a. Jäger/Jäger 2007).

19 Eine selbstkritische Diskussion steht sicherlich nicht per se im Widerspruch zu kapitalistischer Verwertungslogik, sondern kann auch Teil dieser werden. Allerdings funktioniert im Gangsta-Rap meiner Ansicht nach die Verwertung eben weitgehend darüber, dass rassistische Images und Stereotype möglichst direkt bedient werden.

gal Forum. Feminism in the Law: Theory, Practice and Criticism. S. 139-167.

Crenshaw, Kimberlé Williams (1991): Mapping the Margins: Intersectionality, Identity Politics, and Violence against Women of Color. Stanford Law Review 43, 6, S. 1241-1299.

Eggers, Maureen Maisha; Kilomba, Grada; Piesche, Peggy; Arndt, Susan (2009): Konzeptionelle Überlegungen. In: Dies. (Hg.): Mythen, Masken und Subjekte. Kritische Weißseinsforschung in Deutschland. Münster: Unrast. S. 11-13.

Goßmann, Malte (2012): „Witz schlägt Gewalt"? Männlichkeit in Rap-Texten von Bushido und K.I.Z.. In: Dietrich, Marc; Seeliger, Martin (Hg.): Deutscher Gangsta-Rap. Sozial- und kulturwissenschaftliche Beiträge zu einem Pop-Phänomen. Bielefeld: Transcript. S. 85-108.

Goßmann, Malte; Seeliger, Martin (2015): Männliche Strategien im deutschsprachigen Gangsta-Rap im Umgang mit weiblichem Empowerment. In: Heilmann, Andreas; Jähnert, Gabriele; Schnicke, Falko; Schönwetter, Charlotte; Vollhardt, Mascha (Hg.): Männlichkeit und Reproduktion. Wiesbaden: Springer VS. S. 291-308.

Jäger, Margarete; Jäger, Siegfried (2007): Deutungskämpfe. Theorie und Praxis Kritischer Diskursanalyse. Wiesbaden: VS Verlag für Sozialwissenschaften.

Lenz, Anne; Paetau, Laura (2012): „Nothin' but a B-Thang"? Von Gangsta-Rappern, Orthopäden und anderen Provokateuren. In: Dietrich, Marc; Seeliger, Martin (Hg.): Deutscher Gangsta-Rap. Sozial- und kulturwissenschaftliche Beiträge zu einem Pop-Phänomen. Bielefeld: Transcript. S. 109-164.

Loh, Hannes; Verlan, Sascha (2006): 25 Jahre HipHop in Deutschland. Höfen: Hannibal.

Menrath, Stefanie (2001): Represent what... Performativität von Identitäten im HipHop. Hamburg: Argument.

Meuser, Michael (2006): Geschlecht und Männlichkeit, Wiesbaden: VS Verlag für Sozialwissenschaften.

Rabinovici, Doron; Speck, Ulrich; Sznaider, Natan (2004): Neuer Antisemitismus? Eine globale Debatte. Frankfurt am Main: Suhrkamp.

Rose, Tricia (1994): Black Noise. Rap Music and Black Culture in Contemporary America. Hanover: Wesleyan University Press.

The Combahee River Collective (1982): A Black Feminist Statement. In: Hull, Gloria T.; Scott, Patricia Bell; Smith, Barbara (Hg.): All the Women are White, All the Blacks Are Men, but Some of Us Are Brave. Black Women Studies. Old Westbury/New York: The Feminist Press, S. 13-22.

Ullrich, Peter (2008): Die Linke, Israel und Palästina. Nahostdiskurse in Großbritannien und Deutschland. Berlin: Dietz.

Online-Dokumente

http://www.11freunde.de/artikel/zur-juedischen-symbolik-bei-ajax-amsterdam vom 15.05.2011.

http://allgood.de/meinung/kommentare/hiphop-und-islam-rap-dschihadisten/ vom 19.02.2015.

https://www.bertelsmann-stiftung.de/de/themen/aktuelle-meldungen/2015/januar/deutsche-blicken-skeptisch-auf-israel vom 26.01.2015.

http://www.bpb.de/politik/grundfragen/sprache-und-politik/42726/das-missglueckte-wort?p=all vom 15.07.2010.

http://www.faz.net/aktuell/feuilleton/debatten/integration/rapper-haftbefehl-im-interview-ihr-seid-nicht-mein-vater-12165115.html vom 30.04.2013.

http://www.faz.net/aktuell/feuilleton/pop/vorstellung-haftbefehls-neues-album-russisch-roulette-13280855-p3.html?printPagedArticle=true#pageIndex_3 vom 23.11.2014.

http://www.huffingtonpost.de/2014/07/24/bushido-massiv-gaza-konflikt_n_5617397.html vom 24.07.2014.

http://www.juice.de/features/haftbefehl vom 15.12.2010.

http://www.laut.de/Haftbefehl#infos o.D. a.

http://www.laut.de/Massiv o.D. b.

mut-gegen-rechte-gewalt.de vom 15.03.2010 vom 15.03.2010.

http://www.rap.de/news/3744 vom 28.11.2008.

http://www.rap.de/news/4029 vom 23.04.2009.

http://www.rap.de/news/4765 vom 22.03.2010.

http://www.spex.de/2012/07/11/keiner-will-was-gesagt-haben-antisemitismus-im-deutschen-rap/ vom 11.07.2012.

http://www.spiegel.de/kultur/gesellschaft/bushido-saet-hass-laut-innenminister-friedrich-israel-twittert-zurueck-a-877384.html vom 14.01.2013.

http://staiger.tumblr.com/post/82371794248/bosstransformation-und-zinskritik-eine-antwort vom 11.04.2014.

http://jetzt.sueddeutsche.de/texte/anzeigen/562990 vom 23.12.2012.

http://www.sueddeutsche.de/politik/twitter-profil-von-rap-musiker-bushido-praesentiert-nahost-karte-ohne-israel-1.1570823 vom 11.01.2013.

http://www.taz.de/!11062/ vom 16.01.2008.

http://www.taz.de/1/archiv/print-archiv/printressorts/digi-artikel/?ressort=ku&dig=2008%2F11%2F21%2Fa0117&cHash=23cddc6c06 vom 21.11.2008.

http://thuglife-clothing.com/%E2%80%9Ekanackisch-ist-meine-eigene-sprache%E2%80%9C-haftbefehl.html von 2012.

http://www.vice.com/de/read/musik-die-hoffnungslose-suche-nach-deutschem-nazi-rap-celo-abdi-fler-welt-online vom 20.04.2012.
http://www.welt.de/welt_print/article1046810/Der-palaestinensische-Gangsta-Rapper-Massiv-provoziert.html vom 23.07.2007.
http://www.welt.de/kultur/musik/article106182968/Kokain-an-die-Juden-von-der-Boerse.html vom 16.04.2012.
http://www.welt.de/kultur/pop/article134638230/Ich-bin-genauso-deutsch-wie-mein-Nachbar-Marius.html vom 24.11.2014.
https://www.youtube.com/watch?v=I0HvDx5qMI8 vom 05.04.2014.
http://www.zeit.de/2014/49/haftbefehl-csu-wahlkampf-plakat vom 27.11.2014.

Songs und Videos

Beirut feat. Massiv (2011): Nackenklatscher (http://www.youtube.com/watch?v=qsuU1RbZ-qc)
Bero Bass feat. Sivan Perver & Xatar (2009): Blick Richtung Sonne. (http://www.youtube.com/watch?v=bL4eKRdm-YM)
Bözemann (2007): Die Herausforderung (http://www.myvideo.de/watch/2394914/boezemann_herausforderung)
Ćelo & Abdï (2010): MVP (Mietwagenmixtape)
Ćelo feat. Amenzia (2010): Para (Mietwagenmixtape)
Ćelo & Abdï (2010): Wettskandal (Exklusiv Release)
Ćelo & Abdï feat. Haftbefehl (2012): Parallelen (http://www.youtube.com/watch?v=3ctIO8CwJsk)
Haftbefehl (2008): Mama, reich mir deine Hand (nicht regulär veröffentlicht)
Haftbefehl feat. Chaker (2010): Free Palestine (Azzlack Stereotyp)
Haftbefehl (2010): Psst (http://www.youtube.com/watch?v=Vl_FgzRIzcM)
Kaisa (2010): Endlich Klartext (K.M.K.)
Lazar & Kanakan feat. Ćelo & Abdï (2011): Dagobert Duck Syndrom (http://www.youtube.com/watch?v=7QavxAovxdA)
Massiv (2008): Palestine (Ein Mann Ein Wort)
Massiv (2009): Al Massiva kommt (Der Ghettotraum in Handarbeit)
Massiv (2009): Freedom (http://www.youtube.com/watch?v=698JuKL51Mg)

„La Voix des Sans Voix":
Die Politik der Hip-Hop-Bewegung in Mali

RAINER WINTER UND EVE SCHIEFER

Für Ousman Ba (1961-2011)

> „Chaque génération doit, dans une relative opacité, découvrir sa mission, la remplir ou la trahir".
>
> FRANTZ FANON, LES DAMNÉS DE LA TERRE (1961)

1. DEMOKRATISCHE POLITIK UND DIE KÜNSTE DES WIDERSTANDS IN AFRIKA

Der folgende Beitrag beschäftigt sich mit der Politik der HipHop-Bewegung in Mali. Wir möchten zunächst darlegen, was wir unter Politik in diesem Kontext verstehen. Der politische Philosoph Jacques Rancière hat darauf hingewiesen, dass Politik sich nur selten ereignet, lokal und zufällig ist und sehr schnell wieder vereinnahmt werden kann (Rancière 2002: 149). Sein alternatives Verständnis demokratischer Politik grenzt er entschieden von den traditionellen Vorstellungen von Politik ab, die auf die Ausübung von Macht zielen. Hierzu gehören die Überwachung und Kontrolle der Gesellschaft sowie die Orientierung am Konsens. Die Folge ist eine polizeiliche Ordnung der Gesellschaft, in der den Einzelnen bestimmte Positionen zugewiesen werden, die mit der Erwartung verbunden sind, dass sie sich der jeweiligen Position gemäß verhalten und denken: „Die Polizei ist [...] eine symbolische Konstitution des Sozialen [...]. Ihr Wesentliches ist eine gewisse Aufteilung des Sinnlichen" (Rancière 2008: 31). Dagegen stellt sich die Politik der polizeilichen Ordnung, entlarvt sie als willkürlich und kontingent. Sie erklärt alle Menschen für gleich und möchte diese Annahme durch Handeln und Sprechen bestätigen. Eine radikale Gleichheit wird aktiv in Ereignissen hergestellt, was mit Formen von Subjektivierung verbunden ist: „Wesentliche Arbeit der Politik ist die Konfiguration ihres eigenen Raumes. Sie besteht darin, die Welt ihrer Subjekte und ihrer Tätigkeiten zu Gesicht zu bringen. Das Wesentliche der Politik ist die Demonstration des Dissens" (ebd. S. 33).

Ausgehend von diesem Verständnis von Politik möchten wir untersuchen, welchen Beitrag die HipHop-Bewegung in Mali (und auch in anderen Ländern Afrikas) zu einer radikalen Demokratisierung leisten kann.[1] Diese muss deutlich von den Konzeptionen einer „repräsentativen" oder „liberalen" Demokratie abgegrenzt werden, die zur Herrschaft von liberalen Oligarchien führt. In Westafrika protestieren soziale Bewegungen gegen diese Formen von Herrschaft, zeigen die Grenzen „liberaler Demokratien" auf und fordern eine tiefer gehende Demokratisierung (Samba Sylla 2014: 21). „In West Africa, the people struggle because of their discontent with liberalism: they fight against the destructive effects of an economic system that benefits only a minority and put pressure on a ‚representative democracy' that does not represent them and does not uphold the principles that it proclaims on a daily basis" (ebd. S. 31). Oft wurden die Formen des produktiven Widerstandes und der Kämpfe der Population, die in Westafrika in Auseinandersetzung mit der kolonialen Ordnung eine lange Tradition haben, im Anschluss an die politischen Proteste in Osteuropa nach 1989 mit dem Begriff der Zivilgesellschaft begrifflich gefasst, die gegen den autoritären Staat kämpfte, der die Bevölkerung unterdrückte. Viele Formen des Widerstandes in

---

1   2003 war Rainer Winter zu einem Vortrag ans Goethe-Institut in Dakar eingeladen. Er sprach über „Globale Medien, kulturellen Wandel und die Transformation des Lokalen". Dabei zeigte er ausgehend von einer eigenen ethnografischen Untersuchung in Köln, Trier und Aachen, dass HipHop ein Beispiel für eine Politik des Kulturellen ist, die ‚von unten' kommt, auf gesellschaftliche Teilhabe zielt und alternative Öffentlichkeiten hervorbringen kann (vgl. Winter 2003). 2007 war er im Rahmen des Projekts „Crises and Oral Culture. Sociopolitical Negotiations between Past and Present, Tradition and Modernity, Local and Global", das von der Volkswagenstiftung gefördert wurde, zusammen mit Eva Kimminich und anderen KollegInnen von der Universität Freiburg zu einem Workshop und zu Feldforschungen in Dakar und Umgebung. 2009 begann die Forschung in Bamako mit einer ethnografischen Feldstudie. Auch unsere daran anschließenden Forschungen sind von dieser Fragestellung geprägt.

Afrika sind aber nicht mit formal konstituierten zivilgesellschaftlichen Organisationen verbunden, sondern haben informalen Charakter, sie entwickeln sich „bottom up", sind trickreich, raffiniert, langlebig, zäh und wie ein Guerillakampf gestaltet. Sie äußern sich nicht nur in der Musik, sondern z.B. auch in Ritualen, im Klatsch, im Humor, in der Besetzung öffentlicher Räume oder in Formen von Delinquenz (Chabal 2014: XIV). „Resistance should therefore not strictly be understood as referring to physical and material protests in the streets, but comprises a broader set of practices, often hidden and invisible, used by the dominated to contest those who make attempts to dominate them" (Willems/Obadare 2014: 9). Oft wird aus dem Widerstand nicht eine kollektive, organisierte Bewegung, dennoch haben die sich oft im Verborgenen vollziehenden Praktiken einen subversiv politischen Charakter und können einen kulturellen und sozialen Wandel bewirken (Scott 1990, Winter 2001). Neopatrimoniale Strukturen führen in afrikanischen Staaten dazu, dass Macht weitgehend informal ausgeübt wird. Deshalb ist auch der Widerstand auf diese Weise organisiert, was nicht ausschließt, dass er auch durch formale Organisationen wie NGOs ausgeübt werden kann. John und Jean Comaroff (1999) haben mit Recht problematisiert und kritisiert, dass die europäische Idee der Zivilgesellschaft oft einfach auf afrikanische Verhältnisse übertragen wird. Sinnvoller wäre es zu fragen, was die dortige Situation, die lokal unterschiedlich sein kann, für die Idee einer globalen Zivilgesellschaft bedeutet.

Zweifellos führen die vielfältigen Formen von „civic agency" auf dem afrikanischen Kontinent in unterschiedlichen sozialen und kulturellen Kontexten zu Transformationen von Machtstrukturen und sozialen Verhältnissen (Chabal 2009). Angeleitet durch die politische Philosophie von Rancière wird uns im Folgenden interessieren, wie die HipHop-Bewegung in Mali zu einer Demokratisierung und neuen Formen der Subjektivierung beiträgt. Hierzu werden wir zunächst den historischen und politischen Kontext von Mali genauer betrachten (2). Dann werden wir die zentrale Rolle der Musik für das Selbstverständnis des Landes diskutieren. Schließlich analysieren wir die zentralen Merkmale der HipHop-Bewegung in Mali und arbeiten die Formen ihrer demokratischen Politik heraus (3). Eine Zusammenfassung steht am Ende des Beitrages (4).

2. DER HISTORISCHE UND POLITISCHE KONTEXT VON MALI

Mali ist das achtgrößte Land Afrikas. Mehr als die Hälfte des Territoriums ist von Wüste bedeckt. Rund 14,5 Millionen Menschen leben dort. Es gehört zu den

25 ärmsten und am wenigsten entwickelten Ländern der Welt. Der Großteil der Bevölkerung kämpft ums Überleben, drei Viertel der Erwachsenen sind Analphabeten. Die Mehrheit der Menschen ist unter 20 Jahren alt. Die allgemeine Lebenserwartung liegt bei 54,5 Jahren (vgl. *Der Standard*, 28. Juli 2013). Das friedliche Zusammenleben verschiedener ethnischer Gruppen und Kulturen mit einer Vielzahl an Sprachen ist für Mali lange Zeit kennzeichnend gewesen. 95 Prozent der gesamten Bevölkerung sind Muslime. Die Mehrheit praktiziert den toleranten sufistischen Islam. Neben den Dschihadisten im Norden gibt es aber immer mehr Salafisten, die sich unter dem Einfluss von Saudi-Arabien Wahhabiten nennen. Deren Prediger bilden soziale Netze und bieten Hilfeleistungen an. 15 Prozent der Malier folgen ihnen bereits (Fischer 2016).

Am 22. September 1960 feierte die Republik Mali ihre Unabhängigkeit von Frankreich. Danach war das Land ein Einparteienstaat sozialistischer Prägung. Nach politischen Unruhen kam es 1991 zu den ersten demokratischen Reformen, und eine Verfassung wurde festgelegt. Zwanzig Jahre lang, von 1992 bis 2012, galt ein Mehrparteiensystem mit demokratischen Wahlen und einer zentralisierten Politik nach französischem Vorbild. Dann kam es am 22. März 2012 zum Militärputsch gegen den Staatspräsidenten Amadou Toumani Touré. Die Regierung wurde aufgelöst und die Verfassung außer Kraft gesetzt. Im selben Jahr kam es durch Tuareg-Rebellen zur Besetzung und Loslösung des nördlichen malischen Territorium (vgl. Seebörger 2013). Die radikal islamistische „Ansar Dine"-Miliz eroberte alle wichtigen Städte im Norden, so z.B. Timbuktu, und führte ein Scharia-Regime ein.

Ab dem 11. Januar 2013 griffen die französischen Streitkräfte in Mali ein, um die überforderte malische Armee zu unterstützen, die militanten islamistischen Rebellen im Norden Malis zurückzudrängen und wieder eine legitime Ordnung im Land herzustellen. Die wichtigen Städte im Norden wurden befreit, aber es besteht weiterhin Unsicherheit und Angst vor neuem Terror. Als Reaktion darauf haben z.B. in der nordmalischen Stadt Gao Jugendliche die Bewegung „Nous pas bouger" ins Leben gerufen, um Widerstand gegen religiösen Terror zu leisten und die Stadt vor radikalislamistischen Gruppen zu schützen (vgl. Ladurner 2013: 12 f.). Auch wenn der Krieg offiziell zu Ende ist und die radikalislamistischen Milizen besiegt und verdrängt wurden, bleiben diese im Hintergrund weiterhin aktiv und die Lage instabil (Brändle/Raabe 2012). Am 28. Juli 2013 fanden in Mali unter schwierigen Voraussetzungen neue Präsidentschaftswahlen statt. Ibrahim Boubacar Keïta gewann im zweiten Wahlgang am 11. August 2013 gegen Soumaila Cissé und wurde neuer Präsident. Damit wurde der Prozess einer neuen Regierungsbildung in Gang gesetzt. Allerdings kam es wenige Tage nach den Anschlägen in Paris Ende November 2015 zu einer Terrorattacke bewaffneter Dschihadisten auf das „Radisson Blu"-Hotel in Bamako. 22 Menschen starben. Der Terror ist nun vom Norden, in dem es schon lange Konflikte mit den Tuareg gab, in den dicht besiedelten Süden des Landes vorgedrungen und stellt dort eine große Bedrohung dar. Ausgeführt wird er nun von schwarzen Islamisten, die oft aus einheimischen Familien kommen (Scheen 2016, 16. Januar).

Bis zum Militärputsch galt Mali in der westlichen Berichterstattung als Vorzeigedemokratie, die als Modell für andere afrikanische Staaten gepriesen wurde. Die Wirklichkeit sah aber auch damals anders aus. „Denn Mali war eine Fassadendemokratie, im Inneren morsch, zerfressen von Klientelwirtschaft und Korruption" (Ladurner 2013: 13). Auch Charlotte Wiedemann stellt diese Diagnose. Sie führt aus, dass die Mehrheit der Bevölkerung sich in diesem System nicht vertreten fühlte. Demokratische Formen der repräsentativen Demokratie verloren an Wert, weil sie für die Bevölkerung nicht Partizipation bedeuteten, sondern wie in anderen afrikanischen Staaten die Korruption gedeihen ließen. Zudem wuchs die Armut. Persönliche Interessen der Regierenden spalteten die Gesellschaft in eine kleine Elite und eine Mehrheit an armen und ungebildeten Menschen, die kaum vom System profitierten (Wiedemann 2013: 25 f.).

Vor diesem Hintergrund wird deutlich, warum es wichtig ist, nach Formen von „civic agency" Ausschau zu halten, nach Formen der alltäglichen Subversion und Rebellion (Obadare/Willems 2014), die das Bestehende verändern und zu einer Demokratisierung gesellschaftlicher Verhältnisse beitragen können. Wir werden zeigen, dass die Praktiken der Rapper eine Kunst des Widerstandes darstellen, die an die musikalischen Traditionen des Landes anknüpft und für eine demokratische Politik im Sinne von Rancière steht. Sie opponiert gegen einen radikalen Islam, der Musik und Tanzen in Mali sogar ganz verbieten möchte, obwohl die Vorfahren der Malier diesen Praktiken bereits vor tausend Jahren nachgingen.

Im Norden des Landes gehörte die Verbrennung von Musikinstrumenten während der Besatzung zu den ersten „Amtshandlungen" der militanten islamistischen Gruppen. Daraufhin sammelten die Musiker in Gao noch einigermaßen brauchbare Instrumente ein. Auch wenn keine stimmigen Klänge aus den Instrumenten ertönen konnten, spielten sie auf diesen eifrig weiter, denn „Musik ist Teil unserer Kultur. Wer sie uns nimmt, schneidet uns von unserem Innersten ab!" (Ladurner 2013: 13).

3. HipHop in Mali

3.1 Die zentrale Rolle von Musik

> „[...] die Islamisten [sind] nicht nur eine Herausforderung für den Staat [...], sondern für die Seele Malis. Es geht um die Identität des Landes, darum, was die Malier ausmacht. Und dabei spielt Musik eine Hauptrolle."
> LADURNER 2013: 13

Mali ist eine der musikalisch reichsten Gegenden Afrikas. Musikstars wie Ali Farka Touré, Mangala Camara, Salif Keïta, Sekouba Bambino und Amadou & Mariam wurden hier bekannt und haben den musikalischen Reichtum des Landes auch im Westen populär gemacht. Musik ist ein zentraler Bestandteil des Alltags der Menschen, sie prägt ihr Selbstverständnis. Insbesondere die *Griot-Musik*, die von traditionellen Lauten und den Rhythmen der Ngonis bestimmt wird und die in Mali alle bedeutenden kulturellen Feste und Lebensabschnitte der Menschen mit ihren Geschichten begleitet (ebd.). Der Spiritualität kommt in der Musik in Mali eine wesentliche Rolle zu. So stellt der Griot Bassekou Kouyate fest: „Wer Mali die Musik nimmt, reißt uns das Herz heraus" (nach Fischer 2013: 56). „C'est au rythme de la musique traditionnelle que les Maliens naissent, s'épousent, déclarent leur flamme, débattent, meurent"[2], so Manny Ansar, Angehöriger der Tuareg und Direktor des früher jährlich in Mali stattfindenden *Festival au Désert*, bei dem sich Tuareg-Gruppen mit malischen Bands und ausländischen Musikern getroffen haben. Angesichts dessen, dass es in Mali aus Gründen der Sicherheit nicht mehr stattfinden kann, führt er weiter aus: „Le son brutal des armes et des cris de l'intolérance ne peuvent pas taire le chant des griots. Le Festival au Désert doit survivre à tout ça"[3] (nach Vion-Dury 2013). „Wir haben Differenzen in Mali" so Bassekou Kouyate, „aber die Musik ist unsere gemeinsame Sprache, über sie finden wir immer wieder zusammen". Der

---

2 Dt.: „Die Malier werden zum Rhythmus der traditionellen Musik geboren, zu diesen Rhythmen heiraten sie, machen sie ihre Liebeserklärungen, debattieren und sterben sie".

3 Dt.:„Weder die brutalen Laute der Waffen noch die Schreie der Ungerechtigkeit können nen die Gesänge der *Griots* zum Schweigen bringen Das Festival der Wüste muss all das überleben".

Musikfestival-Direktor Manny Asar führt weiter aus: „Wir sind alle Malier", und es sei wichtig, mit den Tuareg zusammenzuhalten (nach Ladurner 2013: 13).

Bamako, ein Knotenpunkt zeitgenössischer Musikproduktion, zieht internationale Künstler wie Blur-Sänger Damon Albarn, Taj Mahal oder „Led Zeppelin"-Bassist John Paul Jones nach Mali, weil sie mit lokalen Künstlern zusammenarbeiten und von diesen lernen möchten. So wird z.B. die traditionelle Bambara-Musik mit Funk und Rock verbunden. Bei unserer Feldarbeit in Bamako haben wir oft europäische Rapper, so z.b. aus Brüssel und Paris, angetroffen, die mit den einheimischen Künstlern zusammenarbeiteten. Auch Griots und Rapper kommen in der Krise zusammen:

„Als Bassekou Kouyaté auf der Flussbühne des ‚Festival du Nigre' in Segou spielt, bittet der Griot einen jungen Rapper zu sich. Schlagartig gehen Tausende Fäuste in die Luft, leuchten die Smartphones auf, wo sonst nur Glühwürmchen schweben. ‚Master Soumy' skandieren die Jugendlichen. Endlich ist einer der ihren auf der Bühne. Einer, der laut ausspricht, was sonst nur in den Teerunden am Straßenrand verhandelt wird. Die Energie des schlaksigen Rappers überträgt sich sofort. Bei ‚Commissariat' schwillt der Refrain zum Massenprotest, brüllen Zehntausende die korrupte Polizei an. Später erklärt Master Soumy unter einem Bastmatten-Unterstand am Nigerufer seine Mission: ‚Zwei Drittel unserer Bevölkerung sind unter 20 Jahre alt. Trotzdem bleiben sie in der politischen Diskussion außen vor. Nur wir Rapper reden zu ihnen in ihrer Sprache'" (Fischer 2016, 4. Januar).

Rap als soziale Kritik und als Sprachrohr der Jugend war auch der Ausgangspunkt für unser Interesse an der HipHop-Bewegung in Mali und ihrer gesellschaftlichen Bedeutung.[4]

---

4 Im Rahmen unseres Forschungsprojekts führten wir eine Feldforschung in Bamako und Umgebung durch, die „multi-sited" orientiert war (vgl. Winter 2014). So besuchten wir Rapper zu Hause, im Kreis ihrer Familie und Freunde, in ihren Studios, in Jugendheimen, bei Konzerten etc. Auf den Märkten von Bamako untersuchten wir den Vertrieb der Musik. Beteiligt waren Eva Kimminich und Till Neumann von der Universität Freiburg sowie Rainer Winter von der Alpen-Adria-Universität in Klagenfurt am Wörthersee und Brahima Camara und Ousman Ba von der Universität Bamako. Zuvor führten wir eine ähnliche Untersuchung in Dakar durch, die Eva Kimminich mit Unterstützung der Volkswagen-Stiftung organisiert hatte (2007). Rapper wurden interviewt und führten vor laufender Kamera durch ihre Viertel in Bamako bzw. Dakar und ihre Banlieus. Dies ermöglichte, die Lebenswelt der Künstler vor Ort zu erfahren. Zudem wurden ihre Musik-Performances auf Video aufgezeichnet. Die malischen Rapper Kira Kono, Kalamene Klan, Soko Crew, Tata Pound, Master Soumy, MicMo und ein paar Künstler des Studios Farra Wo sowie Jopsi beteiligten sich am

3.2 Die Praktiken des HipHop

Musikprojekte haben eine wichtige Bedeutung in Mali, das über eine ausgeprägte und lange musikalische Tradition verfügt. Über die Musik und die Kunst kommen Menschen zusammen und bilden emotionale Allianzen. Die Künstlerinnen und Künstler ermöglichen durch viel Eigeninitiative und Eifer auch die Einbindung von Jugendlichen in ihre Projekte. In ihrer Musik, ihren Texten, Tänzen und Bildern, thematisieren die Rapperinnen und Rapper die sozialen Probleme ihres Landes. Sehr schnell wurde uns im Rahmen unserer Feldforschung deutlich, dass die Rapper sich als Visionäre und Aktivisten betrachten und ihre Tätigkeit wichtig für die Entwicklung Malis ist, insofern sie enormes gesellschaftliches, kulturelles und politisches Potenzial hat. Die malischen Rapper sehen sich in den narrativen Interviews, die wir mit ihnen geführt haben, gerne als Botschafter, die eine Position zwischen dem Staatsapparat und der lokalen Bevölkerung einnehmen. Es ist eine von ihnen selbst eingenommene Rolle, deren Funktion es ist, Informationen und Analysen zu aktuellen politischen und sozialen Debatten in Mali an die Öffentlichkeit weiterzugeben sowie auch Themen rund um das alltägliche Leben an ein größeres Publikum zu übermitteln. Musik ist ihre Waffe in ihrem Kampf um Wahrheit in Mali. Mit einem bemerkenswerten Engagement, das sich nicht nur in ihren Äußerungen, sondern in zahlreichen Aktivitäten[5] ausdrückt, nehmen sie Partei für die afrikanische Jugend und protestieren gegen die Ungerechtigkeit im Staat. Die Rapper betrachten sich als „la voix des sans voix", „die Stimme der Stimmlosen". Im Sinne von Rancière (2002) setzen sich die Rapper im Namen der aktiven Gleichheit für die Anerkennung der „sans part" ein, die keinen Anteil am Gemeinwesen haben. Dies ist ein Ausdruck demokratischer Politik, die ‚von unten' kommt. *Tata Pound*, eine der erfolgreichsten HipHop-Gruppen in Mali, verrät: „Denn oft, eigentlich die meiste Zeit, leiden die Menschen hier. Wenn es dann Rapper wie uns gibt, die für sie sprechen, sehen die Menschen uns als die Stimme der Stimmlosen" (Interview Tata Pound, Z. 59-60, Bamako, Mali). Rap dient als politisches Instrument, um ein kritisches Bewusstsein zu schaffen und zu einem demokratischen Wandel in der Gesellschaft beizutragen. Der malische Rapper

---

Forschungsprojekt. Die französischen Transkriptionen der Videointerviews wurden für den Artikel auf Deutsch übersetzt. Kurzfassungen der Interviews finden sich auf YouTube. „HipHop au Mali: mouvement de démocratie". Daneben wurden Internetdokumente von und zu den Rappern analysiert, die seit der Feldforschung in Bamako entstanden sind. Über soziale Medien wurde Kontakt zu den Rappern gehalten.

5   So wird in einem Projekt Jugendlichen eine Ausbildung zum Friseur ermöglicht.

MicMo spricht über seine Rolle als Rapper und sein Engagement für die BürgerInnen von Mali:

„Ich bin MC, und ich habe das Mikro, das bedeutet, dass ich die Stimme habe, und wenn du die Stimme hast, dann kannst du zum System beitragen. Auch wenn sich damit nicht unbedingt etwas ändert, kannst du zu etwas beitragen, denn die Stimme ist nicht jedem gegeben" (Interview Mic-Mo/Flem'Art, Z. 71-75, Bamako, Mali).

Kira Kono, eine Rap-Crew bestehend aus zwei Rappern aus Kali in der Nähe von Bamako, beschreiben die Funktion der Rap-Musik wie folgt:

„Wir führen einen Kampf, weil wir verschiedene Dinge anbringen wollen. Eigentlich wollen wir gehört werden. Wir wollten eine Nachricht weitergeben. Wenn du eine Nachricht weitergeben willst, muss sie auf eine gute Art und Weise weitergegeben werden. Wir denken also, dass Musik, vor allem Rap-Musik, ein Werkzeug ist, einen Dialog aufrechtzuerhalten, und auch ein Weg, um unsere innersten Gefühle so auszudrücken, wie sie wirklich sind, mit dem Ziel, einen Beitrag für die Gesellschaft zu leisten [...] für Veränderung" (Interview Kira Kono, Z. 57-67, Kali, Mali).

Die Jugendlichen bilden die Mehrheit der Bevölkerung in Mali, haben aber kein Mitspracherecht bei wichtigen gesellschaftlichen Prozessen und Entwicklungen. Sie haben kaum Möglichkeiten, sich zu verwirklichen und gesellschaftlich anerkannt zu werden, so dass sie sich macht- und hilflos fühlen. Viele hungern, haben keinen Zugang zur Gesundheitsversorgung und können auch keine Schulen oder Universitäten besuchen. Zudem bestimmen Bedrohungen durch Terroranschläge, Gewalt und die Aids-Pandemie das alltägliche Leben. Die Entwicklung neuer digitaler Technologien, ihre verbreitete Nutzung sowie allmähliche Veränderungen von traditionellen Familienstrukturen geben einerseits neue Hoffnung auf einen lang erwarteten wirtschaftlichen und sozialen Wandel, andererseits herrscht Ungewissheit und Skepsis in Bezug auf die moderne, „okzidentale" Richtung, die solche kulturellen und gesellschaftlichen Transformationen nach sich ziehen. In diesem Kontext kann die HipHop-Bewegung den Jugendlichen den Glauben an sich selbst und ihre Fähigkeiten sowie Perspektiven auf eine gute Zukunft vermitteln.

Rap-Musik wurde in den vergangenen Jahren zu einer wichtigen Plattform für die Jugendlichen. In einem Interview spricht Rapper *Master Soumy* über die Bedeutung des Rap für die malische Jugend: „Rap ist ein Instrument [...]. Ich würde sagen, es ist sogar das einzige Instrument für die Jugend, für die afrikanische Jugend vor allem, um sich auszudrücken" (Interview Master Soumy, Z. 110-112, Bamako, Mali). Des Weiteren erklärt er: „Rap ist eine große Quelle, weil es den jungen Menschen die Möglichkeit gibt, ihre Sichtweise auf Dinge, die uns umgeben, auszudrücken, insbesondere im Hinblick auf die Probleme, mit denen sie hier konfrontiert werden" (Interview Tata Pound, Z. 17-19, Bamako, Mali) und „der [Rap] ist wirklich, wirklich wichtig, sehen Sie [...], er ist ein Instrument der Information, er informiert, er erzieht. Es gibt einige Stücke der Rap-Musik, wenn Sie diese Ihrem Kind zum Hören geben, dann wird es wirklich wissen, wo ihr oder sein Platz in der Gesellschaft ist" (Interview Master Soumy, Z. 127-133, Bamako, Mali).

Musikalisch beeinflusst werden die malischen Rapper vor allem von amerikanischen und französischen Rappern. Sie grenzen sich aber von ihnen durch ihren eigenen malischen Stil ab, indem auf die Verwendung von traditionellen afrikanischen Instrumenten, eine eigene Art zu sprechen bzw. zu singen und für die Region charakteristische Melodien und Rhythmen der *Griot*-Musik (vgl. Schulz 2002: 797) großen Wert gelegt wird. Sie rappen in ihren Muttersprachen, u.a. in Bambara, um ein breiteres Publikum zu erreichen und um den Menschen etwas zu erzählen, das diese auch verstehen und weitergeben können. Sie treten somit durch einen hybriden Stil, der verschiedenste Elemente (liebevoll) kombiniert und mit wenigen Ressourcen hergestellt wird, in einen Dialog mit der Bevölkerung. Die Rapper von *Tata Pound* beschreiben das Potenzial ihrer Musik so: „Rap ist in allen Kulturen kompatibel, man kann in seiner eigenen Sprache und mit seinen eigenen Instrumente rappen, das Tempo bleibt auf der ganzen Welt gleich" (Interview Tata Pound, Z. 31-32, Bamako, Mali).

Im Gegensatz zum Mainstream in den Vereinigten Staaten und in Europa ist die malische Rap-Musik angesichts der gesellschaftlichen Problemlagen und Krisen im Land eng mit kulturellen und sozialen Fragen, mit Gesellschaftskritik sowie einem großen politischen Engagement verbunden. Einige der befragten malischen Rapper haben einen Universitätsabschluss, und ihre Motivation, Rap-Musik zu machen, ist in dem Wunsch begründet, durch Interventionen die Gesellschaft zu verändern. Die Rap-Gruppe *Tata Pound* beschreibt dies folgendermaßen:

„Rap macht für uns nur Sinn, wenn er Engagement und Hingabe involviert. Aus diesem Grund ist unser zentrales Ziel, Songs zu produzieren, in denen wir offen und direkt sprechen, so dass jede Person auch wirklich verstehen kann, was momentan passiert [...], wir sagen all die Dinge, die andere Menschen nicht sagen können" (Interview Tata Pound Z. 45-50, Bamako, Mali).

Durch die Musik kreieren sie ihre eigene Subjektivität und ein kollektives Gefühl von Einheit und Zugehörigkeit zu Mali und Afrika. Die interviewten Rapper heben die Bedeutung der Rap-Musik in ihrem Bemühen hervor, ihre eigene lokale Kultur zu artikulieren, symbolisch aufzuwerten und zu fördern. Die Rap-Gruppe *Tata Pound* drückt es so aus:

„Für uns ist der Rap ein sehr gutes Medium, um unsere Vorstellungen auszudrücken, vor allem auch darüber zu diskutieren, wie unser Land von außerhalb beurteilt wird. Rap gibt uns die Möglichkeit, unsere eigene Kultur in der ganzen Welt bekannt zu machen" (Interview Tata Pound, Z. 21-23, Bamako, Mali).

Die Rapper bilden in Bamako emotionale Allianzen, um den Kontakt mit Menschen aus verschiedenen Stadtteilen aufrechtzuerhalten und das gemeinschaftliche Leben in der Stadt zu stärken. Dies geschieht z.b. durch eine öffentliche Plattform für politische und künstlerische Auseinandersetzungen, die in ein weltweites Netzwerk von Kooperationen integriert ist. Die Rapper produzieren nicht nur Rap-Musik, die malische HipHop-Bewegung beinhaltet auch eine Vielzahl von künstlerischen Tätigkeiten wie Tanz, Graffiti bzw. Street Art und integriert musikalische Genres wie Reggae und Slam (die in Europa tendenziell separat existieren). Diesen Formen wird vor allem in urbanen Räumen Ausdruck verliehen. Tags und Graffitis fungieren meist als Träger politischer Botschaften, sie sind aber auch als Selbstausdruck der Jugendlichen zu sehen. Die Stadt wird symbolisch neu definiert. Die künstlerische Tätigkeit steht im Vordergrund, und mit wenig Geld und Raum organisieren sie, wie wir in Bamako beobachten konnten, eine Vielzahl an Workshops, Konzerten und Ausstellungen, um den Menschen in Mali die vielen Facetten und Ausdrucksmöglichkeiten des HipHop näher zu bringen und sie mit ihren Beats und Lyrics zu berühren. Die Jugendlichen auf diese Weise zu erreichen, sie zu motivieren und gemeinsam etwas zu erschaffen, steht hierbei im Vordergrund.

In den Interviews wird auch deutlich, welch hohen Stellenwert der HipHop für Bildungsprozesse in Mali hat. „C'est presque comme une école" (Interview Kalamene Clan: Z. 62). Die Rap-Musik kann eine Vielzahl von Jugendlichen erreichen, nicht nur durch ihre Texte, sondern auch durch ihre Beats, ihre lustigen und kreativen Kompositionen und Interventionen, als eine Bewegung, an der man sich beteiligen kann.

Die Rapper *Kira Kono* legen dar:

„Das Mikro ist unsere Waffe, und die Bühne ist unser Kriegsplatz. Wenn du auf die Bühne trittst, sagst du, was du denkst, direkt an das Publikum, das zuhört. Und wenn das Publikum die Nachricht versteht, die du zu vermitteln versuchst, dann, glaube ich, führst du einen Kampf auf der Bühne mittels des Mikrofons […]" (Interview Kira Kono, Z. 86-90. Kali, Mali).

Die Sensibilisierung und Bewusstseinsbildung sowie das Empowerment von Jugendlichen durch eine Bewegung, die von der jungen Generation selbst geführt wird, sind deswegen bedeutende Ziele der malischen Rap-Musiker. Rapper *Master Soumy* widmet sogar einen Song der Rap-Musik, in dem er sich beim Rap bedankt, der seinem Leben eine neue Richtung gegeben hat:

„Ich würde sagen, dass der Rap mein Leben verändert hat. Er gab mir die Möglichkeit zu reisen, zu entdecken, zu lernen und interessante Dinge zu erfahren. Ich konnte Beziehungen zu vielen Menschen aufbauen" (Interview Master Soumy, Z. 144-148, Bamako, Mali).

Die malischen Rapper *MicMo* erklären die Situation der Jugendlichen in Mali wie folgt: „Es gibt keine Arbeit, es gibt nichts zu tun. Daher schlafen sie und wachen nicht auf" (Interview MicMo/Flem'Art, Z. 115-116, Bamako, Mali), „sie müssen aufstehen und kämpfen" (ebd., Z 126). Für *MicMo* ist der Rap: „ein Kampf. Man sollte niemals die Waffen niederlegen, das Leben ist ein ewiger Kampf, man muss darauf beharren, das ist der Schlüssel, um nicht auf der Straße zu landen" (ebd., Z. 138-139). *Master Soumy* verdeutlicht die Notwendigkeit, die MalierInnen zu stärken, damit Europa nicht mehr das einzige Ziel für die Menschen bleibt, um aus ihrem eigenen Elend auszubrechen. „Die Reise nach Europa scheint der einzige Weg zu sein, um sein Leben erfolgreich zu meistern, aber es kann uns hier in Mali genauso gut gelingen" (Interview Master Soumy, Z. 96-98, Bamako, Mali).

Der malische Staat erkennt die zunehmende Macht und Rolle der Rap-Musik. Er reagiert zum einen darauf, indem er die Songs und Videos auf öffentlich-rechtlichen Fernseh- und Radiosendern zensiert, zum anderem indem er versucht, die Rapper durch Teilnahmeverbote an wichtigen Konzerten und Musikfestivals aus der Öffentlichkeit Malis und Afrikas zu verbannen. Die Rapper finden in der Regel dennoch Möglichkeiten, sich in der malischen Gesellschaft Gehör zu verschaffen. Die Menschen kommen zu selbstorganisierten Konzerten, kaufen ihre Artikel, tauschen ihre Musik übers Handy oder laden sich die Songs aus dem Internet herunter. Die Rapper von *Tata Pound* verdeutlichen es so:

„[A]lle Menschen können sich in unserer Musik wiederfinden. Nicht nur junge Leute kaufen unsere Alben, Menschen aller Altersgruppen tun das, weil wir in unserer Musik über die Tatsachen singen, über das, was wirklich passiert" (Interview Tata Pound, Z. 56-60, Bamako, Mali).

Darüber hinaus stellten wir fest, dass starke familiäre Strukturen, traditionelle Ansichten und religiöse Überzeugungen von den Rappern in der Regel als repressiv erfahren werden. Sie wollen, dass ihre Eltern akzeptieren, dass Rap-

Musik auch eine Berufung und ein Weg sein kann, um sich etwas Eigenes aufzubauen und gesellschaftlich anerkannt zu werden.

3.3 Gesellschaftliche Krisen, die Musik und die Rolle des Web 2.0

Als Reaktion auf den militärischen Staatsstreich und den Terror der radikalen Islamisten im Norden des Landes gründeten vier junge Rapper aus Mali die Gruppe „Les Sofas de la République".[6] Sie artikulierten in der Öffentlichkeit ihre Unzufriedenheit mit der aktuellen politischen Situation und der anhaltenden humanitären Krise im Norden des Landes.

„Their grasp of political and legal issues is acute, often more so than that of the politicians they criticise. This is reflected in their concerns, the most urgent of which is the need to create a proper civic society in Mali, in which each person is conscious of his or her rights and responsibilities as a citizen in a democracy and the need to fight to defend democratic rights" (Morgan 2013: 82).

Mit dem Namen ihrer Gruppe beziehen sie sich auf die Krieger einer Widerstandsbewegung (1882-1898), die unter der Leitung von Samory Touré gegen die koloniale Unterdrückung der Franzosen im 19. Jahrhundert in Westafrika kämpften. Nur zehn Tage nach dem Staatsstreich in Mali veröffentlichten sie einen Song und ein Video mit dem Titel „Ça Suffit" (vgl. Les Sofas de la République, YouTube 2012). Ihre zweite Single mit dem Titel „Aw Ya To An Ka Lafia", der übersetzt „Lass uns in Frieden" bedeutet, wurde von den Fernseh- und Radiosendern zensiert, um dem Bestreben der Rapper, durch populäre Musik politische Veränderung zu initiieren, ein Ende zu setzen (vgl. Morgan 2013: 79). Der Song entstand direkt nach den Übergriffen auf den Präsidentenpalast im Mai 2012:

„Taking up arms, Malians, fiercer and fiercer yeah. Taking up arms and making blood flow yeah. Making tears flow and making us lose time, bothering us with stupid details [...] Our relatives are dying up in the north while we try and agree on who will take the tiller" (ebd. S. 79 f.).

---

6 Die Gruppe wurde von Ramses Damarifa und Dixon, beide von der Rap-Gruppe *Tata Pound*, von *Master Soumy*(alle der bisher genannten wurden auch im Rahmen des hier dokumentierten Forschungsprojekts in Mali interviewt) sowie Rapper *Watt C.* ins Leben gerufen.

Malis offizieller Fernsehsender verbot die Ausstrahlung des Videos mit der Begründung, dass die Musik zu diesem Zeitpunkt nicht angebracht wäre. Trotz alledem konnte die Gruppe über digitale Kanäle wie YouTube und iTunes ihr Musikvideo veröffentlichen, über die Landesgrenzen hinweg wurden so die Rapper, ihre Musik und ihre Botschaften bekannt. „Les Sofas aren't your classic ‚band' as such, think of them more as a rap posse, a self-help association, a pressure group, a political party, an educational charity and a think tank, all rolled into one" (ebd. S. 79).

Gegen den neu erwählten Präsidenten erheben sich nun große Vorwürfe des Amtsmissbrauchs und der Korruption. Auch „Les Sofas de la République", unter denen Juristen sind, haben Anklage erhoben.

Ein weiteres Beispiel für eine Intervention von Rappern ist der Song SOS von *Amkoullel* und *Mylmo* Dieser wurde noch vor dem Sturz der Regierung für wohltätige Zwecke produziert, um in der Öffentlichkeit auf die Folgen von terroristischer Gewalt im Norden Malis aufmerksam zu machen und Geld für die Opfer zu sammeln (Amkoullel und Mylmo, YouTube 2012). Im Musikvideo sind Männer mit Waffen zu sehen und Menschen, die auf der Flucht sind. „I didn't say something wrong about the government and so I don't understand what they are afraid about [...] but I will keep on doing what I have to do, as an artist", so der Rapper Amkoullel (vgl. Ford 2013). Amkouell gründete auch eine Gruppe namens „Plus jamais ça", deren explizites Ziel es ist, demokratische Transformationen auf den Weg zu bringen. „It comprised of rappers, students, and friends whose aim was to stimulate the debate around democracy and spread the message that democracy itself had not failed the people, the politicians had failed the people" (Morgan 2013: 82 f.). Auch ihnen wurde der Vertrieb ihrer Musik und Videos erschwert, Rapper Amkoullel erhielt telefonisch sogar Todesdrohungen (vgl. ebd.: 84). Die rechtliche Selbstständigkeit wurde ihnen vom zuständigen Gouverneur verwehrt. „Nonetheless, Amkoullel and his posse carried on regardless, going out into on the poorer neighbourhoods and speaking to the youth about democracy, dictatorship and justice" (ebd.: 85). Auch das Internet und soziale Medien halfen, ihre ‚Stimmen' in der Öffentlichkeit zu verbreiten.

Insbesondere die sozialen Plattformen Facebook und Twitter dienen Rappern und der jungen Bevölkerung Malis zum Austausch und der Informationsvermittlung. Viele Rapper haben ihr eigenes Facebook-Profil, und es gibt nun auch Seiten, die ganz speziell dem malischen Rap gewidmet sind. Auf Twitter lässt sich vor allem die Diskussion über das politische Geschehen gut verfolgen. In der Facebook-Gruppe von „Les Sofas de la République, ça suffit!!!" werden Updates zu politischen oder kulturellen Veranstaltungen gepostet, gefolgt von politischen Artikeln aus lokalen und internationalen Medien, die von den Gruppenmitgliedern kommentiert werden. An der dort dokumentierten großen Anteilnahme lässt sich erkennen, welche Bedeutung diese virtuellen Räume für die jungen Malierinnen und Malier einnehmen. Des Weiteren werden Demonstrationen organisiert und Aufrufe zur Beteiligung verbreitet. Musikvideos, neue Songs, Interviews und Fotos werden ausgetauscht und für jede/n zugänglich gemacht, der einen Internet-Anschluss bzw. Smartphone besitzt oder jemanden mit einem Zugang zum Internet kennt. Diese Gruppen bringen die Sichtweise der Menschen näher – weit entfernt von staatlicher Zensur und die Vorzüge des Web 2.0 geschickt nutzend. Vieles spricht dafür, dass in Krisenzeiten die digitalen Medien eine exklusive Öffentlichkeitsform zur politischen Vernetzung und musikalischen Umsetzung der eigenen Vision darstellen.

Fast zur gleichen Zeit wie die Umbrüche des arabischen Frühlings im Norden Afrikas mobilisierte im Senegal eine Gruppe von Künstlern unter dem Namen „Y'en A Marre!" („Genug ist genug!") die Menschen und animierte sie, auf die Straße zu gehen und Widerstand zu leisten. Dieser Ausruf und Leitspruch der senegalesischen Jugend ist zum Symbol des Widerstands geworden. Mit persönlichem Engagement und bemerkenswerter Entschlossenheit protestierten Rapper und Jugendliche gegen den zum dritten Mal kandidierenden, amtierenden Präsidenten Senegals Abdoulaye Wade, der der Korruption verdächtigt wurde. Die „Y'en A Marre"-Bewegung dauerte 13 Monate an und zeigte einen HipHop-Aktivismus, der weit über die lokalen Medien hinaus Aufmerksamkeit erlangte. Wie auch in den zeitgleich stattfindenden Protesten im Norden Afrikas war das Web 2.0 das wichtigste Medium, um den Widerstand zu organisieren. Vor allem die Web-Plattform *Sunu2012*, die von der *Association of Senegalese Bloggers* eingerichtet wurde, stellte sich als sehr gute Informationsquelle für Protestierende und Journalisten auf der ganzen Welt heraus (vgl. Sylla 2012). Wade verlor.

4. ZUSAMMENFASSUNG

Die Rapper bieten den von der Macht ausgeschlossenen Menschen in Mali, deren Gleichheit nicht anerkannt wird und die an nichts Anteil haben (Rancière 2002: 22), vor allem der Jugend, eine öffentliche Plattform für ihr Unbehagen, ihr Leiden, ihre Kritik und ihre Wünsche. Sie artikulieren einen Dissens, fordern aktiv die Gleichheit aller ein und stellen durch ihr „Unvernehmen" (Rancière 2002) eine mit Überwachung und Exklusion operierende polizeiliche Ordnung in Frage. Auf diese Weise verwirklichen sie eine demokratische Politik. Die Künstler nehmen aktiv am Geschehen teil und bieten neue Formen der Subjektivierung an, die auf einer Desidentifikation mit der herrschenden Ordnung beruhen. Mit ihren Körpern und ihren Stimmen setzen sie wichtige Zeichen im öffentlichen

Raum sowie in den virtuellen Räumen des Internets. Sie bieten ein Schauspiel und zeigen, dass es etwas zu sehen gibt, was die polizeiliche Ordnung generell leugnet, wie Rancière (2008: 33 f.) in seiner philosophischen Analyse feststellt. Sie sprechen das Tabuisierte aus, machen die Welt der „sans part" sichtbar und stützen sich dabei auf ein Netzwerk von emotionalen Allianzen, in dem sie wiederum „etwas bewegen" können. Sie leisten Widerstand, brechen mit alten Konventionen, machen die Gleichheit aller geltend, um die Gesellschaft zu verändern und Demokratie zu verwirklichen. Die Rapper zeigen, dass Politik immer möglich ist, wenn Gleichheit in Anspruch genommen wird, auch in Zeiten des islamischen Terrors. Wir können von Afrika im 21. Jahrhundert lernen, wenn wir uns mit den Künsten des Widerstandes auseinandersetzen, die dort seit langer Zeit praktiziert werden. Gerade die Demokratien im Westen, die auf dem Weg in postdemokratische Zustände sind, müssen von eigensinnigen Formen von „civic agency" herausgefordert werden.

LITERATUR

Amkoullel und Mylmo (2012): „SOS", Musikvideo. (http://www.youtube.com/watch?v=QMJWoDeBRcg).

Brändle, Stefan (2013): Mali bleibt im Bann der Islamisten. In: *Der Standard*, 27. November 2013.

Brändle, Stefan; Raabe Julia (2013): Mali: Demokratie auf Biegen und Brechen. In: *Der Standard*, 26. Juli 2013.

Chabal, Patrice (2009): Africa: The Politics of Suffering and Smiling. London: zed books.

Chabal, Patrice (2014): Foreword. In: Obadare, Ebenezer; Willems, Wendy (Hg.) (2014): Civiv Agency in Africa. Arts of Resistance in the 21st Century. Woodbridge, UK: James Currey Press, S. xii-xix.

Comaroff, John L.; Comaroff, Jean (Hg.) (1999): Civil Society and the Political Imagination. Critical Perspectives. University of Chicago Press.

Fanon, Frantz (1961): Les Damnés de la Terre. Paris: Édition Maspero.

Fischer, Jonathan (2013): Große Versammlung illustrer Gäste. In: *DIE ZEIT*, Feuilleton, 21. Februar 2013. S. 56.

Fischer, Jonathan (2016): Mali: Musiker im Widerstand. *Süddeutsche Zeitung*, 4. Januar 2016 (Artikel 1 im Feuilleton – Ipad Ausgabe).

Ford, Tamasin (2013): Mali's musicians fight back against censorship. In: *Deutsche Welle*, 18. Januar 2013. (http://www.dw.de/malis-musicians-fight-back-against-censorship/a-16530216 – Zugriff: 25.03.2013).

Keita Boubacar Ibrahim (2013): Un rappeur malien „clashe" le président IBK. In: Bamada.net, 18. November 2013 (http://bamada.net/un-rappeur-malien-clache-le-president-ibrahim-boubacar-keita-ibk - Zugriff: 20.11.2013).

Krisenherd Mali ringt um Stabilität. In: *Der Standard*, 28. Juli 2013.

Ladurner, Ulrich (2013): Musik ist Widerstand. In: *DIE ZEIT*, Nr. 48, 21.11.2013, S. 12-13.

Morgan, Andy (2013): Music, Culture and Conflict in Mali. Freemuse: Kopenhagen, Second Edition.

„Nous pas bouger", le mouvement de résistance de la jeunesse de Gao qui a fait le choix des islamistes. In: *France24*, 9. Juli 2012. (http://observers.france24.com/fr/content/20120709-mali-gao-nord-manifestation-jeunes-mnla-mujao-nous-pas-bouger-resistance-islamistes-patrouilleurs - Zugriff: 20.11.2013).

Obadare, Ebenezer; Willems, Wendy (Hg.) (2014): Civic Agency in Africa. Arts of Resistance in the 21st Century. Woodbridge, UK: James Currey Press.

Prause, Louisa (2012): Y'en A Marre. Wer sind sie, wie mobilisieren sie und was fordern sie? In: *Standpunkte International*, 2/2012. Berlin: Rosa-Luxemburg-Stiftung. S. 1-4.

Schulz, Dorothea E. (2002): The World is Made by Talk. In: *Cahiers d'études africaines* 168, XLII-4, S. 797-829. http://etudesafricaines.revues.org/167 (Zugriff: 1.6.2012).

Rancière, Jacques (2002): Das Unvernehmen. Politik und Philosophie. Frankfurt a.M.: Suhrkamp.

Rancière, Jacques (2008): Zehn Thesen zur Politik. Zürich: Diaphanes.

Scott, James C. (1990): Domination and the Arts of Resistance: Hidden Transcripts. New Haven, C.T.: Yale University Press.

Scheen, Thomas (2016): Terror in Mali. Wechsel des Schlachtfeldes. *Frankfurter Allgemeine Zeitung*, 16. Januar 2017.

Seebörger, Kai-Uwe (2013): Mali: Besonderheiten der Landesgeschichte. Wesentliche historische Epochen bis zur Unabhängigkeit.

Les Sofas de la République (2012): Ça Suffit, Musikvideo. http://www.youtube.com/watch?v=De8vJbYIWjA (Zugriff: 16.06.2012) (http://liportal.giz.de/mali/geschichte-staat/ - Zugriff: 10.11.2013).

Sylla, Khaita (2012): Senegalese youth: taking a stand. In: openDemocracy, 7. August 2012. http://www.opendemocracy.net/print/67424 (Zugriff: 29.10.2012).

Sylla Samba, Ndongo (2014): Introduction: Democracy, Liberalism and Social Movements in West Africa. In: Ders. (Hg.): Liberalism and Its Discontents:

Social Movements in West Africa. Dakar: Rosa Luxemburg Foundation. S. 13-71.

Vion-Dury, Philippe (2013): Avec les islamistes et la guerre, la musique se perd au Mali. In: *Rue89*, 17.01.2013. (http://www.rue89.com/rue89-culture/2013/01/17/avec-les-islamistes-et-la-guerre-la-musique-se-perd-au-mali-2387 00 - Zugriff: 11. November 2013).

Wiedemann, Charlotte (2013): Mali: Das Kartenhaus der Demokratie. In: *Blätter für deutsche und internationale Poltik*, 1/2013. S. 25-28.

Willems, Wendy; Obadare, Ebenezer (2014): African Resistance in an Age of Fractured Sovereignity. In: Obadare, Ebenezer; Willems, Wendy (Hg.): a.a.O. S. 1-24.

Winter, Rainer (2001): Die Kunst des Eigensinns. Cultural Studies als Kritik der Macht. Weilerswist: Velbrück Wissenschaft.

Winter, Rainer (2003): Globale Medien, kultureller Wandel und die Transformation des Lokalen: Der Beitrag der Cultural Studies zu einer Soziologie hybrider Formationen. In: Beck, Ulrich; Sznaider, Natan; Winter, Rainer (Hg.): Globales Amerika? Die kulturellen Folgen der Globalisierung. Bielefeld: Transcript. S. 263-283.

Winter, Rainer (2014): Aktuelle Perspektiven der Ethnographie in der Medienforschung. In: Eichner, Susanne; Prommer, Elisabeth (Hg.): Fernsehen: Europäische Perspektiven. Festschrift für Lothar Mikos. Konstanz: UVK. S. 25-38.

Interviews mit den Rappern in Bamako, Mali

Interview mit Kira Kono.
Interview mit Tata Pound
Interview mit Master Soumy
Interview mit MicMo und Flem'Art
Interview im Studio Farra Wo
Interview mit Jopsi
Interview mit Soko Cre

Bring the Bars Right Back: Freestyle in the Digital Era

SUFI MOHAMED

> I freestyle my destiny, it's not written in pages
> IMMORTAL TECHNIQUE, LEAVING THE PAST

INTRODUCTION

Before rappers, there were MCs (Microphone Controllers, Masters of Ceremony), b-boys, DJs, graffiti artists and breakdancers who created a scene in any available space—they were heavily reliant on face-to-face social interaction. MCs are are capable of "controlling the crowd"; according to Ice-T they are people whose charisma is enough to control both the rapper and the crowd. Ice-T said it best: "Back in the day when the DJ was the main foundation of hip-hop, they would give the mic to people and say, 'tell them how great I am', and that's how rappers started to first rhyme about the DJ and then about themselves…Rhyming is something [MCs] do, but that's not all they do" (Sways Universe, 2012). These social engagements formed the environment that exists today, the amalgamation of dress, style, art and music would become inseparable to hip-hop during its formidable years. Much of this cultural milieu was left unrecorded and undocumented until 1979 when Sugarhill Records released their infamous single "Rapper's Delight" on vinyl. The idea of a live event being recorded shocked the original proponents of the early era of hip-hop (Dimitriadis, 1996). When the first vinyl record was released, hip-hop made its way into public discourse and the public sphere, effectively separating it from its ancestral roots. Face-to-face interaction would no longer be necessary. In its place, a new paradigm would encourage to develop efficient production, recording, synthesizing and distribution that would "rock" the entire foundation of hip-hop. Hip-hop would now become a mediated commodified form through vinyl, videos, tapes and CDs. No longer requiring a co-present community, hip-hop would manifest a closed narrative structure recognizable by the audience (i.e. predictable wordplay), and individualized listening experiences that would change hip-hop's origins. This resulting redefinition would become "rap music".

It is important to distinguish between studio and freestyle performance because they are both reliant on their own predefined expectations. Studio-based performances are tied heavily and are pre-determined by expectations of the studio, agent, and record label. In this scenario, a studio MC may not even write his/her own lyrics, or may co-perform with another artist determined by his/her record label, for strategic reasons, to expand or extend partnerships for future collaborative opportunities. Freestyle, on the other hand, relies on the complex ambience that intertwines art, music, beatboxing, breakdancing, and general dance with high-intensity battles occurring in real-time—this was the spirit of hip-hop. When Grandmaster Flash was approached about being recorded for the first time, he said, "I didn't think that somebody else would want to hear a record re-recorded onto another record with talking on it" (George, 1993: p. 49).

The body is an element often ignored in hip-hop literature. The body itself is an instrument of expression. Unlike the static traditions of western, rock, and classical music, hip-hop, like jazz and blues, emerged out of "experiential worlds," according to Stuart Hall (1992) only to encounter what Foucault (1982) described as "new forms of subjectivity" (p. 126). Foucault (1982) argued that the modern ethic of governance, as well as previously normalizing institutions of power and dominance, dissolved during the post-modern schism in favor of self-governance and individual autonomy against the backdrop of redefined experiences, with pleasure in communal activities giving birth to individual moral systems. These "new forms of subjectivity" manifested in a group consciousness, made possible by available arenas (Dimitriadis, 1996). Hip-hop became a form that expressed social realities and urban ghetto life, creating protest discourses from the late 1970s until the early 1990s. Paris, an eminent MC, said in his famous album *Days of Old*, "keeping it live was a familiar scene" (The Days of Old, *Paris*) referencing the communal expectation of hip-hop, dance, art, and DJing forming an integral part of the "Days of Old". Blues, for example, when performed live, is a flexible form that combines the exchange of spontaneous dance, unstructured rhymes and verses, asynchronous melodies, and abrupt breaks that one could argue parallels freestyle hip-hop (Dimitriadis, 1996). In essence, the body is an agent that expresses these subjectivities, in flexible lyrical forms imbued with concurrent improvisation—one could hardly resist the impulse to dance, to sway, to snap ones' fingers, or nod when listening to hip-hop. The body is an important part of this mediated communication, especially in music videos. These unstructured forms encourage interruptions from breakdancers, a dance form that takes its characteristics from distorted bodily communication, unmetered and asymmetric—it is no wonder hip-hop and breakdancing are two art forms sharing an almost identical unique cultural history (Dimitriadis, 1996).

Freestyling is a spontaneous activity that depends heavily on the uncertainty of performance, neither the performer nor the audience can predict the upcoming rhymes and in what context they are situated. This partnership between performer and audience suggests that hip-hop, in a freestyling event, is an engaging social experience. This open form allows performers and audiences to co-create the freestyling event (Dimitriadis, 1996). Even studio performances express a likeness to old-school hip-hop (i.e. hip-hop of the 80s until the early 90s), e.g. *Nostalgia* by Masta Ace performed in an open space (park) with scratching and breakdancing. Freestyles have evolved, except this time the arenas for musical production have spilled into online video-sharing platforms like Metacafe, Facebook, ReelTime, Viddler, Yahoo! Video, Youku, and YouTube. The spaces that once kindled the freestyle underground culture have become scarce, and yet the demand for freestyle events continues to grow as individuals put pressure on studios to produce mediated experiences via mobile phones, tablets, and desktop screens.

YouTube is an intriguing platform because it is saturated with volumes of incalculable data and videos uploaded by hundreds of thousands of users on a daily basis. YouTube is designed to encourage video sharing, uploading, and archival distribution of user-generated content. While user-generated content is indeed interesting, this essay is concerned with *the idea of a freestyle event being recorded*—an event that was once confined to its space and time has now become part of a complex and intricate entertainment industry. Freestyle events are recorded in high definition (1080p) for distribution and viewing on various platforms capable of video playback. Since mobile technologies are now capable of recording video resolutions of at least 720p or greater, recording freestyles in high resolution has become a standard.

Justin Edwards (aka Math Hoffa), a battle rapper from Brooklyn, New York, will be this essay's main subject of interest: an "underground" hip-hop freestylist whose reputation has attracted the attention of mainstream artists like Drake. Math Hoffa is a formidable presence on YouTube, with a total view count of several millions. Hoffa has been challenged on a number of occasions and insists that a battle with Jay-Z is imminent. Hoffa is an intriguing subject, particularly his freestyle technique that combines an aggressive tone with a domineering authenticity that commands respect and provides the audience with endearing entertainment. Hoffa is a valuable case study to observe the freestyle phenomenon in the digital era. This essay will begin by charting the developments of freestyle followed by an overview of YouTube and the digitization of the freestyle tradition. Lastly, Math Hoffa will be an invaluable case study as *this essay explains how a hip-hop artist freestyles in the digital era of modern communication.*

THE DOMINION OF FREESTYLE

> You ain't got bars like dat... and I'mma bring the bars right back!
> MATH HOFFA

First and foremost the freestylist is an artist, a master of linguistic expression and wordplay whose talents are part of a poetic and storytelling tradition that are as old as the moment of utterance. What is unique to hip-hop culture is the concept of *battling*, a highly competitive art of rapid speech aimed at conquering and embarrassing the opponent through a synthesis of creative wordplay and an aggressive countenance. The freestyle event is highly situation-dependent on the minute-by-minute interactions between the DJ, challenger, audience, arena, because any of these elements can become a topic of discussion and irritation. Alim (2006) described the arena as a *cypher*, "the hyperactivated, communal hip-hop lyrical testing and stomping grounds of verbal mastery" (p. 18). The cypher itself is *alive*—it compels an ongoing exchange of ideas, dialogue, and discussion, perhaps even facilitating new allegiances, encouraging verbal sparring, and sharpening one's skill to prepare for an imminent battle (Alim, 2006). Century (2002) reported that the hip-hop mogul and revered businessman Jay-Z once declared that the act of battling is the "truest essence of hip-hop".

Although the release of Sugar Hill Gang's hit record *Rapper's Delight* attracted mainstream audiences, the freestyle form has been around long before the first vinyl recording of hip-hop was produced (Dimitriadis, 1996). Rap is a by-product of an underground culture of breakdancers, graffiti artists, and b-boys whose lifestyles matched closely with urban ghetto life, often in areas of major impoverishment. Shortly after rapping was introduced, battling came soon after. Battling involves a contested space in which two rappers "battle" in an arena to decide the victor of that territory, and whose name would be remembered. Gang Starr's (DJ Premier & GURU) seminal track *Code of the Streets* exemplifies this urban ghetto street life, the source and inspiration for freestyles. Anderson (1991) argued that the "code of the streets" was emblematic of an alternative status-based social economy, subverting the dominant mainstream ideologies of middle class society. A person's social status, their education and money, is not necessarily the element that differentiates individuals in the hip-hop community—hip-hop culture weighs factors different from the realm of middle class values (Anderson, 1991). The hip-hop community values street smarts, the jargon of the community and intertextual references to other MCs, a certain street slang, and stories from "the hood"—the freestyle event is an avenue that channels dialogue between two MCs (who may or may not know each other) against the backdrop of a community that confirms (or interrogates) their talents.

A freestyle event consists of a battle between two rappers occuring in real-time either pre-arranged, organised, or spontaneously triggered. Most people experience a pre-arranged event. In most cases, the opponent is not known and this requires the ingenuity of the MC to rely on the opponents' tone, clothing, the audience, and the initial perceptions gathered of the adversary to construct viable and strong battle rhymes. In the heat of the moment, generating rhymes as quickly as you can is the only means of ensuring your survival in the cypher—a silent MC is quickly ridiculed by the attentive audience. The hallmark of a freestyle battle is the MCs' quick wit, creativity and lyrical proficiency in successfully outpacing, outsmarting, and outlasting his/her challenger.

In cases where a freestyle event is pre-arranged and formalized, battles are held in crowded arenas and participants are given a fixed amount of time for their performance (e.g. three minutes for each artist). With their limited amount of time, challengers must quickly strike without preparation; however, some MCs use a specific rhyming couplet that audiences remember in order to "win" earn their loyalties (e.g. when Hoffa feels like he has cornered his challenger, he says, "You ain't got bars like dat... and I'mma bring the bars right back!"). In this type of formalized freestyle, the audience would decide the victor by booing and name-calling the loser forcing the adversary to leave and a new challenger to take his place. In some cases, a *beef* is triggered, that is, a "conflict, squabble, a problem" (Smitherman, 2000: p. 65), or a persistent disagreement between individuals that leads to a rap battle, in which the goal is to defame the challenger by announcing their deceit in a public scene.

There are cases where the cypher is not readily discernible and yet two rappers create studio tracks to voice their discontent, as though they were engaging in a battle rap with a defined cypher. For example, Jay-Z had his own *beef* with the rapper Prodigy, a member of the group Mobb Depp which later led to the *beef* between Nas, Mobb Deep and Jay-Z and his group the Roc-A-Fella Family. Outside of the cypher, Jay-Z introduced the song "Takeover" into his live stage performances addressing his beef. Subsequently, the artists began to trade their disputes over formalized records and never once in a freestyle arena. Jay-Z's *Takeover* has verses characteristic of freestyle battles. Similarly, Nas's response

Ether retorts almost identically. In 2012, Nas and Jay-Z ended their beef and collaborated on several records together (Rap-up.com, 2012)—cooperation born from beef is one of the strongest examples of a cypher's ability to encourage non-violent conflict resolution. To this day Nas and Jay-Z can be seen attending parties together.

Lyrical wordplay is an aspect of the freestyle battling experience. Originating within the dominion of freestyling is dance, DJing, sampling, beatboxing, and breakdancing. According to Osumare (2002), "breakdancing is embodied text just as rap music is oral poetry" (p. 36). Much like a rap battle requires tremendous skill and practise, so does breakdancing which thrives on improvisation and experiential performance, the raving crowd, and the spontaneity of that collective experience. A freestyle battle encourages a uniqueness, i.e. an individuality that has a never-before-seen allure, much like its breakdancing counterpart—the dancer speaks through his/her performance (Osumare, 2002). Before and after a battle, breakdancing, beatboxing, and DJ scratching may or may not occur, but when it does, it has the effect of kindling and amplifying the battle experience. The battle exists within the frame of a communal circle wherein a performance takes place between two opponents; breakdancers may also compete with each other in a similar way. The breakdancer exercises tremendous skill in order to convey his/her cultural identity, consciously expressing their souls as part of the performance and adopting body language to synthesize minute-by-minute interactions with the audience to generate an unforgettable experience. B-Boys, graffiti artists and DJs are integral to the freestyle battle, each contributing their own experience and building the freestyle experience towards an unprecedented level. MCs like Eric B & Rakim, for example, provided beats and music that inspired several b-boys and dancers alike.

Having freestyles and breakdance performances in a single event had its peak at so called "jams" in the eighties and early nineties. Nowadays they are mostly separate events. Freestyling has traditionally existed in a closed community, e.g. in New York's Bronx, and could only be experienced once. The feud between two battle rappers would be resolved in that instance (maybe) and the whole experience would be discussed, shared, and would eventually become part of the hip-hop cultural discourse within the Bronx. New battles would be waged and the cycle would continue, as aspiring hip-hop artists would make their names known, breakdancers would make their techniques visible, and DJs would make their talents recognized.

FREESTYLE 3.0

> This is battle rap, two emcees hit the stage
> With no beat, they compete with rap schemes and displays
> MATH HOFFA

Freestyling is no longer confined to a single stage, two emcees extend this stage to available device capable of receiving and playing a video recording. In the same way that rappers extend the cypher (aka arena) through studio recordings to be heard by their distant adversary (e.g. Nas vs. Jay-Z), a freestyle event that is recorded and replayed extends the cypher to include other emcees willing to take the challenge, as well as the audience who view these typically closed performances in public spaces. What is inherently special about recording a freestyle performance? Is it not the uniqueness of the performance, the exclusivity of the moment that gives freestyle its appeal? Recording the freestyle performance allows others play it back confirming the authenticity of the rappers involved, in addition to their talent being reaffirmed by an audience larger than the available cypher.

Freestyle events have long been recorded on VHS cassettes, through handheld portable video recorders and vinyl records; however, these experiences have typically been monodirectional and prevented individuals from exercising their own embedded creativity. The freestyle experience used to be monodirectional, i.e. the event would be transmitted through the audience and the audience would declare the victor, and if the freestyle event would be recorded and played back in audio formats, it would only be experienced by one person, or if it is played aloud for a whole group—but that group would not be able to exercise their input, because the freestyle event was already over. The instance that a freestyle event is recorded and retrieved implicates, essentially, that the freestyle event is over, with or without digitisation.

What is different about recording freestyles in today's digital era is the quality (1080p is a typical standard offered by video recording devices) and the inherent potential to disseminate live performances to mobile, desktop, or tablet devices in ways that can encourage participation, user-generated content, and commentary that is also recorded, shared, and interacted upon. This significantly widens the scope of the typical cypher, involving the audience in a perpetual participatory scene—the audience can now leave comments in video-sharing platforms and continue discourse about the freestyle performance as it happens.

Currently, convergent technologies have given the audience the possibility of documenting and cataloguing experiences. Furthermore, fans who upload their videos may be compensated based on advertisings they permit their videos to display. For example, YouTube uploaders may choose whether or not they want their videos to display advertising, and if they decide to permit advertising, they can subscribe to cost-per-click affiliate programs. Uploaders are not only influenced by the possibility of earning income from the videos they upload, they can also archive videos and share them with family and friends. Ishoot shows.com's (2014) concert photography of fans attending B.o.B's performance at the iHeartRadio theatre in New York provides an example of the ubiquitous use of recording technologies at live performances, including freestyle events.

Fans experience the event directly through their mobile devices, which have outstanding picture and sound recording quality—fans are able to record at up to 1080p with Dolby Surround Sound. Additionally, fans try to ensure that the video is perpendicular, so that it is easy to identify the performer, and that sound quality is not diminished. Fans, directly at this live concert performance, may compete amongst each other for whomever can upload their videos the quickest (typically on YouTube), before anyone else, to get the most views for their videos and, if advertisements are enabled, maximize revenue from ad-sharing plans. It is possible for fans to directly syndicate the performance live from their recording devices to others who are "watching" this event from their own devices, who are not present at the live performance, but can still "experience" the event like the individual recording the performance (e.g. Facebook's LiveMap real-time streaming). Before the end of B.o.B's live performance, fans will at least share their photos or videos on Facebook, YouTube, Metacafe, or instant messaging mobile applications like WhatsApp, Viber and Skype. The excitement of sharing the event with friends and family is a strong motivation for individuals to record live performances and, perhaps, an ulterior motive may be to earn money from uploading their video in video-sharing platforms like YouTube.

Most video-sharing platforms provide personalization and the flexibility for scaling their channels, however, Vimeo and others impose limits that discourage or prevent mass uploading by applying bandwidth limits, enforcing storage restrictions, and creating queues delaying uploads for many hours, sometimes even a full day. For the "real-time" user, waiting a full day is unacceptable, especially in the context of a live performance—whoever is the first to upload a video typically acquires a greater audience. Live streaming requires immense resources from the provider (YouTube) and it is not something video-sharing platforms readily offer to its users; however, at monumental occassions like the Super Bowl final match and President Obama's State of the Union address, YouTube would offer livestreaming—basically, YouTube decides what these newsworthy events are and concerts do not belong to this category. Fans simply upload videos of concerts on the same day as the concert. If a platform does not offer the luxury of live streaming, users will find another means of sharing the video in real time using a service like livestream.com, or Facebook's LiveMap free service. On Facebook, fans can simultaneously record and stream concert performances for their fan community and online partners.

With YouTube's increasing popularity and massive user community, it is the most attractive platform for users to allow interaction on and share, archive, and disseminate their recorded concert events. YouTube's statistics reveal that it has more than 1 billion users, 300 hours of video are uploaded to YouTube every minute and that, every day, people watch hundreds of millions of hours on YouTube ("YT"). YT has a mixture of users and registered businesses, each uploading videos of enormous quality. Users and businesses have the flexibility of designing their own "channels" however they see fit; however, businesses typically have greater designs and bolder typography (see Vevo official music channels). Individuals subscribe to these channels in order to be notified when the channels upload a new video. Despite the various metrics YouTube provides, the most concrete measure of a channel's success is the number of people subscribed to it. There are users who professionalise their videos to mimic the high quality productions of music videos uploaded on their competitor's channels; for example, three individuals in a band named Boyce Avenue have uploaded nearly 300 videos to YouTube, with a total of 6,905,401 subscribers and 1,816,379,194 views (Boyce Avenue, 2015), using professional recording equipment, excellent cinematography and video editing to render their music videos almost indistinguishable from their MTV channel competitors. Having developed an enormous fan community that supports their music, Boyce Avenue has attracted significant attention and has now signed a recording contract to perform live concerts. Depending on the niche, any individual user may be capable of becoming successful and (in the best case) live the American Dream.

When a live concert is recorded, there is the possibility for a user to comment and share their observations contributing to the ongoing discourse about the live performance. Essentially, recording and uploading a live concert has characteristics of a report, or evidence that the event occurred. These videos are used and replayed on live television broadcasts like CNN, CBC, NBC, BBC, etc. When a freestyle event is recorded and uploaded to YouTube, the cypher expands to include people around the world, to continually debate and leave comments in the uploaded videos to support or leave retorts about the live performance. The videos may or may not be embedded into other websites that continue the discussion about the freestyle event (hiphopdx.com, killerhiphop.com, etc...), criticize the performance, or give support to their favorite. In a way, a freestyle performance can be experienced continuously, even years after the live event, preserved in its authenticity—the cypher will always remain expanded, displacing the "real-time" experience of traditional freestyle performances.

MATH HOFFA AND FREESTYLING

> Leave your nines at home and bring your skills to the battle.
> JERU THE DAMAJA, COME CLEAN

Math Hoffa ("Math"), or Justin Edwards, is a Brooklyn-born MC whose difficult upbringing invokes an incomparable "realness" that most rappers simply do not have. Math is 190.5 cm tall and his presence alone evokes intimidation, his voice carries with it an aggressive dominating personality (Wikia, 2015). In an interview before a rap battle, Math stated, "Nowadays, you just gotta be big and loud. I think it's time people see the difference in authenticity of what a performance is" (King of the Dot Entertainment, 2013). Ever since Math's first "punch" in a freestyle against Dose at a URL battle (Sunny, 2012), he has been dubbed the bully of hip-hop battles. His physical stature and his "evident" aggressive Brooklyn edge draws immediate attention, and he has stated that his previous altercations in the streets of Brooklyn form a perennial basis for opponents to attack Hoffa (Unbias Review, 2013). In his battle against Stay, the crowd (being fully aware of Hoffa's background), criticized Hoffa heavily for his attention to "realness", claiming that his previous altercations have only proved to strengthen his resolve. Stay is also a phenomenal lyricist who draws on historical patterns, social inequalities, and contradictions whereas Hoffa's lyrics draw on urban dissolution, weapons and violent expressions in day-to-day life using stories of his personal life as sources of lyrical expression. However, Stay is not convinced:

"Ever since Calicoe punked him, his verses just don't have any substance. His career was built up by being a bully, and Math never done shit. That's what happens when acting so tough gets, instead you could have amounted to something; every battle you've done since has been counter-productive. You went from the highest paid battler to rapping for practically nothing. You turned your road to success into a path of destruction." (King of the Dot Entertainment, 2013)

In the Math Hoffa: The Untold Truth documentary aired on YouTube by Unbias Review (2013), Hoffa explains that his altercation with Dose was a "setup" and that he never punched him, furthermore, he claimed that the battle rap scene feels staged, or lacking in "realness". Math does not consider himself a freestylist, he prefers to call himself a performer, entertainer and a musician. He focuses on his music, beats, and developing complex rhyme "bars" for soundtracks. In addition, Hoffa does not like to be touched when he freestyles. Math is a formidable opponent in the freestyle event because of his performance focus, he is an entertainer first and foremost and his hip-hop lyricism aims at audience satisfaction rather than at his opponents. Don't Flop Entertainment's (2013) photograph of Hoffa's arms spread wide, on stage, demonstrates an example of his audience-focused approach.

Math belongs to a freestyle hip-hop industry in which competitive leagues and platforms for ongoing continuous dialogue about hip-hop performances are staged. In cases in which no winner is immediatedly discernible, Math would participate in rematches in order to clarify minor distinctions between his and his opponents' performance. A freestyle performance is not just recorded, but replayed and remarketed in order to build a YouTube channel's reputation. Math participates in various leagues: King of the Dot (KOTD), Ultimate Rap League (URL), Don't Flop, SMACK, and Fight Klub. Each of these leagues operate under their own business model, which usually incorporates the use of social media and, specifically, YouTube marketing. Previously, a freestyle event could be used to resolve a territorial dispute between two rappers in a given area (although this was not necessary)—rappers may not have been paid for their participation in the freestyle event. Due to the general unavailability of space, leagues book large venues, create tournaments and invite the best freestylists to battle against each other. These venues sell tickets and attract large numbers of people in order to fill their venues (which can host as many as 2000 people). Naturally, those standing directly behind freestylists may pay increased rates, akin to the idea of paying for a backstage pass. According to hip-hop DX, "URL smacked heads with a $75 General Admission, $125 VIP, $300 Stage Pass special...and sold out the joint...in a recession" (Hunte, 2012)—Webster Hall is a venue in Manhattan, New York, that can hold up to 2000 people meaning valuable profit margins for SMACK. Furthermore, the high-definition videos recorded at live performances are uploaded to YouTube as an additional source of revenue: freestylists can directly advertise on these videos and promotional links can be shared and embedded for their upcoming albums, and circulated across news websites—the discourse of a single freestyle performance can continue perpetually. The URL battle league was created on the night the entire venue was sold for the battle between Math Hoffa and T-Rex (Unbias Review, 2013).

Math is no stranger to this perpetual discourse, because he follows blogs and social media channels that discuss and spread rumors about his conduct and performance (Unbias Review, 2013). Consequently, he records interviews and seeks opportunities to express himself, or to address other hip-hop artists. The following is a brief list of instances in which he used YouTube to settle disputes, to clarify his conduct, or express opinions on his freestyle events:

1. Math Hoffa Rookies Vs Vets Predictions & Message To The Rookies W/Nunu Nellz & Jaz The Rapper (15moferadio, 2015)
2. Math Hoffa: If Jadakiss Wants $700K I Want $1M To Battle (Full Interview) (FORBEZDVD, 2015)
3. Math Hoffa Addresses Rumor That He Sued Dizaster Over KOTD Fight (djvlad, 2014)
4. Math Hoffa Talks About 500k Fight With Bitchazzter! (Mathhoffa, 2015)
5. Math Hoffa July 4th "Unofficial Response" To Dizaster (Mathhoffa, 2014)

Math is aware that his activities on YouTube generate attention that would likely work to his favour: he wants to build momentum and fan support that will attract battle leagues to invite him to freestyle battles. These freestyle battles are devoid of music and dance. According to Math, the battle scene consists of purely "rap schemes and displays", suggesting that freestyle battles are oriented towards performance and dialogue. "Displays" could mean any number of things: the brand of clothing artists wear, the way they move their bodies, the interactions artists have with their audience—Hoffa focuses on "display" and performance to win the audience's attention. Brinkman (2001) stated that a strong coupling existed between rap and DJing, stating that DJing itself gave rise to hip-hop and rap music. DJs were the main element of the live performance and rappers merely acted in support of them (Brinkman, 2011). With the growing complexity of the hip-hop industry and a growing preference for the use of recording studios to create beats and instrumentals, DJs lost their significance in live events:

On stage, the change was manifested by the popularity of DAT tapes, whose superior quality made live DJs superfluous, because the tracks came across clean with no chance of the inadvertent record scratches or turntable shaking that hampered live shows. Unfortunately, lost in the translation was the interplay between a live DJ… and the audience. (George, 1998: 112)

Quality soundtracks replaced the prevalence of DJs in live performance—beats can simply be played through a loud speaker. The turntable imperfections that George (1998) references were part of freestyle hip-hop live performances and were often used by freestylists to interact with the DJ. In analyzing the orality of hip-hop freestyle, Pihel (1996) references Supernatural (considered one of the best freestylists of all time) to illustrate the inherent dynamism of the freestyle form. According to Pihel (1996), when there is no beat and other discernible elements (e.g. Supernatural references the "stupid bagel", see below) during a live performance, freestylists challenge each other's wits by trading insults back and forth. Math's reference to "displays" does not include interactions between him and and the DJ—this is battle rap and not just freestyle. This is contrary to Large Professor's expression of what freestyle meant:

That's hip-hop, you know what I'm saying, when you could just feel it...*you can feel the beat flow through you*, man, where you just know every lyric gonna come on time, and half the words gonna rhyme. (Large Professor, quoted in Fernando 1994, my emphasis)

Supernatural embodies an older tradition of freestyle hip-hop, not much different from the freestyle 3.0 era described here, but also a relationship with freestyle music that differs from current battle rap. Pihel (1996) documents that Supernatural, during a studio freestyling performance, found that his friend George was eating a bagel in the studio and incorporated that detail into his next rhyme:

Supernatural gonna step in and I'm-a stand in
For George 'cause you know he's able
But he can't flow right now 'cause he got a stupid bagel
Crumbs in his mouth so let me turn it out. (Supernatural, quoted in Pihel 1996: 258)

The hallmark of a freestyle event is the unpredictability and the lack of insight into the ongoing intentions of the lyricist (Pihel, 1996). Math is an extremely articulate freestyler whose intentions are clear: to make a performance and earn the respect of his adversaries. When asked how he prepares for his freestyle battles, Math answers that he could not disclose his preparation techniques (Unbias Review, 2013). More than not, Math freestyles with unpredictable rhymes and displays.

As mentioned earlier, Math is a musician and his preparations are as important as the execution of his rhymes; unfortunately, he does not interact with any element on stage other than his opponent and does not like to be distracted (audience throwing towels at him in his Fight Klub battle against Serious Jones, Daylyt spilling water on his shoe, and Dose's snapback hat touching his face).

Math is slightly partial to freestyling. He feels that freestyling has been misunderstood by the current profiteers of this tradition. Math is aware that freestyling was not the same during the 1990s. Math expressed that, "Making music is more natural for me, battle rap is like you gotta convince yourself you don't like this person" (Unbias Review, 2013). Math prefers to entertain, laughing and raising his hands, telling the audience to "hold on" a number of times, and staging himself as the dominant lyricist in any performance. Math Hoffa's battles have a gritty "realness" to them and it concerns him when his opponents rap what they mean (i.e. threatening, or provoking him):

Interviewer: You kind of got this bully persona in battle, how do you feel about that? Is that something that you like, or you feel like it is a representation of you?
Math Hoffa: I feel like it is a misrepresentation of me because I don't go around putting my hands in people's pockets, or grabbing people by the collar. A lot of the situations that I've got into were either, aside from the two incidents on cam, was me either defending myself or me expecting someone to be what they were saying they were, you know what I mean? I came to battle rap from the streets, I was selling coke, dope, running around, people doing shit for me, you know? I had a different perception of it than battle rappers who were rapping about it. I thought a lot more of them were like me, so when people said certain things I felt like I had to respond in a certain way 'cause that's what it was. I heard stories…but after a while I learned that a lot of it was fiction. It was just, you know, I understood it. Ok, alright, you guys are rappers, this is what people were talking about, I get it. Being from Brooklyn is different, especially from my area of Brooklyn, Crown Heights. We didn't like dudes who rapped about shit we knew that they didn't live…we didn't like that type of shit, we used to frown on that type of shit…We like the real shit. My dislike for battle rap now is that I can see it turning into WWF. I feel like that's where it's going. There's going to be costumes, people coming out with all types of crazy shit, capes, shades, looking like machoman. It's going to take the real edge off. I mean, every rapper exaggerates but there's gotta be a base, where people can say ok, I understand where he's coming from, where people can say that I know certain things went on in his life, where he could say this and that. You know, it's that autobiographical feel. (Unbias Review, 2013)

For Math, there is a dissatisfaction with current freestyle battle performances, and he states that they have become superficial and no longer favour the best rapper in any performance—he believes that battle leagues have fixed preferences.

Math directs all his attention to popular social media networks: Facebook, Twitter, and YouTube because they are cost-effective for an artist who is usually "thin on paper". Using YouTube, Math challenges individuals for battles who he deems are the greatest in the industry of freestyle hip-hop: Loaded Luxx, T-Rex, and Murda Mook. Math also arranges battles by asking other freestylists whether they would like to battle—some of whom he considers professional. The post-freestyle performance is also significant, because it includes arrangements and preparations for the next battle, such as: blog commenting, video postings, interview, radio commentary, etc. until the next battle is organised. There needs to be sufficient conflict between artists to sell venues.

In the *Untold Truth*, Math complained about the unfairness of battle leagues because of their preference for particular emcees (URL, Fight Klub), including the ways in which the URL battle league no longer communicates with him, how they disrespect rappers and so on (Unbias Review, 2013). Interestingly, when asked which battle league treated him best, he pointed out Rap Battle Network, a notoriously popular pay-per-view YouTube channel whose income streams are not only offline (i.e., venues and ticket selling) but also online (YouTube organized pay-per-view arrangement). YouTube offers relevant and user-targeted videos to visitors, comparing videos they have watched, liked, commented, and shared with other videos they may enjoy. Additionally, each YouTube channel provides users the chance to view content from similar freestyle battle rap channels.

YouTube continues to play an important role in radically mediatising and changing the way people and users interact with this genre. Using the interactive YouTube platform, freestylists can create their own profiles, upload their own freestyle sessions so likeminded users, artists, and even battle leagues may see and hear the freestylist's techniques and lyrics. With YouTube's growing viewership and community, the freestyle form has flourished, encouraging not only Math Hoffa (and other MCs) and providing him with an extended cypher but also other artists who are participating in multiple freestyle battle leagues.

Conclusion

> If a beat was a princess, I would marry it.
> Gang Starr, Arena

Hip-hop continues to evolve and adapt to socio-political conditions and technological innovations that are both challenging and enduring. While the basic tenets of freestyle from the early 80s and 90s era remain unchanged, the growth and expansion of convergent media (video-enabled tablets and mobile technologies) along with complex industrial and economic developments have made freestyle live performances difficult to arrange. During the early days of freestyle hip-hop, the cypher of contention would consist of a neighborhood and those who orally spread the story of the freestyle performance; recordings of performances were difficult to produce and costly to distribute—the cypher could only be experienced in the moment of its production. With the advent of convergent media, individuals have become more likely to record and save their videos for a variety of reasons. Video publishing platforms like YouTube and Facebook have embedded their services into mobile devices as applications with the opportunity for users to upload recorded live performances to their profiles (i.e., channels) in an instant. A cypher may also be streamed live using live-streaming applications, thereby extending it to potentially include people from all around the world—the proving ground in which freestylists perform now extends well beyond their neighborhoods, as they compete for titles and significance worldwide.

LITERATURE

Alim, S. (2006): Roc the mic right: The language of hip-hop culture. New York: Routledge.
Anderson, B. (1991): Imagined communities: Reflections on the origin and spread of nationalism. London: Verso.
Boyce Avenue (2015, April 25): *YouTube.com*. Retrieved April 25, 2015 from boyce avenue - YouTube: https://www.youtube.com/user/boyceavenue/about
Brinkman, B. (2001, December 6): *Bababrinkman.com*. Retrieved March 3, 2015 from Exchanging the currency of authenticity: Live performance and mediatization of hip-hop culture: http://www.bababrinkman.com/doc/essays/currency.pdf
Century, D. (2002, January 6): *Newyorktimes.com*. Retrieved March 10, 2015 from Two of rap's hottest return to the dis: http://www.nytimes.com/2002/01/06/style/two-of-rap-s-hottest-return-to-the-dis.html
Dimitriadis, G. (1996): Hip-hop: From live performance to mediated narrative. *Popular Music, 15* (2), 179-194.
Fernando, S. H. (1994): The new beats: Exploring the music, culture, and attitudes of hip-hop. New York: Bantam.
Foucault, M. (2014): The subject and power. In: M. Foucault: Beyond structuralism and hermeneutics (pp. 208-226). Chicago: Routledge.
George, N. (1993): Hip-Hop's Founding Fathers Speak the Truth. *The Source, 50*, 44-50.
Hall, S. (1993): What is this black in black popular culture? (G. Dent, Ed.) *Black Popular Culture*, 21-33.

Hunte, J. (2012, September 28): *Hiphopdx.com*. Retrieved March 13, 2015 from SMACK Talk: The Secret Success of the Rap Battle Industry: http://www.hiphopdx.com/index/editorials/id.1962/title.smack-talk-the-secret-success-of-the-rap-battle-industry

Nelson, G. (1998): *Hip-hop America*. New York: Penguin.

Osumare, H. (2002): Global breakdancing and the intercultural body. *Dance Research Journal, 34* (2), 30-45.

Owyoung, T. (2013, April 7): *Ishootshows.com*. Retrieved March 23, 2015 from Photos: B.o.B. @ iHeartRadio Theater: http://www.ishootshows.com/2014/04/07/photos-b-o-b-iheartradio-theater/

Pihel, E. (1996): A furified freestyle: Homer and hip-hop. *Oral Tradition, 11* (2), 249-269.

Rap-up. (2012, July 7). rap-up.com. Retrieved July 30, 2015 from Nas Celebrates 'Life Is Good' With Jay-Z, Swizz Beatz, & Teyana Taylor: http://www.rap-up.com/2012/07/17/nas-celebrates-life-is-good-with-jay-z-swizz-beatz-teyana-taylor/Smitherman, G. (2000): *Black talk*. Boston: Houghton Mifflin.

Sunny, S. (2012, September 29): *Vladtv.com*. Retrieved March 10, 2015 from Exclusive! Why Math Hoffa Punched Dose: http://www.vladtv.com/blog/123775/exclusive-why-math-hoffa-punched-dose

Wikia (2015, April 7): *Battlerap.wikia.com*. Retrieved April 10, 2015 from Math Hoffa - Battle Rap Wiki: http://battlerap.wikia.com/wiki/Math_Hoffa.

YouTube (2015, April 25): *YouTube.com*. Retrieved April 25, 2015 from Statistics - YouTube: https://www.youtube.com/yt/press/statistics.html

Videos

15moferadio (2015, March 22): Math Hoffa Rookies Vs Vets Predictions & Message To The Rookies W/ Nunu Nellz & Jaz The Rapper [Video file]. Retrieved from https://www.youtube.com/watch?v=n5-d8nFpifg

djvlad (2014, November 13): Math Hoffa Addresses Rumor That He Sued Dizaster Over KOTD Fight [Video file].
Retrieved from https://www.youtube.com/watch?v=B-IRwN-7gW0

Don't Flop Entertainment (2013, March 23): Math Hoffa vs Shotty Horroh | Don't Flop Rap Battle [Video file].
Retrieved from https://www.youtube.com/watch?v=O49_SEWL-Dg

FORBEZDVD (2015, January 9): Math Hoffa: If Jadakiss Wants $700K I Want $1M To Battle (Full Interview) [Video file].
Retrieved from https://www.youtube.com/watch?v=2jxcEfnmIfE

Mathhoffa (2015, January 11): Math Hoffa Talks About 500k Fight With Bitchazzter! [Video file].
Retrieved from https://www.youtube.com/watch?v=ux3UHHYrt_g

Mathhoffa (2014, July 5): Math Hoffa July 4th "Unofficial Response" To Dizaster [Video file].
Retrieved from https://www.youtube.com/watch?v=HeCXzUbqHGE

King of the Dot Entertainment (2013, February 19): KOTD - Rap Battle - Pat Stay vs Math Hoffa – Co-Hosted by Drake & Maestro Fresh Wes [Video file]. https://www.youtube.com/watch?v=0hfh8SOILiM.

SwaysUniverse (2012, June 8): Ice-T explains the difference between an MC and a Rapper on #SwayInTheMorning [Video file].
Retrieved from https://www.youtube.com/watch?v=qrLmvqsljmU

Unbias Review (2013, November 12): Math Hoffa: The Untold Truth (Unbias Review) [Video file].
Retrieved from https://www.youtube.com/watch?v=G2O76g2PK4o

Lyrics und Lesarten: Eine Drei-Sphären-Analyse anlässlich einer Anklage

JANNIS ANDROUTSOPOULOS

EINLEITUNG[1]

Die Entstehungsgeschichte dieses Beitrags beginnt im Jahr 2010 mit einer vom Bundestagspolitiker Volker Beck gegen den Berliner Rapper Kaisa erhobene Anklage. Wie Szenemedien berichteten, wurde Kaisa vorgeworfen, dass bestimmte Textpassagen in seiner Veröffentlichung „K.M.K." eine Aufforderung zum Mord sowie Leugnung des Holocaust darstellten (vgl. hiphop.de 2010, rap.de 2010 im Linkverzeichnis).

Anfang 2013 bin ich amtlich beauftragt worden, ein Sachverständigen-Gutachten in dieser Sache zu verfassen. Das Gutachten sollte die für die Anklage relevante Annahme, dass die Songtexte Kaisas eine bestimmte Öffentlichkeitswirkung in der deutschen Rapszene entfalten würden, einer kritischen Prüfung unterziehen. Ziel war es, den Wortlaut der fraglichen Textstellen mit Blick auf seine Deutungen unter Hip-Hop-Fans und in seinem Potenzial zur Gewaltstiftung einzuschätzen sowie die kulturell kontextualisierten Deutungsspielräume um Kaisa im Diskurs der deutschen Rap-Öffentlichkeit empirisch zu beleuchten.

Die Folie für meine Entscheidung, als Sachverständiger zu wirken, bildete wiederum eine damals knapp 20 Jahre zurückliegende Episode: Die Kontroverse um den Song „Cop Killer" der vom amerikanischen Rapper Ice-T geleiteten Formation „Body Count", die 1992 die globalen Schlagzeilen ereilte. Die das Album eröffnende Schilderung eines Polizistenmordes und die Lyrics des

---

1 Simon Klingler, ehem. Master-Student der Medienwissenschaft an der Universität Hamburg, bin ich für seine Mitarbeit bei der Erhebung, Aufbereitung und Kommentierung der Daten zu Dank verpflichtet.

gleichnamigen Songs „Cop Killer" haben in den USA heftige politische Kritik ausgelöst, und obwohl Ice-T den Song als Protestsong sowie Ausdruck seiner freien Meinungsäußerung verteidigte, sah er sich letztlich gezwungen, ihn zurückzuziehen.[2]

Die Erinnerung an diese Episode, die mir in den 1990er Jahren im Zuge meiner eigenen Rap-Sozialisation vertraut war, interagierte mit meiner Expertise als sprachwissenschaftlicher Rap-Forscher (vgl. Androutsopoulos/Scholz 2003, Androutsopoulos 2003) in der Herausbildung einer kritischen Sichtweise auf die mir bekannt gewordene Anklage, sofern ich darin zwei Momente vermutete, denen man im öffentlichen wie juristischen Diskurs um Rap-Musik (vgl. Hecken 2011 zu Praktiken und Begründungen von Indizierung) immer wieder begegnet: Ein wörtlich-dekontextualisiertes Bedeutungsverständnis einerseits, ein scheinbar direkt-kausales Medienwirkungsverständnis andererseits.

Zunächst zum zweiten Punkt: In der öffentlichen Diskussion um Rapmusik (bzw. Jugendmusikkulturen allgemein) kommt immer wieder die Annahme auf, mediale Inhalte bzw. Repräsentationen hätten eine direkte Wirkung auf das Verhalten ihrer jugendlichen RezipientInnen, so dass Aspekte ihres (wohlgemerkt abweichenden) Verhaltens kausal auf einen bestimmten Medieneinfluss zurückführbar seien. In gesellschaftlichen Krisensituationen rund um Jugendgewalt und -kriminalität tritt dieser Topos des Medieneinflusses immer wieder an den Tag. Es ist hier nicht der Platz, um auf das Verhältnis zwischen derartigen Ethnotheorien und der Medienwirkungsforschung einzugehen. Fest steht jedoch, dass kausale Relationen zwischen Medienkonsum und anschließendem Verhalten wissenschaftlich nicht nachgewiesen sind. Nach Ansicht von KritikerInnen aus der kulturwissenschaftlichen Medienforschung (z.B. bereits Gauntlett 1998) sind solche kausalen Relationen nicht wissenschaftlich nachweisbar, weil Medienrezeption in komplexen lebensweltlichen Kontexten stattfindet, in denen mediale Repräsentationen mit sozioökonomischen Variablen und anderen kulturellen Praktiken interagieren. Die Frage, *wie* Medieninhalte gedeutet, empfunden und erlebt werden und welche Anschlusshandlungen sie möglicherweise verstärken oder auch hemmen, kann nur durch Berücksichtigung dieser Rahmenbedingungen angemessen behandelt werden.

Zum erstgenannten Punkt: Die Bedeutung sprachlicher Äußerungen ergibt sich nicht aus ihrem Wortlaut bzw. der semantischen Struktur ihrer Bestandteile, sondern entsteht im Kontext. Die Ansicht, sprachliche Ausdrücke hätten feste

---

2   Vgl. den einschlägigen Eintrag auf Wikipedia (2016). Zur journalistischen Beleuchtung dieses und anderer historischer Fälle in den USA vgl. Charnas (2012: 355-431).

und eindeutige Bedeutungen unabhängig vom kommunikativen Zusammenhang ihres Gebrauchs, verkennt die Komplexität sprachlicher Kommunikation. Die juristisch relevante Frage, wie Rap-Lyrics verstanden werden, setzt daher eine Klärung der Frage voraus, in welchem Kontext diese Lyrics geäußert werden.

Mit dem Kontext-Begriff sind hier drei Dimensionen sprachlicher Kommunikation angesprochen, die skizzenhaft zu definieren sind: Erstens der unmittelbare *sprachliche* Kontext einer Form bzw. Äußerung: Ihre Begleiter im Satz, ihre genaue Stellung im Text bzw. Dialog in einem bestimmten Verhältnis zu ihr vorausgehenden bzw. nachfolgenden Äußerungen. Zweitens der situative Kontext: Wer spricht mit wem worüber und wo? Und drittens der sozio-kulturelle Kontext: Welche kulturellen Wissensbestände leiten die Produktion und Interpretation von Äußerungen, und wie reglementieren soziale Gruppen die in ihnen stattfindende Kommunikation?

Die Wirksamkeit der ersten beiden Kontextebenen ist jedem Mitglied einer Sprachgemeinschaft unmittelbar einleuchtend: Viele sprachliche Ausdrücke sind semantisch mehrdeutig, indem sie z.B. eine wörtliche und eine übertragene Bedeutung haben (man denke etwa an den HipHop-Anglizismus „beef"). Sprachliche Äußerungen können pragmatisch mehrdeutig sein, indem sie z.B. „eigentlich" oder ironisch verstanden werden. Sofern SprecherInnen in ihren kulturell vertrauten Kontexten handeln, verfügen sie über gemeinsam geteilte, mehr oder weniger feste Erwartungen über situationstypische Spielarten des Sprechens und Schreibens. Die Fähigkeit, erkennen bzw. entscheiden zu können, welche Bedeutung eines sprachlichen Ausdrucks bzw. welcher Stil des Sprechens jeweils zu erwarten bzw. angebracht ist, liegt im Mittelpunkt der kommunikativen Kompetenz.

Allerdings ist diese kommunikative Kompetenz in einer hoch ausdifferenzierten Gesellschaft wie der unseren weit entfernt davon, homogen zu sein. Vielmehr fächert sie sich auf in spezifischere, kulturell kontextualisierte Sprachspiele, und die Kompetenz, daran zu partizipieren, setzt kulturelle Teilhabe voraus.

Rap ist ein Paradebeispiel für in diesem Sinne kulturell kontextualisiertes Sprechen (und Schreiben, Hören und Lesen)[3], dessen Komplexität durch die Verschränkung von Globalität und Lokalität im Rap-Diskurs noch gesteigert wird (vgl. Klein/Friedrich 2003). Wesentliche Teile der sprachlichen Verfahren, die

---

3 In Bezug auf etablierte Sprachspiele im Rap vgl. Toop (2000: 29-35) und Kage (2002: 40-43 und 58-67) sowie zusammenfassend Androutsopoulos/Scholz (2002), Androutsopoulos (2003) und Dietrich/Seeliger (2012: 26-29).

Androutsopoulos/Scholz (2002) Rap-Rhetorik genannt haben, haben ihren Ursprung im US-amerikanischen Rap, sei es in Anlehnungen an afro-amerikanische Traditionen des uneigentlichen Sprechens oder aber als Ergebnis kontinuierlicher stilistischer Innovation. Durch globale Verbreitung und lokale Aneignung entfalten diese Verfahren immer wieder neue Erscheinungsformen, sind sowohl sehr lokal als auch global verwurzelt. Beispielsweise sind die spezifischen Vergleiche und Referenzen, derer sich deutsche Rapper bedienen, teilweise nur für ihr deutschsprachiges Publikum verständlich – man denke nur an die Bezüge in den Texten älterer (z.b. *Fünf Sterne Deluxe*) und neuerer (z.B. *Nate 57*) Hamburger Rapper auf den Sozialraum Hamburg. Auch die schon lange vor Kaisa dokumentierte, hoch umstrittene Verwendung von Nazi-Metaphern ist eine Besonderheit des deutschsprachigen Rap (Androutsopoulos 2003: 116 ff.).

Die rhetorischen und kulturellen Praktiken des HipHop stellen für die Rezeption und Partizipation vorausgesetztes kulturelles Wissen dar, vor dessen Folie neue Künstler und Veröffentlichungen überhaupt erst eingeordnet und bewertet werden können. Darin sehe ich die Problematik, Raptexte „von außen" deuten zu wollen, wenn die kommunikative Kompetenz der Teilhabe an kulturspezifischen Sprachspielen nicht gegeben ist. In den Begriffen der Cultural Studies gesprochen: Um die Bandbreite kulturell situierter Lesarten von Rap-Lyrics nachvollziehen zu können, sind kulturell situierte Perspektiven auf eben diese Lyrics empirisch zu rekonstruieren.

DREI-SPHÄREN-ANALYSE: EIN MEDIENLINGUISTISCHER ZUGANG ZU POPKULTURELLEN DISKURSEN

Der gewählte Zugang zu dieser Rekonstruktionsarbeit ist die Drei-Sphären-Analyse, ein in Anlehnung an den amerikanischen Popkultur-Theoretiker John Fiske entwickeltes Verfahren (Fiske 1987, 2008; Androutsopoulos 2003, 2009). In seinem Buch *Television Culture* untersucht Fiske Fernsehkultur als ein Netzwerk intertextueller Relationen, die er als „horizontale" und „vertikale" Textbeziehungen modelliert (Fiske 1987: 84-85, 115-126). „Horizontale" intertextuelle Relationen sind explizite Bezüge zwischen einzelnen Medientexten, z.B. Film-Zitate in einem Rapsong oder Film-Anspielungen in einem Videoclip. Mit „vertikaler" Intertextualität meint Fiske Relationen eines Fernsehtextes zu anderen Texten aus dem Kreislauf der Fernsehkultur, wobei er zwischen primären, sekundären und tertiären Texten unterscheidet. Texte im Sinne Fiskes sind hier freilich nicht nur Zeitungsberichte oder Songtexte, sondern auch gesamte Songs, Videoclips oder auch Tanzfiguren vor dem Spiegel.

Attraktiv an Fiskes Konzept ist, dass seine drei Ebenen, die gleich im Einzelnen erläutert werden, die wesentlichen Subjektpositionen im popkulturellen Diskurs erfassen: KünstlerIn, VermittlerIn und RezipientInnen. In meiner Übertragung dieser Modellierung auf die HipHop-Kultur (Androutsopoulos 2003) spreche ich von „Sphären", um kenntlich zu machen, dass es nicht um isolierte Texte geht, sondern um Netzwerke von Texten, die je nach Sphäre unter anderen (künstlerischen, journalistischen, alltagsweltlichen) Diskursbedingungen bzw. (mit Foucault) Diskursformationen operieren. Diese Übertragung legt allerdings zwei problematische Punkte offen, die in den Entstehungsbedingungen dieses ursprünglich für die Fernsehkultur der 1980er Jahre entwickelten Modells begründet liegen: Die wechselseitige Verschränkung der drei Sphären und die ausgeprägte Intermedialität heutiger Popkultur. Es ist ja kennzeichnend für HipHop, dass die Grenzen zwischen ProduzentInnen und KonsumentInnen, AkteurInnen und RezipientInnen verwischt werden. Die Online-Kommunikation fördert diesen Trend und eröffnet Fan-Praktiken im Übergang zum Journalismus bzw. der Kunstproduktion einen wesentlich größeren Spielraum (vgl. auch Androutsopoulos 2005). Eine Drei-Sphären-Analyse begreift Medienproduktion und -rezeption daher nicht als in sich jeweils geschlossene, sondern als ineinander hineinwirkende Kreisläufe. Vor dieser Folie lassen sich die drei Ebenen wie folgt umreißen:

- Primäre Texte bilden nach Fiske das Kernstück der Popkultur: Dazu gehören Filme, Clips, Seifenopern und andere Produkte der Medien- und Unterhaltungsindustrie, um die sich die weiteren Strukturierungsprozesse der Popkultur abspielen. Im Rap sind Primärtexte die Tonträger (genauer gesagt: die in ihnen enthaltenen Tracks) und ihre Paratexte wie Booklet und Cover, aber auch Videoclips und (aufgenommene, ausgestrahlte) Konzerte. Die Frage, ab wann ein gegebener Text (Song, Video) zur Primärsphäre gehört, ist mitunter nur fallspezifisch zu beantworten und hängt entscheidend davon ab, inwiefern es einem Text gelingt, in der Sekundär- und Tertiärsphäre diskursive Relevanz zu erlangen.
- Um die Primärtexte herum operierende sekundäre Texte haben nach Fiske die Funktion, ausgewählte Bedeutungen („selected meanings") der Primärtexte zu fördern (1987: 117). Damit üben Sekundärtexte wie z.B. Besprechungen einen potenziellen Einfluss darauf, welche der in den Medientexten angelegten Bedeutungen bei der Rezeption aktiviert und zentral gemacht werden. Im Rap sind Sekundärtexte wie Reviews und Interviews, Promo-Texte, Konzertberichte oder Moderation wirksam, die allesamt vor der Herausforderung stehen, journalistischen Normen und kulturellen Zugehörigkeitserwartungen zu genü-

gen. Die besondere Qualität dieser nicht selten als Musiksozialisationsinstanzen zu sehenden Sites und Printmagazine kann v.a. darin gesehen werden, dass hier überwiegend Leute aus der Szene für das Szenepublikum publizieren. Vor diesem Hintergrund sind Äußerungen von Fachmedien als „kulturelle Selbstbeschreibungen" lesbar, die viel über mehr oder weniger explizierte Orientierungen und Werte verraten.

- Tertiäre Texte sind nach Fiske auf der Ebene der KonsumentInnen populärer Kultur und ihrer sozialen Beziehungen angesiedelt – sie sind rezipientenseitige Anschlusspraktiken, die in irgendeiner Form mit dem Primärtext intertextuell verbunden sind, bzw. „texts that the viewers make themselves out of their responses which circulate orally or in letters to the press, and which work to form a collective rather than an individual response" (Fiske 1987: 124). Ihre Bandbreite bleibt bei Fiske recht offen, neben dem Privatgespräch gehören auch öffentliche Stellungnahmen wie Leserbriefe dazu. Zu den Tertiärtexten im Rap lassen sich dementsprechend Fan-Gespräche über Rapmusik, das Mit- oder Nachsingen von Rapsongs, das Komponieren von eigenen Songs, die Pflege einer persönlichen Homepage oder das Diskutieren auf einschlägigen Internet-Foren usw. zuordnen. Hier wird der metonymische Gebrauch des Textbegriffs bei Fiske besonders deutlich, da besonders die Tertiärsphäre auch Handlungen umfasst, die gar keine Texte im herkömmlichen Sinne sind: spontane Interaktionen, nicht interaktional eingebundene Äußerungen (Mitsingen auf dem Konzert), nichtdiskursive Handlungen (Tanzbewegungen vor dem Spiegel).

In der analytischen Anwendung dieser Dreiteilung auf gegenwärtige Popkulturen sollte die Vielzahl von möglichen Kombinationen zwischen Elementen der drei Sphären in einzelnen Kommunikationsereignissen besonders beachtet werden. Medienangebote wie z.B. Freestyle-Sendungen im Radio oder web-basierte Battle-Wettbewerbe (vgl. Mohammed in diesem Band) gehören nicht nur einer Sphäre an, sondern lassen sich analysieren als hybride Strukturen mit Elementen aus der Tertiärsphäre (Battle-Beiträge von jungen AmateurInnen) und der Sekundärsphäre (Moderation im laufenden Battle bzw. redaktionelle Rahmung des Ereignisses), die Bezugspunkte aus der Primärsphäre (z.B. Battle-Styles namhafter Rapper) referenzieren. Ähnlich sieht es bei vielen Diskursformen von HipHop im Netz aus (vgl. Androutsopoulos 2005). Auf Portalen wie z.B. www.rap.de oder mzee.com (oder seit ein paar Jahren auch auf den jeweiligen Facebook-Seiten) werden Primärtexte (Songs, Videoclips) zur Verfügung gestellt, ein sekundärer Diskurs mit Berichten, Rezensionen und Interviews wird angeboten, und Interaktionen unter Fans in Foren und Chats machen den tertiären Diskurs aus. Das Internet als Schauplatz für Tertiärtexte anzunehmen, ist dabei mehr als bloße empirische Bequemlichkeit. Selbstverständlich kann Online-Kommunikation auch als „Proxy", als Stellvertreter für Offline-Interaktionen von Fans angesehen werden, allerdings ist dieses Verhältnis in seiner Repräsentativität umstritten und letztlich nicht verifizierbar: Wir können nicht wissen, ob Foren-Diskurse die Ansichten des „durchschnittlichen Hip-Hop-Fans" (ein Konstrukt, das im Gutachten-Auftrag sehr wohl eine Rolle spielte) widerspiegeln. Sinnvoller ist daher m.E. eine andere Konzeptualisierung: Auf Internet-Plattformen konstituieren sich neue öffentliche Räume, die nicht eine vorab bestehende Öffentlichkeit reflektieren, sondern neue, partizipativ strukturierte digitale Öffentlichkeiten darstellen (vgl. Münker 2009) und dabei mit nicht-öffentlichen kulturellen Diskursen, die im Sinne Fiskes ja das eigentliche Gebiet tertiärer Texte darstellten, in einer Wechselwirkung stehen: Online-Diskurse geben doch einiges wieder aus lebensweltlichen Offline-Diskursen in der Szene, und in diesem Sinne bieten sie Einsichten in Denk- und Argumentationsmuster von Akteuren, die sich mit Hip-Hop identifizieren bzw. an der Kultur aktiv partizipieren, dies nicht zuletzt durch schreibbasierte Online-Interaktionen. Online-Diskurse sind andererseits von sich aus wirkmächtig, sie formen und prägen kulturelle Diskurse über Rap- und Hip-Hop. Foren sind dabei auch Räume, die stellenweise besonders eng mit der sekundär- und nicht zuletzt der Primärsphäre vernetzt sind. Ersteres ist v.a. bei den von redaktionellen Meldungen ausgelösten Leserkommentaren erkennbar, letzteres beispielsweise auf YouTube oder Facebook mit den an das Video angehängten Kommentaren.

Zwischenfazit: Der Sinn eines bestimmten Musikstücks oder Videoclips entsteht demnach nicht in der isolierten Auseinandersetzung der HörerInnen mit ebendiesem, sondern in einem größeren kulturellen Umlauf, in dem Künstler sowohl aktiv präsent sind als auch durch Experten und Fans eingeordnet werden. Die RezipientInnen setzen sich dabei mit einer Vielzahl künstlerischer Produktionen wie auch mit den entsprechenden Einschätzungen der für sie relevanten Fach- und Szenemedien auseinander, und sie partizipieren an der Öffentlichkeit der Szene, z.B. über Diskussionsforen im Internet. Bezogen auf den vorliegenden Fall bedeutet dies, dass die Bedeutung und potenzielle Wirkung von Kaisa und seiner Veröffentlichungen erst in der Wechselwirkung dieser drei Domänen entstehen.

Der Fall Kaisa und „K.M.K."

Kaisas Musik orientiert sich an einem vor allem in den USA florierenden Sub-Genre des HipHop, das als Horrorcore (bzw. Horrorrap) bekannt ist. Seine musikalischen Kennzeichen sind u.a. verlangsamte Beats, „gehackte" Stimmen sowie kontrastreiche Stimmvariationen mit wechselnden Flows zwischen Stakkato (Doubletime) und Verlangsamung. Die einschlägigen Wikipedia-Einträge in deutscher und englischer Sprache (s. Linkverzeichnis), deren Vorhandensein im Übrigen ein Nachweis der fortgeschrittenen Konventionalisierung dieses Genres ist, informieren über musikalische Ästhetik, Inszenierung und Themenschwerpunkte des Subgenres.

Kaisa ist bei weitem nicht der einzige Rapper in Deutschland, der sich im Subgenre des Horrorcore verortet. Vielmehr gehört er zu einem Netzwerk aus Label- und Vertriebswegen, das sich als Rap-Untergrund versteht und sich in dieser Rolle dezidiert entgegen dem politischen und künstlerischen Rap-Mainstream positioniert. Darin ist Kaisa am ehesten vergleichbar mit Künstlern der Labels *Hirntot Records* und *Distributionz*, die unter Namen wie *Kralle*, *Rako*, *Schwartz*, *Uzi* und *King Orgasmus One* veröffentlichen. Ihnen sind ein Hang zum massiven Tabubruch, explizite Sprache und entsprechende visuelle Gestaltung gemein. Viele dieser Musiker haben im Laufe ihres Schaffens mit Indizierungen und juristischen Verfahren zu tun gehabt. Die bei Kaisa festzustellenden Themen und Inhalte (Gewalterzählungen, Mord- und Horrorbilder, Kannibalismus, Waffenaffinität, Homophobie, überzogene Tabubrüche) finden sich in Veröffentlichungen dieser Szene mit deutlichen Ähnlichkeiten wieder. Bei Kaisa muss man allerdings eine besondere Häufung und Zuspitzung von Homophobie sowie oftmals eine gefährliche Nähe zu rechtem Gedankengut konstatieren. Diese Einschätzung geht aus der Analyse der Primärtexte hervor und findet sich in Einschätzungen aus Sekundär- und Tertiärtexten wieder.

Für die Untersuchung wurden neben den Songtexten des Albums „Kaisaschnitt KMK" – mit Schwerpunkt auf den für die Anklage relevanten drei Liedern – Materialien aus dem Sekundär- und Tertiärbereich in Betracht gezogen: Rezensionen des Albums, Interviews mit Kaisa in einschlägigen HipHop-Zeitschriften (*Juice*, *Backspin*) und -Websites (rap.de, hiphop.de, rapz.de) sowie Beiträge und Diskussionen zu Kaisa in Diskussionsforen. Letztere richten sich sowohl an eine allgemeine hiphop-affine Öffentlichkeit (rap.de, 16bars.de) als auch speziell an Anhänger von Horrorcore sowie Kaisa, darunter das Hirntot-Forum (hirntot-forum.de) und das Kaisa eigene KMK-Forum (kmk-club.com). Zu beachten ist dabei, dass diese Auswahl von den Rahmenbedingungen des Gutachtens beschränkt und vordefiniert wird, besonders mit Blick auf die Primärsphäre, in der Videoclips bewusst nicht berücksichtigt wurden, weil die gegen Kaisa gerichteten Vorwürfe explizit das gesprochene (bzw. geschriebene Wort) in den Mittelpunkt stellen. Andernfalls wären Musikvideos als zentrale Elemente künstlerischer Inszenierung im Rap einzustufen.

PRIMÄRSPHÄRE: GENRE UND LYRICS

In musikalischer Hinsicht zeichnet sich Kaisa durch einen versierten Einsatz der Stimme, Rockanleihen und atmosphärisch dichte Produktionen aus. Seine Fähigkeiten als Rapper und Texter werden – wie noch zu zeigen sein wird – innerhalb großer Teile der Rap-Szene eher belächelt. Auch darin ähnelt Kaisa vielen der im Horrorcore tätigen deutschen Rapper. Verglichen mit kommerziell erfolgreichen Rappern grenzen sich Kaisa und verwandte Künstler weniger durch ihr musikalisches Vermögen ab, sondern durch ihre Arbeit mit Tabubrüchen und ihre Anlehnung an Besonderheiten ihres Sub-Genres. Diese Strategien wirken entsprechend auf die Anhängerschaft, die sich ebenfalls in vom Mainstream abgekoppelten Strukturen informiert und dort die gewünschten Tonträger beschafft. Daraus ergibt sich ein gegenüber der übergeordneten HipHop-Szene abweichender Geschmack, der musikalische und thematische Besonderheiten mit einschließt.

Kaisas Album „K.M.K." (2010) zeichnet sich thematisch durch konventionelle Tabubrüche im für Horrorcore typischen Themenspektrum aus: Sexual- und Gewaltphantasien, Erzählungen von Drogen-, Amoklauf- und Gewaltexzessen. Homophobe Aussagen und Anleihen an rechtsradikales Gedankengut finden sich in mehreren Songs. Diese Themen stehen unverbunden nebeneinander. Über die Provokation hinaus ist keine narrative Kohärenz bzw. zusammenhängende Erzählung ersichtlich.

Gleichzeitig ist das Album durch mehrere Hinweise auf Fiktionalisierung durchzogen, also Hinweise darauf, dass die Erzählungen sich im fiktionalen Modus abspielen und nicht als Darstellungen gelebter Realität zu verstehen sind. Sekundärtexte (Rezensionen und Interviews) wissen die Fiktionalität im Album sehr wohl einzuschätzen und erkennen Kaisas „düstere Welt" nicht zuletzt daran als künstlerische und kommerzielle Strategie. Im Einzelnen lassen sich zwei Kategorien von Fiktionalitätssignalen unterscheiden:

Die erste umfasst Referenzen auf fiktionale Texte wie Filme bzw. Fernsehserien und ihre Figuren (*Donnie Brasco*, *Flatliners*, *Peter Strohm* u.a.). So scheint der Titel des Tracks „Flatliner" dem Film „Flatliners – Heute ist ein schöner Tag zum Sterben" von Joel Schumacher (1990) entlehnt zu sein. Auch der Titel „Donnie Brasco" lehnt sich an den gleichnamigen amerikanischen Gangsterfilm von 1997 an. Johnny Depp spielt darin einen FBI-Ermittler, der eine New Yorker Mafia-Familie infiltriert. Donnie Brasco identifiziert sich im Laufe des Films immer mehr mit dem Gangstermilieu und kann schließlich nicht mehr genau definieren, welcher Welt er angehört. Auf ihn bezieht sich wohl die Zeile „ein Hund, der nicht weiß wo er hingehört" in der zweiten Stophe.

Die zweite umfasst eingespielte Stimmen (Samples), die in mehreren Songs auf dem Album enthalten sind. Der Einstieg und das Ende mit Vocal-Samples aus Filmen bzw. anderen fiktionalen Medienprodukten ist ein im Rapsong übliches Verfahren, das hier einen klaren Fiktionalisierungsmarker setzt. In „Endlich Klartext" könnte die nicht eindeutig identifizierbare Quelle des einleitenden Samples eine Ansprache bzw. Rede oder ein Interview sein, das Sample am Schluss könnte einem Film entstammen.[4]

Außerdem sind die mehrfachen Rahmenmischungen hervorzuheben, wobei die fiktionalen Erzählungen und Darstellungen Kaisas immer wieder mit Hinweisen auf den sozialen Raum des HipHop verbunden werden. Die Songtexte thematisieren dann individuelle Konkurrenten (insb. den Rapper *Kollegah*) oder soziale Typen in der HipHop-Szene (z.B. Gangster) oder auch die Szene als Ganzes. Auch Referenzen auf den lokalen Raum (Berlin, Moabit) kommen vor. Dadurch werden die mehr oder weniger fiktionalen Erzählungen der Songs immer wieder auf Verhältnisse in der HipHop-Kultur übertragen.

Für die Anklage gegen Kaisa waren v.a. die Lyrics von vier Songs aus diesem Album ausschlaggebend:

- In *„Endlich Klartext"* inszeniert sich Kaisa zum wiederholten Mal als Vertreter einer verlorenen, von Krieg, Gewalt und Tod umgebenen Jugend. Zwar ist dies keine Seltenheit im Sub-Genre des Horrorcore, allerdings macht sich Kaisa gerade kurz nach dem Amoklauf von Winnenden (März 2009) dieses Tabuthema zu eigen. Die für die Anklage ausschlaggebenden Zeilen mit homophobem Inhalt reihen sich relativ unverbunden an das Tabuthema Amoklauf und stehen vor dem Tabuthema Holocaust. Sie lauten: „Kugeln in dein Face Boy / 9 mm Projektile für den Gay Boy (Ficker) / denn der Sucker hat zu

---

4 Sample am Anfang: „Ein normaler Mörder hat ja nicht nur, was weiß ich, schlechte oder gar keine Gründe für seinen Mord. Ist das Schlimme bei Terroristen nicht vielleicht, dass sie vielleicht sogar Gründe haben, die du verstehen könntest?" Sample am Ende: (Schussgeräusche); Vocalsample: „A: *Was machen wir? Warum sagst Du uns nicht, was wir machen sollen? B: Schießen. A: Und auf wen? B: Keine Ahnung, schieß einfach! A: Sollten wir nicht lieber reden? B: Dann rede beim Schießen!"* (Schussgeräusche).

viel gelutscht / ja, er muss kotzen, immer wenn er in den Spiegel guckt". Über die Provokation hinaus ist keine weitere inhaltlich-lyrische Kohärenz ersichtlich. Kaisa reproduziert zwar seinen Hass auf Homosexuelle, integriert ihn jedoch nicht in einen expliziten Aufruf zum Mord. Andere Zeilen in diesem Song wären viel eher als Mordappelle deutbar („Töte deinen Vater, zerstöre Mutters Leben [...] ihr sitzt wieder auf dem Dach und schießt auf die GIs"). An einer weiteren, für die Klage wegen Holocaust-Leugnung relevanten Stelle stilisiert sich Kaisa durch einen erneuten Tabubruch als opferbereites Sprachrohr, das entgegen jeglicher gesellschaftlicher Reglementierungen die Wahrheit ausspricht. Die Stelle lautet:

„6 Millionen Juden tot, keiner denkt an Afrika. / Was ist dieses Israel, ich kenn nur Palästina. / Alles raus lassen, endlich auf den Punkt bringen / wenn es euch nicht passt, müsst ihr mich wohl umbringen / Ich mach es klar, mach es deutlich, wie es keiner macht".

Wie in diversen Foren-Diskussionen angemerkt (s. Beispiel 8 unten), ist dieser Stelle eine Holocaust-Leugnung nicht zu entnehmen. Vielmehr wäre im Song eine Anlehnung an bzw. Identifizierung mit Praktiken des Holocaust zu verzeichnen (z.B. „Sperr die Hundesöhne ein, und sie schniefen das Gas").

- „*Peter Strohm (feat. Vollkontakt)*" ist ein sogenannter Disstrack gegen den Rapper *Kollegah*, wobei wieder einmal Kaisas Fixierung auf Homosexualität besonders auffällig ist. Dies scheint der Hauptvorwurf zu sein, um den Kaisas Zeilen immer wieder recht ideenlos kreisen. Ein Grund für diese Einseitigkeit ist vermutlich, dass Kollegah hinsichtlich seiner Fähigkeiten als Rapper Kaisa um ein Vielfaches überlegen ist. Aufs Ganze betrachtet ist es allerdings unmöglich, die Lyrics nur als Hasstirade gegen Homosexuelle aufzufassen, denn sie sind durchsetzt mit Bezügen auf die Szene-Konkurrenz und den Sozialraum Berlin. So beziehen sich die zweifellos homophoben Zeilen in Strophe 1 ausdrücklich auch auf Kollegah. In Strophe 2 ist dieser Doppelbezug nicht direkt vorhanden. In Strophe 3 (gerappt von Vollkontakt) kommt er wieder durch die Referenzen auf Straßenrap und Videoclips („Was hast du mit Straßen-Rap? / In deinen Videoclips siehst du aus wie die Kinder von Christiane F.").

- „*Flatliner*" handelt zu großen Teilen davon, dass Äußerlichkeiten nicht über einen Transgressionsversuch hinwegtäuschen (Motto: Kleider machen keine Leute). Kaisa verkörpert dabei den „Flatliner", der zwischen Leben und Tod wandelt und in seinen Urteilen zwischen richtig und falsch, „Gangsta" und „Faker", Leben und Tod unterscheidet. Das im Songtext als lyrisches Du angelegte Feindbild ist der Möchtegern-Gangster, der in Wirklichkeit weich ist und dabei mit einem Schwulen gleichgesetzt wird. Die Gegenüberstellung *Schwul/Gangsta* reproduziert den im Gangsta- und Battlerap grundlegenden Kontrast von *weich/hart*. Trans- und Homosexualität werden erneut als schlimmste mögliche Beleidigung benutzt. Der Schwule ist analog zu Strophe 1 der Möchtegern-Gangster, der nun nicht mehr seine Gangsterkleidung trägt, sondern von Kaisa das Totenkleid verpasst bekommt. Auffällig ist hier wieder die Verbindung mit der Darstellung eines Mordvorhabens, ein Aufruf zum Mord liegt aber nicht vor.

- Bei *„Donnie Brasco"* geht es darum, jegliche Form von Transgression und Grenzüberschreitung innerhalb einer nicht klar umrissenen Welt aufs strengste zu verurteilen. In den Texten werden fremde (vom Standpunkt des von Kaisas angesprochenen Publikums aus betrachtet) Milieus als Feindbilder aufgebaut: Reiche, die leben, „wo die Millionäre wohnen", Mitglieder der Highsociety, die „heute gern die Atzen wären" usw. Dabei reproduziert der Song Metaphern von Macht und Härte sowie Gemeinplätze des Gangsta- und Straßenraps: Kaisas Figur (das lyrische Ich) ist unverwundbar, kann mit Schusswaffen umgehen, Drogen strecken und verkaufen. Sein Umfeld wird als radikal und gefährlich stilisiert. Der soziale Raum Moabit wird mit Referenzen auf Drogen und Kriminalität ausgestaltet. Fremde werden sexuell beschimpft und mit sexueller Gewalt bedroht. Die Zeile „Immer wieder rauf auf den Scheiß-Asphalt" kann als imaginäre Gewalthandlung am Feindbild begriffen werden: Der Gegner wird mehrfach zu Boden gestreckt.

Kaisas Sprachgebrauch ist – genauso wie ein Teil des öffentlichen Diskurses seiner Anhänger – durch teils latente, teils explizite Homophobie gekennzeichnet. Als latent homophob stufe ich hier den übertragenen Gebrauch von *schwul* im Sinne von ‚schwach' bzw. ‚verweichlicht' ein. Hier liegt keine Besonderheit von Kaisa vor, sondern ein in Rap-Lyrics bzw. generell in der Jugendsprache häufiger, wenn auch nicht unumstrittener Sprachgebrauch, der zwar nicht immer mit explizit homophoben (Homosexualität stigmatisierenden) Positionen einhergeht aber dennoch die metaphorische Abwertung von Homosexualität reproduziert. Im deutschen Battle-Rap sind Formulierungen, die Heterosexuelles als ‚hart' und Homosexuelles als ‚weich' metaphorisch einsetzen, bereits seit Anfang der 2000er Jahre u.a. bei *Kool Savas* („Schwule Rapper", 2000, indiziert); *Dynamite Deluxe* („Wie jetzt", 2000); *Bushido* („Berlin", 2003, indiziert); *Vega* („Ich bin König heut", 2011/12) zu finden (vgl. auch Obst in diesem Band, S. 55-80). Explizite sprachliche Homophobie findet man bei Kaisa in der ausdrücklichen Stigmatisierung von Homosexuellen und Homosexualität sowie in Gewaltphantasien gegenüber Homosexuellen. Dabei werden abwertende bzw. diskriminierende Kategorien für Homosexuelle verwendet („Tunte", „Schwuchtel", „gayboy", „ladyboy" usw.)

Diese bei Kaisa eklatant ausgeprägte und aggressive Homophobie baut auf ritualisierte Zuschreibungen von Homosexualität auf, die ganz unabhängig vom HipHop in der Türkei bzw. dem östlichen Mittelmeerraum üblich und auch unter in Deutschland heranwachsenden Jugendlichen mit türkischem Hintergrund (und mittlerweile auch ohne einen solchen) dokumentiert sind (vgl. Tertilt 1996). Diese rituellen Beschimpfungen beruhen auf der Unterscheidung zwischen sexueller Aktivität und Passivität: Passive Homosexualität wird verachtet, aktive Homosexualität toleriert bzw. sogar als Zeichen männlicher Stärke positiv zur Schau gestellt. Kaisa selbst nimmt zwar an keiner Stelle Bezug auf diese Tradition; sie erklärt aber, dass er einerseits bei jeder Gelegenheit seinen Abscheu gegenüber Homosexualität erklärt, andererseits sich selbst (bzw. sein lyrisches Ich) als aktiven Part in Analvergewaltigungen, deren Opfer das lyrische Feindbild ist, darstellt. Beispiele aus „Endlich Klartext" und „Donnie Brasco": „den Arsch der Weltmacht zu ficken"; „Ich fick euch tief in den Arsch"; „Ich verwandle deinen Arsch in ein Dreckloch"; „Weil du aussiehst wie 'ne Tunte und gerne Schwulen einen bläst".

SEKUNDÄRSPHÄRE: KAISA UND „K.M.K." IN DER FACHPRESSE

Rezensionen und Interviews, die zentralen Schauplätze der Sekundärsphäre, sind Mediengenres mit unterschiedlichen Funktionen. Rezensionen sind thematisch auf eine aktuelle Veröffentlichung – hier das Album „K.M.K." – fokussiert, beschreiben und bewerten dieselbe vor der Folie gemeinsam geteilten (oder zumindest als geteilt unterstellten) kulturellen Wissens. Insofern bieten Rezensionen Hinweise auf vorherrschende kulturelle Standards, Normen und Erwartungen. In Interviews treten die Elemente der Interaktion einerseits, der subjektiven Meinungsäußerung andererseits in den Vordergrund. Interviews inszenieren eine Interaktion zwischen AkteurInnen der Primärsphäre und kulturellen ExpertInnen (JournalistInnen) der Sekundärsphäre, in der Ansichten und auch spontane, bisweilen unerwartete oder grenzwertige Reaktionen der KünstlerInnen hervortreten sollen. Gleichzeitig kontextualisieren JournalistInnen, mitunter in der Nachbereitung, diese Interaktion aus der Perspektive ihrer Organisation.

Haltungen von AkteurInnen der Sekundärsphäre zu Kaisa und seiner strittigen Veröffentlichung werden im Folgenden untersucht. Zunächst drei längere Ausschnitte aus Rezensionen von „K.M.K." in überregional bekannten HipHop-Medien: der Zeitschrift *Juice* (1) und den Websites *rap.de* (2) und *rapz.de* (3):

(1) Rezension in *Juice* (25. Februar 2010)

Die Welt, die Kaisa auf seinem vorerst letzten Rap-Album beschreibt, ist eine diabolische: Überall lauern gewalttätige Psychopathen, brutale Straßenbanden und dämonische Pädophile. Das Böse ist allgegenwärtig und hat vom kleinsten Straßendealer bis hin zum mächtigsten Politiker wirklich jeden in der Hand. Als logische Konsequenz für Otto Normalverbraucher bleibt daher nur der Amoklauf mittels Kettensäge und Sprengsatz – oder der Suizid. Leichte Kost ist es nicht, die uns der Berliner hier serviert, aber das sind wir ja mittlerweile von ihm gewohnt, auch wenn „K.M.K." noch etwas weiter geht als seine letzten Alben. Die düstere, ausweglose Atmosphäre entsteht hauptsächlich durch Kaisas charismatischen Stimmeinsatz, der darüber hinwegsehen lässt, dass rein raptechnisch wenig Neues geboten wird. [...] Natürlich wiederholt er sich dabei hin und wieder: Auf unauthentischen Gangstarappern wird etwas zu oft und ausführlich herumgehackt und vor allem diverse homophobe Ansagen wirken reichlich deplatziert. Am Ende hilft Kaisa an dieser Stelle nur der Verweis auf den Abbildungscharakter gesellschaftskritischer Rapmusik. Rein musikalisch ist „K.M.K." sicher kein Album für sommerliche Nachmittage, aber in der richtigen, apokalyptischen Stimmung entfaltet es durchaus eine starke Wirkung.

(2) Rezension auf *www.rap.de* (02.03.2010)

Die Beats sowie die Texte von Kaisa sind also allesamt gewohnt düster. Auf Raptechnik wird eher weniger bis gar keinen besonderen Wert gelegt, auch wenn sich der Flow stetig verbessert ist es im Großen und Ganzen genau so, wie man ihn kennt. [...] Der rote Faden der Platte lässt sich ungefähr so definieren: Kaisa beschreibt die negative, kranke Seite der Welt, wie er sie eben sieht und dass daraus eben auch kranke Menschen entspringen, wie z.B. er selbst oder eben die metaphorischen, namensgebenden Kinder mit den Kettensägen, die sich laut Kaisa, für all diese kranke Scheiße, in der sie hier aufwachsen müssen, irgendwann bedanken werden. [...] Kontrovers geht es weiter auf „Endlich Klartext" in dem Kaisa, wie der Name vermuten lässt, seine Art von Klartext spricht und bei seinen Aussagen kein Blatt vor den Mund nimmt. So schießt er unter anderem gegen Schwule oder reibt sich an dem „Judenkomplex" der Deutschen: [...] Hier wird dann mit Absicht auf „political correctness" geschissen, was ich auf der einen Seite zwar ganz erfrischend finde, auf der anderen Seite schießen Aussagen wie *„Was ist dieses Israel?"* dabei sehr über das Ziel hinaus und man muss sich fragen, ob Herr **Kaisa** an dieser Stelle nur auf

Teufel komm raus provozieren will oder gar selbst einen kleinen Juden- oder Schwulenkomplex hat, weil diese Themen so radikal und oft auftauchen. [...] Unwidersprochen kann man diese Thesen auf jeden Fall nicht stehen lassen, auch oder gerade weil es anscheinend einige Menschen interessiert. Natürlich hat die CD, neben einigen zweifelhaften politischen Aussagen, auch noch andere Schwächen. [...] In anderen Tracks beschreibt **Kaisa** wiederum, was er so alles mit den Frauen der genannten Rapper, sowie mit Nutten und Schlampen so macht. Dabei wird nichts geschönt oder ausgespart und das ist manchmal auch ein bisschen anstrengend. Das gehört eben zu **Kaisas** Style, aber solche Songs hat man einfach schon zu oft gehört, weshalb man hier getrost weiter skippen kann. [...] „K.M.K." das offiziell letzte Rap-Album von **Kaisa**, ist keine Partymusik, kein Gangster- und auch kein Battlerap, auch als Horrorcore würde ich es nicht bezeichnen. Man kann es eigentlich gar nicht so richtig einordnen. Es ist ein eigenständiges Kunstwerk, von der Art, wie Bilder, in denen der Maler sehr viel schwarz verwendete. [...] Dieses schwarze Bild, um mal bei der Metapher zu bleiben, diese Atmosphäre kreiert **Kaisa** sehr gekonnt.

(3) Rezension auf *www.rapz.de* **(9.3.2010)**

Wenn ich an Kaisa denke, erwarte ich gute Hooks mit düsterer Stimme, Synthesizer aus den 80'er Jahren und anarchistische Züge. [...] „Endlich Klartext" wird untermalt von einem bouncigen Beat und Kaisa's aggressivem Flow, der Chorus wird mehr geschrien als gesungen. Die ersten Tracks der CD sind sehr vernachlässigbar („Donnie Brasco") und die Lyrics wirken monoton und fragt sich „So krank kann der Typ nicht sein", auch wenn ab und zu die ein oder andere markante Line verpackt wird: „der Zimmerservice sollte eigentlich nur Essen bringen". [...] Kaisa lässt „Ich kann dich sehen" die Rollos in seinem Haus herunter und berichtet dem Hörer von seinem sexuellen Treiben. [...] Auf Track 13 kreiert Kaisa ein weiteres düsteres Szenario, indem er einen Extremisten und Amokläufer beschreibt, der sich seine Sprengstoff- und Bomben-Anleitungen aus dem Netz holt. [...] Fazit: In den ersten Monaten des Jahres kommt wenig bekanntes großes Deutsch-Rap-Futter in die CD-Regale und Kaisa hat somit keine große Konkurrenz. Mit dem Kollegah-Disstrack wurde außerdem nochmal die Promo-Trommel angekurbelt. Seinen anarchistischen Ansichten wünscht man sich manchmal eine noch attraktivere Verpackung.

Vor der Folie der vorangehenden Lyrics-Analyse lassen sich hier drei verschiedene Haltungen identifizieren: Erstens werden Kaisas Texte keinesfalls für bare Münze genommen, sondern ihre Fiktionalität wird herausgestellt: Mehrfach ist die Rede von einem „düsteren Szenario" (rapz.de), einem „schwarzen Bild" (rap.de) bzw. einer „diabolischen Welt" (Juice), die Kaisa auf seinem Album bzw. in einzelnen Tracks inszeniert. Kaisa „fährt einen Film" (rap.de), arbeitet also jenseits von Realitätsdarstellungen. Auch anderswo gelten Kaisas Songs als „eine Art Zerrspiegel der Realität, den man mit Phantastischem ausschmückt"

(Interview *Backspin* 2007). Die Rede von Kaisas „Welten", „Szenarien" und „Erzählperspektiven" macht deutlich: Kein Rezensent geht davon aus, dass hier realitätsnahe bzw. der Realität entspringende Handlungen nacherzählt werden. Zweitens wird die Genrehaftigkeit von Kaisas Schaffen hervorgehoben. Musik, Themen und Präsentationsformen werden erst im Hinblick auf genrespezifische Konventionen und zum Teil in direktem Vergleich zu anderen Rappern eingeschätzt. Bezeichnend hierfür ist die Rezension von rap.de (Beispiel 2), in der Kaisas extreme Erzählungen über sexuelle Gewalt als „manchmal auch ein bisschen anstrengend" bewertet werden, so dass aus der Warte des geübten Hörers von einer vermeintlichen Schockwirkung nicht die Rede sein kann. Damit geht eine kritische Einschätzung von Kaisas Fertigkeiten einher. Teilweise werden diese positiv bewertet, v.a. in Bezug auf seine Stimme und musikalische Atmosphäre („Kaisas charismatischen Stimmeinsatz", gekonntes Kreieren einer düsteren Stimmung), seine Rap-Fertigkeiten kommen jedoch mehrheitlich als mittelmäßig bzw. schwach daher („rein raptechnisch wenig Neues", „etwas zu oft und ausführlich rumgehackt", „andere Schwächen", „solche Songs hat man einfach schon zu oft gehört", „die Lyrics wirken monoton"). Besonders deutlich wird die vergleichende Einschätzung in Beispiel 3, das die saisonal ausbleibende Konkurrenz erwähnt.

Schließlich werden Kaisas politische und gesellschaftliche Ansichten mehrfach problematisiert. Der Rezensent von Juice (Beispiel 1) stellt Kaisas unreflektierten Umgang mit dem Wort „schwul" als abwertend heraus – „vor allem diverse homophobe Ansagen wirken reichlich deplatziert". Der Rezensent von rap.de (Beispiel 2) vermutet in den Tabubrüchen Holocaust und Homophobie eine gewollt inszenierte Provokation, äußert aber auch ein gewisses Unbehagen und problematisiert Kaisas extreme Aussagen und deren Häufigkeit („man muss sich fragen, ob Herr Kaisa [...] gar selbst einen kleinen Juden- oder Schwulenkomplex hat").

Alle untersuchten Interviews bringen Kaisas unverblümt sexistisches, homophobes und Gewalt bejahendes Gedankengut sehr deutlich zum Ausdruck. Gleichzeitig bieten sie Gelegenheiten für die Interviewer, Stellung darauf zu beziehen. Einen zentralen Platz in diesem Diskurs (und im Kontext der Anklage) hat ein inzwischen vom Netz gelöschtes, ausführliches Interview mit Markus Staiger auf rap.de. Darin spricht Kaisa u.a. von „Schwulenghettos" in Berlin und einer manifesten Bedrohung der heterosexuellen Lebensweise. Hervorzuheben ist, dass dieses Interview innerhalb der HipHop-Szene verschiedene Reaktionen auslöste, darunter den Song „Politischer Rap" von *Koljah*, der Kritik aus der

Szene an Kaisa zum Ausdruck bringt[5], sowie eine Klarstellung von Kaisa selbst, die am 22.3.2010 als (im Netz nicht mehr auffindbarer) offener Brief auf rap.de veröffentlicht wurde. Darin entschuldigt sich Kaisa und weist den Vorwurf der Holocaust-Leugnung zurück, hält jedoch am Vergleich fest zwischen Holocaust und anderen Gräueltaten (Sklaverei, Völkermorde in Afrika), deren Anzweiflung keine rechtliche Verfolgung nach sich zieht.

Die kritische Auseinandersetzung mit Kaisas Ansichten in der HipHop-Öffentlichkeit beginnt wesentlich früher als die gegen ihn erhobene Klage, was durch die hier angeführten Ausschnitte belegt werden soll. In einem um 18 Monate früheren Interview (Beispiel 4) schließt die redaktionelle Einleitung mit den Worten: „Zeit also, sich Einblick in die düstere Welt des geschäftstüchtigen Kaisa zu verschaffen". Im Verlauf dieses Interviews relativiert Kaisa selbst den Realitätsgehalt seiner Songs und bestätigt, wenn auch indirekt, die sie kennzeichnende Fiktionalisierung.

(4) Interview in der *Juice* (10/2008)

[Frage] Deine Werke sind stets von einer düsteren und deprimierenden Atmosphäre durchzogen. Woher kommt diese Geisteshaltung?

Ich wohne nicht in irgendeinem rattenverseuchten Loch und zerstückele mit der Jason-Maske auf dem Kopf Teenager. Ich freue mich, wenn ich bei Sonnenschein mit meinem Hund in den Park gehe. Ich fliege auch gerne in den Urlaub an den Strand. [...] Mir wird allerdings verdammt schnell klar, dass das alles nur ablenkt. Der Staat manipuliert uns, und die ganzen Verschwörungstheorien sind wahr.

In einem einige Monate vor der Klage veröffentlichten, längeren Interview mit Kaisa und verwandten Labelkünstlern auf rap.de (Beispiel 5) werden Kaisas verquere Weltsicht und radikales Potenzial erneut offensichtlich, aber nicht widerspruchsfrei hingenommen, was sowohl die abgedruckten Reaktionen des Interviewers als auch die Rückmeldungen vieler User im angeschlossenen Diskussionsforum zum Ausdruck bringen. Bezeichnend ist dabei schon das hier wiedergegebene Vorwort (Beispiel 5), das die Brisanz und Grenzwertigkeit der im Interview verarbeiteten Themen kritisch vorwegnimmt: Kaisas Netzwerk („Hell Raisa Camp") wird zwar als Teil der HipHop-Kultur eingeordnet aber deutlich außerhalb des in der Szene herrschenden Konsenses positioniert. Kaisas Positionen werden problematisiert, dennoch diskursiv verhandelt und nicht einfach ignoriert.

---

5   Koljah, „Politischer Rap": www.youtube.com/watch?v=mxsXSusbRhk

(5) Interview Hell Raisa auf *Rap.de* (1.9.2009): „Kein Mitleid für Kinderschänder"

Das Hell Raisa Camp war noch nie dafür bekannt, die eigene Meinung durch die Blume zum Ausdruck zu bringen. Egal ob es sich dabei um das Töten von Kinderschändern und Nazis oder die Forderung nach einer heterosexuellen Gesellschaft handelt. [...] Inhaltlich bewegen wir uns hier auf einem schmalen Grat. Zwar wollen wir Positionen wie „Todesstrafe für Kinderschänder" oder „Homosexualität ist eine Krankheit" die heilbar sei, nicht unkommentiert ein Forum bieten, andererseits wollen wir auch zeigen, dass diese Positionen in der Hip Hop Gemeinde existieren und nach unseren Erkenntnissen auch regen Zuspruch finden. Genau wie antizionistische Verschwörungstheorien sind diese Positionen fast deckungsgleich mit denen rechter Neonaziparteien und manchmal fragen wir uns, worin sich die Hip Hop Welt noch vom Stammtisch unterscheidet? Darüber diskutieren sollten wir trotzdem. Denn es ist unsere Kultur. Immer noch.

Im Laufe dieses Interviews distanziert sich der Interviewer immer wieder ausdrücklich von Kaisas Aussagen zur Homosexualität. Kaisas Haltung zu Pädophilen (O-Ton Kaisa: „Ich sage, dass wenn ich die Chance hätte, einen Kinderschänder auf die oder die Art und Weise umzubringen, dann würde ich das sofort machen") und sein Gedanke von „kranken Teilen" der Gesellschaft, die getötet oder gequält werden müssen, tragen hier deutlich faschistoide Züge. Ebenfalls problematisch ist die Verquickung von Pädophilie mit Homosexualität (O-Ton Kaisa: „Pädophile und Schwule, das kannst du eigentlich zusammen aufzählen. Das sind Neigungen, die schon sehr ekelhaft sind!") sowie im späteren Verlauf von Homophobie, Antisemitismus und rechtem Gedankengut (O-Ton Kaisa: „Die Schwulen wurden damals vergast, genau wie die Juden und jetzt werden wir immer, wenn wir mal was gegen die Juden sagen, angefeindet".)

Zwar lässt kaum eines der gesichteten Interviews Kaisas Ansichten unkommentiert gelten, andererseits werden sie aber nicht zensiert. Offenbar wird davon ausgegangen, dass manche Leser Interesse an Kaisa und seinen extremen Ansichten finden (vgl. Beispiel 5), gleichzeitig wird die redaktionelle Distanzierung von diesen deutlich gemacht. Auch darin gibt es allerdings Ausnahmen. In einem vermutlich noch vor der Anklage aufgezeichneten, zeitgleich zu dieser publizierten Interview (Beispiel 6) werden die frauen- und schwulenfeindlichen Inhalte des Disstracks „Lady Boy Killa" gegen den Rapper Kollegah nicht ausdrücklich problematisiert (im Lied wird Kollegah als „Ladyboy mit Fotze" und „schwule Missgeburt" bezeichnet, sein Label als „schwul und behindert"). Am Ende des Interviews wird Kaisa auf den Inhalt von „Endlich Klartext" angesprochen, jedoch nur, was die rechten Tendenzen und Holocaust-Vergleiche anbelangt. Die schwulenfeindlichen Aussagen werden nicht problematisiert.

(6) Interview in der *Juice* (03.2010): „Kaisa. Das letzte Interview?"

[Frage] Auf dem Track „Lady Boy Killa" schießt du ziemlich hart in Richtung Kollegah. Was hast du denn für ein Problem mit ihm?

Der Typ hat mir persönlich nichts getan. [...] Der Grund für die Disses ist, dass er einen Veranstalter, der ein guter Freund von mir ist, verarscht hat. Er war zusammen mit Orgasmus und mir für ein Konzert gebucht, das er im letzten Moment mit einer fadenscheinigen Ausrede abgesagt hat. Es geht darum, dass Kollegah große Ansagen macht und sich dann aber nicht traut, auf ein Konzert zu kommen, wo auch Berliner sind. Den Typen würde hier jeder auf der Straße klatschen. Es gibt aber auch durchaus Künstler, die ich früher beschissen fand, die sich mittlerweile richtig cool entwickelt haben [...] Vielleicht kommt das bei Kollegah ja auch noch, aber bis es soweit ist, gibt es keinen Respekt für die Nutte.

[Frage] Im Text von „Endlich Klartext" bringst du Hitler- und Holocaust-Vergleiche, in einem anderen Track ‚lobst' du Eva Herman. Ist dir klar, dass man das falsch verstehen könnte?

Ich mache mir darüber schon Gedanken, gerade wenn sich solche Aussagen in einem Track wie „Endlich Klartext" summieren, aber ich weiß, warum ich gewisse Sachen sage, und ich verherrliche nichts. Ich hole auch andere Meinungen dazu ein und überlege mir, ob ich manche Stellen entschärfen sollte. Wenn du in Deutschland etwas sagst, das nicht genau ins Bild passt will jeder, dass du den Mund hältst. Ich kann aber genau erklären, wie diese Aussagen gemeint sind und daher habe ich auch kein Problem damit, sie auszusprechen. Jemand, der die Vergleiche falsch verstehen will, wird sie natürlich auch falsch verstehen.

Kaisas Stellungnahmen in den Interviews sind durchsetzt von einer Reihe von Gemeinplätzen, die ihm als Rechtfertigungsstrategien dienen und stellenweise auch in seinen Songtexten sowie den Beiträgen seiner Anhänger in den Diskussionsforen wieder auftauchen. Diese sind:
    Erstens, die These von der Realitätsabbildung: Im Kern handelt es sich hier um die Behauptung, das künstlerische Werk sei einfach ein Abbild dessen, was „auf der Straße" bzw. in der „bösen Welt" geschehe. Dadurch können eigene Gewaltdarstellungen mit der in der Welt verübten Gewalt gerechtfertigt werden. Beispielsweise führt Kaisa in einem Interview von 2007 (*Backspin* 86, 2007) auf die Frage nach seiner „düstere(n) Weltanschauung" Folgendes aus: „Der größte Horror ist doch der Alltag. Du brauchst nur die Nachrichten einzuschalten. Wir wollen nicht lügen wie Schlagersänger. [...] Der Weltuntergang kann jederzeit

kommen". Es verquicken sich hier der Bezug auf Realitätsabbildung mit der These von der Medienwirkung und dem herkömmlichen Verständnis von Rapmusik als „Stimme der Wahrheit". Allerdings soll betont werden, dass Kaisa selbst eine unmittelbare Realitätsabbildung in seinen Lyrics stellenweise in Interviews (s. Beispiel 4 oben) und ganz ausdrücklich in seiner Verteidigungs-Stellungnahme im Zuge der Anklage relativiert.

Zweitens, die These vom Sprachrohr des gesellschaftlichen Randes: Kaisa stilisiert sich als Sprachrohr der Nichtprivilegierten, deren Ansichten keinen Zugang zum öffentlichen Diskurs finden. Somit strebt Kaisa gewissermaßen eine abwehrende politische Haltung an, um sich als unverstandener, unterdrückter Outlaw inszenieren zu können. Indizierungen und Verbotsbemühungen spielen dieser These in die Hände bzw. werden als Beleg für die Wirkmacht von Kaisas Unterdrückung durch die etablierte Gesellschaft bzw. „das System" herangezogen.

Drittens, die These von der Medienwirkung: Sie besagt, dass Böses in der Welt der Wirkung der Massenmedien verschuldet ist. So verkünden Kaisa und Kollegen in einem Interview: „Pädophil wird man durch das Internet, durch die Medien" (Rap.de, 1.9.2009), offenbar ohne daran zu denken, dass eine Generalverdammung „der Medien" auch Künstler wie sie, die ihr Werk ebenfalls vornehmlich über das Internet verbreiten, treffen muss. Die Medienwirkungsthese findet sich auch in Diskussionsforen wieder, etwa in der Vorstellung, dass der Konsum von Kaisas Musik einen schädlichen Einfluss auf jugendliche Hörer haben könnte.

TERTIÄRSPHÄRE: VERNETZTE FAN-DISKURSE ÜBER KAISA

Der dritte Teil der Analyse ist die Untersuchung der Anschlusskommunikation über Kaisa unter Rap-Fans in einem Teilbereich der Tertiärsphäre. Die exemplarisch untersuchten Netz-Diskussionen über Kaisa werden von der Meldung über die Klage bzw. die kurz darauf erfolgte Indizierung des Albums „K.M.K." veranlasst. Sie enthalten rege Auseinandersetzungen von Anhängern und Kritikern von Kaisa über Homophobie und rechte Tendenzen im deutschen HipHop sowie Zensur und Meinungsfreiheit.

Die Gewichtung der Meinungen ist dabei je nach Forum verschieden. Der Anteil von Kaisa-Unterstützern ist gering in den einer breiteren Rap-Öffentlichkeit zugewandten Foren wie rap.de und hiphop.de und höher im „Hirntot-Forum", das als Sammelpunkt für Anhänger des Horrorcore-Genres bekannt ist.

Selbst im „Hirntot-Forum" finden sich neben Unterstützern auch Stimmen, die Kaisas Inhalten kritisch gegenüberstehen und sehr wohl deren Brisanz erkennen. Gerade vor dem Hintergrund der Interviews von Kaisa äußern viele AkteurInnen ihren Unmut über dessen Hass auf Schwule und dessen Überschneidungen mit rechtem Gedankengut. Nur wenige Kaisa-Fans argumentieren dabei homophob, indem sie sich mit einer Stigmatisierung von Homosexualität erkennbar identifizieren, oder zeigen sich von Kaisas Ansichten angesprochen. Im gesamten gesichteten Material konnten neun eindeutig homophobe Kommentare identifiziert werden, davon vier im horrorcore-affinen „Hirntot-Forum". Sie sind somit eine sehr kleine Teilmenge der gesamten aufkommenden Diskussion und bleiben zudem in der Regel nicht unbeantwortet. Das nachfolgende Beispiel zeigt, wie die homophobe Stellungnahme des Users *Hanybal* direkt danach konterkariert wird.

(7) 16.bars.com (03.05.2010): „Kaisa: ‚K.M.K (Bonus Edition)' indiziert"

[Meldung] Das aktuelle Kaisa-Album „K.M.K." wurde zum April 2010 in seiner Bonus-Edition von der Bundesprüfstelle für jugendgefährdende Medien (BPjM) indiziert. Der Tonträger ist auf Liste B gelandet, was bedeutet, dass der Longplayer nach Ansicht der Bundesprüfstelle als strafrechtlich bedenklich einzustufen ist.

[Kommentar 1] von Hanybal, am 04.05.2010

na klar aber wenn den ganzen tag irgendwelche schwulen lesben a sexuelle auf mtv rumlaufen und ihre gleichgeschlichlichen partner ablecken is ok das übt ja k einen shclechten einfluss auf jugendliche.... Die sind doch ebenfalls gay

[Kommentar 2] von derficker, am 04.05.2010

Zitat von Hanybal [...]

nein tuts auch nicht! das fördert die gleichberechtigung und den abbau von vorurteilen und den abbau mittelalterlicher dummer engstirniger denkweisen!!

Die Sichtung von User-Diskussionen bestätigt die in Rezensionen ersichtliche Bewertungstendenz: Bei der breiten Masse der HipHop-Fans genießt Kaisa keine besonders hohe Anerkennung. Viele Kommentare stellen seine Rap-Fähigkeiten in Frage und machen sich über ihn lustig. Dafür sprechen sich viele Diskutanten für die Unterstützung der künstlerischen bzw. Meinungsfreiheit und gegen die Indizierung aus, auch ohne sich explizit mit dem Schaffen Kaisas zu identifizieren. Unter Kaisas Anhängern geht dies mit einer offenen Politikverdrossenheit einher, die sich im Zuge der Verbotsbemühungen Kaisas in ihrer Weltsicht bestätigt sieht. Verbotsbestrebungen scheinen die Anhänger von Kaisa in ihrer Meinung über eine ihnen gegenüber feindlich eingestellte Gesellschaft zu bestätigen. Solche Bestrebungen spielen Kaisa und dessen Image gezielt in die Hände, da er sich dadurch noch besser als Vertreter einer missverstandenen und ob ihrer Ansichten sogar verfolgten Gesellschaftsschicht inszenieren kann.

Auffallend ist das Ausmaß an Reflexion über die Songtexte Kaisas und die möglichen Interpretationen derselben. Offensichtlich herrscht unter den Hörern nicht nur eine einzige Lesart der Songtexte vor, sondern es findet eine aktive Auseinandersetzung um die Deutung einzelner Zeilen statt, wobei für oder gegen bestimmte Lesarten argumentiert wird. Der folgende längere Auszug (Beispiel 8; die Meldung ist noch im Netz zugänglich, die Kommentare jedoch nicht mehr) zeigt sehr schön die Bandbreite der in einem einzigen Thread vorkommenden Stellungnahmen:

(8) HipHop.de (19.03.2010) „Kaisa: Von Volker Beck verklagt"

„Dies ist eine Aufforderung zum Mord. Das kann man weder bei deutschen Rappern noch bei jamaikanischen Dancehall-Sängern durchgehen lassen." [...] Der Grünen-Politiker Volker Beck hat Klage gegen Kaisa eingereicht, weil der Berliner Rapper auf seinem aktuellen Album KMK schwulenfeindliche und nationalsozialistische Äußerungen gemacht haben soll [...].

1. am 19.03.2010, 16:33 Uhr

Leugnung des Holocaust? Ai wo dann?

2. am 19.03.2010, 18:28 Uhr

naja rap is rap ! man sollte nicht jede line auf die goldwaage legen (ich seh da auch keine holokaustleugnung) und leider wird die ein oder andere line von nicht hiphopern missinterpretiert ABER: kaisa ist homophob (in wirklichkeit hat er angst es könnte ansteckend sein) und schwulenfeindlich ist er definitiv auch. alter ich feier es wenn rapper/musiker/künstler missstände aufdecken/erwähnen und er schiesst auch oft gegen pädophile respekt dafür ich würde ihn feiern aber er ist definitiv wiederholt offensichtlich massiv schwulenfeindlich und das kann ich nicht akzeptieren.

3. am 19.03.2010, 19:39 Uhr

„Keine Chance, so wie im KZ, die neue Weltordnung, alles klingt perfekt."
wenn das nicht nationalsozialistisch was dann? sowas sollte man in den knast stecken alter so ne zeile geht einfach nicht.

4. am 19.03.2010, 20:36 Uhr

„Keine Chance, so wie im KZ, die neue Weltordnung, alles klingt perfekt."
also das könnte man noch als einfachen vergleich verstehen ‚wenn man nicht das gesammte lied kennt könnte das auch aus dem kontext gezogen sein aber ich glaube nicht aber hab mir das snippet angehört und da kommt dann irgendwas von wegen „6 mio. juden tot, keiner denkt an afrika" ich denke er ist echt juden- und schwulenfeindlich aber kein nazi sondern eine andere art von rassist

5. am 19.03.2010, 22:53 Uhr

der text ist nicht nur schlecht wegen dem müll der drinsteht! fräulein kaisa versucht hier offensichtlich ihr mangelndes talent durch das sinnlose aneinanderreihen von behinderten schockern zu vertuschen. ärmlich versuch! kategorie: menschen die die welt nicht braucht.

6. am 20.03.2010, 00:20 Uhr

schwulenfeindlicher text?! das wort gay wird doch von 99,9% der rapper verwendet...bestärkt doch häufig nur die überlegenheit des rappenden. richtig unnötig die klage -.-

7. am 20.03.2010, 00:48 Uhr

wen interessiert denn ein Kaisa... er rappt scheisse und ob seine Alben indiziert werden oder nicht, die kauft eh keine Sau...

8. am 20.03.2010, 00:49 Uhr

ich finde es sollten mal konkrete aktion gegen Volka gemacht werden, ich mag dancehall, bounty, sizzla und auch harten rap etc, ich seh die sache demokratisch und offen! aber volker hat ein stock im arsch und vor allem, kümmern sich diese lobbyisten um solche sachen, vergessen aber, das in unserem land noch die NPD chillen kann und ausländer oder immigranten vermöbelt werden ohne in rechenschaft gezogen zu werden. solange die NPD in deutschland ist und ihr ding machen kann, sollte keiner, aber auch wirklich keiner sein maul zu weit aufreissen, ausserdem wo soll das hinführen, wollen wir jetzt homophilie etablieren oder was? eine schande für unser land!

9. am 20.03.2010, 01:14 Uhr

ich dachte hier gilt das recht auf freie meinungsäußerung? wenn es um homosexuelle geht anscheinend nicht. deutschland - das land der doppelmoral.

10. am 20.03.2010, 14:52 Uhr

Kaisa soll also ein Nazi sein...ahja...sonst noch Wünsche? / Deswegen verfasst er auch Lieder wie „Nazi Tod", eben weil er ja so nationalsozialistisch ist. Ihr müsst auch mal den Sinn dieser Texte sehen, nette Politiker ;) Außerdem nimmt Kaisa seine Texte bestimmt selber nicht all zu ernst. Das ist einfach nur Rap mehr nicht.

11. am 22.03.2010, 08:42 Uhr

Allein KZ und neue Weltordnung in einem Satz zu nennen geht gar nicht! Das hat auch nichts mit Rap zu tun oder mit Meinungsfreiheit! So weit geht die Meinungsfreiheit in Deutschland zu Recht nicht. Die schwulenfeindliche Passage ist leider auch einfach zu hart geworden. Das geht nicht und das muss nicht sein. Kunst ist für mich überhaupt kein rechtsfreier Raum. Zum Glück gibt es Leute die auf solche Texte achten und verbieten lassen, denn sonst wären Landser und Co. auch nicht verboten worden.

12. am 22.03.2010, 12:11 Uhr

all die, die das gefährliche potential in diesen texten nicht erkennen, sollten sich besser informieren, bevor sie hier so einen müll posten.einfach mal interviews mit diesem rassisten lesen, da wird einem anders. und sich hier als liberaler demokrat hinstellen und gleichzeitig sizzla und kaisa feiern, ist peinlich und zeigt nur wie pseudo deine nachgeplapperte politische einstellung ist. kaisa ist nicht rap und rap braucht so jm nicht. an in knast !!

13. am 24.06.2010, 21:39 Uhr

„Keine Chance, so wie im KZ, die neue Weltordnung, alles klingt perfekt." / diese Textzeile ist und bleibt ein Vergleich!!!! unsere heutige „neue" Weltordnung wird mit der Rangordnung im KZ verglichen und steckt voller Ironie ...

Man sieht zunächst das rege Interesse an der Interpretation strittiger Textstellen. Allein eine Zeile aus „Endlich Klartext" wird dreimal aufgegriffen und verschieden ausgelegt (vgl. Beiträge 3, 4, 11, 13). Kaisas Wortwahl bzw. Sprachgebrauch wird dabei nicht losgelöst, sondern mit Rückgriff auf Konventionen der Rapmusik und speziell des Battle-Rap diskutiert (Beiträge 6, 10). Auch hier werden Kaisas Rap-Fertigkeiten abgewertet (Beiträge 5, 7), und er selbst wird abwertend als homophob, Rassist oder Nazi kategorisiert (Beiträge 2, 11), worin allerdings nicht alle Beteiligten sich einig sind; so wird einmal ausdrücklich auf Songtexte von Kaisa hingewiesen, die seine Einordnung als „Nazi" entkräften (Beitrag 10). Dass Kaisas Songtexten ein gewisses Gefährdungspotenzial innewohnt, wird einmal hervorgehoben (Beitrag 12), genauso die Forderung nach rechtlichen Konsequenzen gegen Extremismus in Lyrics (Beitrag 11), aber auch das Recht auf freie Meinungsäußerung (Beitrag 9). Eine einzige Wortmeldung in dieser Diskussion stimmt mit Kaisas schwulenfeindlichen Ansichten überein (Beitrag 8).

ZUSAMMENFASSUNG UND SCHLUSSFOLGERUNGEN

Drei Schlussfolgerungen sollen abschließend gezogen werden: Erkenntnisse aus dieser Analyse im Hinblick auf die Wirkung der Lyrics von Kaisa; der Ertrag einer Drei-Sphären-Analyse von Rap-Diskursen; und ihre Implikationen für das Rahmenthema dieses Bandes, Rap im 21. Jahrhundert.

Die Analyse der Primärtexte zeigt: Kaisa ist Teil eines Sub-Genres, das Tabubruch als konventionalisiertes Stilelement und Unterscheidungsmerkmal zu anderen Rap-Genres pflegt. Kaisa folgt Genre-Konventionen und spitzt sie im Hinblick auf Homophobie zu. Gleichzeitig sind Kaisas Darbietungen durch Signale der Fiktionalität gekennzeichnet und geben sich dadurch als nicht realitätsabbildend zu verstehen. Das indirekte Verhältnis der Lyrics zur Realität ist also – ebenfalls indirekt – in der gesamten auditiven Aufmachung der Tracks, einschließlich ihrer rahmenden Elemente und intertextuellen Bezüge, kontextualisiert und kulturell erkennbar. Auch die metaphorische Rückbindung der Tabubrüche in Kaisas Songtexten an soziale Kategorien und Rollenverhältnisse der deutschen bzw. spezifisch Berliner Hiphop-Szene bedeutet, dass seine Aussagen nicht ausschließlich als homophobe Hetze zu deuten sind. Die Analyse hat aber bestätigt, dass Kaisas Aussagen und Formulierungen in seinen Songtexten unverhohlen sexistisch und homophob sind und oftmals eine Nähe zu rechtem Gedankengut aufweisen, so dass die Indizierung seiner Tonträger nachvollziehbar scheint.

Die Analyse der Sekundär- und Tertiärtexte zeigt: Kaisa stößt nicht auf allgemeine Akzeptanz oder Hochachtung in der HipHop-Szene. Ganz im Gegenteil ist er hinsichtlich seiner künstlerischen Fähigkeiten und insbesondere hinsichtlich seiner menschenverachtenden Aussagen hoch umstritten. Weder die Szenemedien noch die einschlägigen Diskussionsforen liefern Hinweise darauf, dass Kaisa in größeren Teilen der deutschen HipHop-Szene ernst genommen oder auf breite Zustimmung stoßen würde. Ebenso wenig gibt es Hinweise darauf, dass Kaisas Texte generell als Aufruf zur Gewalt verstanden werden. Genauso wenig liefern die untersuchten Diskurse in einschlägigen Diskussionsforen Anhaltspunkte für einen übergreifenden Einfluss Kaisas auf HipHop-interessierte Jugendliche. Stattdessen veranschaulichen sie die aktive Auseinandersetzung der RezipientInnen mit Kaisas Songtexten und die unterschiedlichen Interpretationen, die diesen zukommen.

Auf Basis dieser Erkenntnisse kann die für die Anklage gegen Kaisa relevante Vermutung, seine Äußerungen hätten eine bestimmte Öffentlichkeitswirkung in der deutschen HipHop-Szene, nicht bestätigt werden. Selbstredend gibt es hier einen „blinden Fleck": Welchen Einfluss Kaisas Aussagen auf individuelle Fans bzw. dezidierte Anhänger ausüben mag, beispielsweise solche des von ihm kontrollierten „KMK-Clubs", ist mit den hier gewählten Methoden nicht zugänglich. Wie andere Nachwuchsrapper findet auch Kaisa eine gewisse Beachtung in der deutschen Rap-Öffentlichkeit, die ohne Zweifel durch die Tabubrüche seiner Songtexte verstärkt wird. Von einer breiteren Wirkung kann jedoch anhand der hier zusammengetragenen Evidenz nicht die Rede sein. Stattdessen macht der hier vorgenommene Klärungsversuch zweierlei deutlich: Erstens ist unter Experten und Fans eine differenzierte Rezeption und kritische Interpretation von Kaisas Songtexten zu verzeichnen. Zweitens gibt es auf verschiedenen Ebenen des kulturellen Kreislaufs des HipHop durchaus wirksame Kontrollmechanismen, die bewirken, dass Kaisas Aussagen nicht einfach stehen gelassen, sondern in Frage gestellt und aktiv konterkariert werden. Die diskursiven Selbstregulierungsverfahren der HipHop-Szene haben zudem gegenüber strafrechtlichen Maßnahmen den Vorteil, dass sie von Kaisa nicht zweckentfremdet und zu seiner eigenen Profilierung (im Sinne der oben referierten These vom Sprachrohr des gesellschaftlichen Randes) missbraucht werden können.

Das Verfahren der Drei-Sphären-Analyse kann als Komplement und Korrektiv der bisherigen analytischen Zugänge betrachtet werden. Es eignet sich zum einen als Korrektiv einer ausschließlichen Analyse von Rap-Texten, wie sie in der geisteswissenschaftlich angesiedelten Rap- und HipHop-Forschung seit Jahren praktiziert wird. Wie im Fallbeispiel Kaisa kann durch die systematische Relationierung der drei Sphären aufgezeigt werden, wie Texte bzw. Äußerungen eines bestimmten Künstlers diskursiv verhandelt werden. Dadurch lassen sich Differenzen zwischen dem kulturell kontextualisierten Verständnis von Lyrics und einer dekontextualisierten, am Wortlaut orientierten und daher unterkomplexen Auslegung, wie man sie im öffentlichen Diskurs über Rapmusik vorfinden kann, empirisch aufzeigen. In diesem Sinne kann die Drei-Sphären-Analyse als Modell verstanden werden, das die gesellschaftliche Zirkulation von Rezeptionshaltungen textbasiert zugänglich macht. Freilich ist dies nicht der erste Versuch, Lyrics und ihre Lesarten analytisch aufeinander zu beziehen. Beispielsweise gehen Kleiner/Nieland (2007) eine Untersuchung von Gangsta-Rap mit einer ähnlichen Dreiteilung an, in der „die Medien" sowie „Reaktionen der Fans" im Online-Bereich berücksichtigt werden. Allerdings bietet das Drei-Sphären-Modell auch eine theoretisch-methodische Flankierung an, die seine Anwendung auf andere Momente in popkulturellen Diskursen ermöglicht und es an übergreifende Entwicklungen der Digital Humanities anschlussfähig macht.

Die an dieser Stelle zentrale und abschließend formulierte Implikation für die Entwicklung von Rap im 21. Jahrhundert hat daher mit der digitalen Materialität der populären Kultur zu tun. Bleibt man beim Leitbild der Sphären, so führt die Mediatisierung von Gesellschaft und Kultur zu ihrer Ausdifferenzierung und Interpenetration. Die Digitalisierung erweitert die Möglichkeiten kultureller Partizipation und steigert die Anzahl kommunikativer Ereignisse, in denen Kunst, Journalismus und Anschlusskommunikation im Rap aufeinandertreffen und in ihrer Wechselwirkung beobachtet werden können.

Literatur

Androutsopoulos, Jannis (2003): HipHop und Sprache: Vertikale Intertextualität und die drei Sphären der Popkultur. In: Ders. (Hg.): HipHop: globale Kultur – lokale Praktiken. Bielefeld: transcript. S. 111-136.
Androutsopoulos, Jannis (2005): Musiknetzwerke: Identitätsarbeit auf HipHop-Websites. In: Neumann-Braun, Klaus; Birgit Richard (Hg.): Coolhunters. Jugendkulturen zwischen Medien und Markt. Frankfurt a.M.: Suhrkamp.
Androutsopoulos, Jannis (2009): Language and the Three Spheres of Hip Hop. In: Alim, H. Samy; Awad Ibrahim; Alastair Pennycook (Hg.): Global Linguistic Flows. Hip Hop Cultures, Youth Identities, and the Politics of Language. New York/Oxon: Routledge. S. 43-62.
Androutsopoulos, Jannis; Arno Scholz (2002): On the Recontextualization of Hip-Hop in European Speech Communities: A Contrastive Analysis of Rap Lyrics. Philologie im Netz 19. S. 1-42. URL: www.fu-berlin.de/phin/phin19/p19t1.htm
Charnas, Dan (2010): The Big Payback. The History of the Business of Hip-Hop. New York: New American Library.

Dietrich, Marc; Seeliger, Martin (2012): Einleitung. In Dies.: Deutscher Gangsta-Rap. Sozial- und kulturwissenschaftliche Beiträge zu einem Pop-Phänomen. Bielefeld: Transcript. S. 21-41.

Fiske, John (1987): Television Culture. London/New York: Routledge.

Fiske, John (2008): Populäre Texte, Sprache und Alltagskultur. In: Hepp, Andreas; Winter, Rainer (Hg.): Kultur-Medien-Macht: Cultural Studies und Medienanalyse, 4. Auflage. Wiesbaden: VS. S. 41-60.

Gauntlett, David (1998): Ten Things Wrong with the ‚Effects Model'. In: Dickinson, Roger; Harindranath, Ramaswani; Linné, Olga (Hg.): Approaches to Audiences – A reader. London: Arnold. S. 120–130.

Hecken, Thomas (2012): Kunst und Gangsta-Rap im Lichte der Rechtsprechung. In: Dietrich, Marc; Seeliger, Martin (Hg.): Deutscher Gangsta-Rap.Sozial- und kulturwissenschaftliche Beiträge zu einem Pop-Phänomen. Bielefeld: Transcript. S. 363-392.

Jeffries, Michael. P. (2011): Thug Life. Race, Gender, and the Meanings of HipHop. University of Chicago Press.

Kage, Jan (2002): American Rap. US-HipHop und Identität. Mainz: Ventil.

Klein, Gabriele; Friedrich, Malte(2003): Globalisierung und die Performanz des Pop. In: Neumann-Braun, Klaus; Schmidt, Axel; Mai, Manfred (Hg.): Popvisionen. Links in die Zukunft. Frankfurt a.M.: Suhrkamp. S. 77-102.

Kleiner, Marcus S.; Nieland, Jörg-Uwe (2007): HipHop und Gewalt: Mythen, Vermarktungsstrategien und Haltungen des deutschen Gangster-Raps am Beispiel von *Shok-Muzik*. In: Bock, Karin; Meier, Stefan; Süß, Gunter (Hg.): HipHop meets Academia. Globale Spuren eines lokalen Kulturphänomens. Bielefeld: Transcript. S. 215-244.

Münker, Stefan (2009): Emergenz digitaler Öffentlichkeiten: Die Sozialen Medien im Web 2.0. Frankfurt a. M.: Suhrkamp.

Tertilt, Hermann (1996): Turkish Power Boys. Ethnographie einer Jugendbande. Frankfurt a. M.: Suhrkamp.

Toop, David (2000): Rap Attack 3. African Rap to Global Hip Hop. London: Serpents Tail.

Linkverzeichnis

Letzte Überprüfung: 17. Februar 2016

Wikipedia:
- Wikipedia (2016) Cop Killer. URL: http://en.wikipedia.org/wiki/Cop_Killer_(song)

- Wikipedia (2016) Horrorcore (englisch). URL: en.wikipedia.org/wiki/Horrorcore
- Wikipedia (2016) Horrorcore (deutsch). URL: de.wikipedia.org/wiki/Horrorcore
- Wikipedia (2016) Kaisa. URL: http://de.wikipedia.org/wiki/Kaisa

Medienberichte:
- hiphop.de (2010) Kaisa: Von Volker Beck verklagt. 19.03.2010. URL: http://www.hiphop.de/magazin/news/detail/2010/03/19/kaisa-von-volker-beck-verklagt-55008/
- rap.de (2010) Kaisa wegen Mordaufruf angeklagt. 18.03.2010. URL: http://rap.de/news/c40-news/4606-kaisa-wegen-mordaufruf-angeklagt/

Reviews von Kaisa „K.M.K.":
- Juice (25.02.2010): http://www.juice.de/reviews/kaisa-k-m-k
- rap.de (02.03.2010): http://www.rap.de/reviews/87-review/8239
- rapz.de (9.3.2010): www.rapz.de/forum/index.php/topic,29981.0.html

Interviews:
- rap.de 2009. Hell Raisa. 01.09.2009. URL: http://rap.de/features/c37-interview/6234-hell-raisa/

Leserkommentare:
- 16.bars.com (2010) „Kaisa: ‚K.M.K (Bonus Edition)' indiziert". 03.05.2010. URL: http://www.16bars.de/newsartikel/2304/kaisa-kmk-bonus-edition-indiziert/
- hiphop.de (2010) Kaisa: Von Volker Beck verklagt. 19.03.2010. URL: http://www.hiphop.de/magazin/news/detail/2010/03/19/kaisa-von-volker-beck-verklagt-55008/

Autorinnen und Autoren

Androutsopoulos, Jannis ist Professor für Germanistik und Medienlinguistik an der Universität Hamburg, hat bereits Ende der 1990er Jahre über Rap-Lyrics im europäischen Vergleich geforscht und ist seitdem immer wieder in der Rap- und HipHop-Forschung mit Schwerpunkt auf Sprach- und Diskursanalyse tätig, u.a. mit der Herausgabe von HipHop: globale Kultur – lokale Praktiken (2003, Bielefeld).

Goßmann, Malte studierte Sozialwissenschaften und Gender Studies an der Humboldt-Universität zu Berlin und am University College London. Als Wissenschaftler, Rapper und HipHop-Aktivist hält er Vorträge und schreibt Artikel zu Rap zwischen Herrschaft und Rebellion.

Mohamed, Sufi is a recent MA graduate at the University of Lucern, Switzerland. He is a student of popular culture, sociology and film with a strong interest in music and fan cultures.

Obst, Anthony ist redaktioneller Mitarbeiter der *Red Bull Music Academy* und als Autor u.a. für Spex, okayplayer und den Blog „Live For The Funk" tätig. Er ist B.A.-Absolvent im Fach Amerikanistik an der Humboldt-Universität zu Berlin.

Ruppel, Paul Sebastian ist wissenschaftlicher Mitarbeiter am Lehrstuhl für Sozialtheorie und Sozialpsychologie an der Fakultät für Sozialwissenschaft, Ruhr-Universität Bochum und freier Mitarbeiter im Institut für Qualitative Forschung in der Internationalen Akademie Berlin. Forschungs- und Interessensschwerpunkte: Qualitative Forschung, Kulturpsychologie, Identitätsforschung, Klimawandel und Mobilität.

Schiefer, Eve ist Universitätsassistentin am Institut für Medien- und Kommunikationswissenschaft an der Alpen-Adria-Universität in Klagenfurt. Zuvor studierte sie Kultur- und Sozialanthropologie sowie Theater-, Film- und Medienwissenschaft an den Universitäten Wien und Salamanca. Sie ist Mitorganisatorin des EU-Kulturprojekts *Performigrations – People Are the Territory*. Forschungsschwerpunkte: urbane Ethnographie, postkoloniale Theorie, Filmwissenschaft.

Seeliger, Martin ist Postdoktorand am Max-Planck-Institut für Gesellschaftsforschung in Köln. Seine Arbeitsschwerpunkte liegen in der Untersuchung sozialer Ungleichheit in Bezug auf Globalisierung und Arbeit.

Szillus, Stephan ist Musikjournalist, Labelbetreiber und Musikmanager. Der studierte Jurist schreibt für Tageszeitungen, Magazine und Onlinemedien. Von 2007-2013 fungierte er als Chefredakteur von *Juice*, dem größten HipHop-Magazin Europas. Seine kulturjournalistischen Arbeiten erscheinen auch in wissenschaftlichen Büchern (z.B. Szillus 2012). Szillus koordiniert nationale und internationale Musikprojekte für globale Marken wie Red Bull oder Nike, er moderiert die eigene wöchentliche Radiosendung „Rohstoff" auf Byte FM.

Winter, Rainer ist Soziologe und Psychologe. Seit 2002 ist er Professor für Medien- und Kulturtheorie und Vorstand des Instituts für Medien- und Kommunikationswissenschaft an der Alpen-Adria-Universität in Klagenfurt am Wörthersee. Er war Gastprofessor an Universitäten in Peking, Schanghai und Chongqin. Seit 2012 ist er Adjunct Professor an der Charles Sturt University in Sydney.

Cultural Studies

María do Mar Castro Varela, Nikita Dhawan
Postkoloniale Theorie
Eine kritische Einführung

2015, 376 Seiten, kart., 24,99 €,
ISBN 978-3-8376-1148-9

Rainer Winter (Hg.)
Die Zukunft der Cultural Studies
Theorie, Kultur und Gesellschaft
im 21. Jahrhundert

2011, 280 Seiten, kart., 28,80 €,
ISBN 978-3-89942-985-5

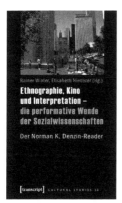

Rainer Winter, Elisabeth Niederer (Hg.)
**Ethnographie, Kino und Interpretation –
die performative Wende der Sozialwissenschaften**
Der Norman K. Denzin-Reader

2008, 300 Seiten, kart., 29,80 €,
ISBN 978-3-89942-903-9

Leseproben, weitere Informationen und Bestellmöglichkeiten
finden Sie unter www.transcript-verlag.de

Cultural Studies

Rainer Winter, Peter V. Zima (Hg.)
Kritische Theorie heute

2007, 322 Seiten, kart., 29,80 €,
ISBN 978-3-89942-530-7

Karin Bruns, Ramón Reichert (Hg.)
Reader Neue Medien
Texte zur digitalen Kultur und Kommunikation

2007, 542 Seiten, kart., 39,80 €,
ISBN 978-3-89942-339-6

Ruth Mayer
Diaspora
Eine kritische Begriffsbestimmung

2005, 196 Seiten, kart., 19,80 €,
ISBN 978-3-89942-311-2

**Leseproben, weitere Informationen und Bestellmöglichkeiten
finden Sie unter www.transcript-verlag.de**

Cultural Studies

Uwe Breitenborn, Thomas Düllo,
Sören Birke (Hg.)
Gravitationsfeld Pop
Was kann Pop? Was will Popkulturwirtschaft? Konstellationen
in Berlin und anderswo
2014, 436 Seiten, kart.,
zahlr. Abb., Plakat, 34,99 €,
ISBN 978-3-8376-2451-9

Philipp Meinert, Martin Seeliger (Hg.)
Punk in Deutschland
Sozial- und kulturwissenschaftliche Perspektiven
2013, 312 Seiten, kart., 29,99 €,
ISBN 978-3-8376-2162-4

Marc Dietrich, Martin Seeliger (Hg.)
Deutscher Gangsta-Rap
Sozial- und kulturwissenschaftliche
Beiträge zu einem Pop-Phänomen
2012, 400 Seiten, kart., zahlr. Abb., 29,80 €,
ISBN 978-3-8376-1990-4

Sebastian Nestler
Performative Kritik
Eine philosophische Intervention
in den Begriffsapparat
der Cultural Studies
2011, 312 Seiten, kart., 31,80 €,
ISBN 978-3-8376-1891-4

Thomas Düllo
Kultur als Transformation
Eine Kulturwissenschaft des
Performativen und des Crossover
2011, 666 Seiten, kart.,
zahlr. z.T. farb. Abb., 45,80 €,
ISBN 978-3-8376-1279-0

Miriam Strube
Subjekte des Begehrens
Zur sexuellen Selbstbestimmung
der Frau in Literatur, Musik
und visueller Kultur
2009, 244 Seiten, kart., 24,80 €,
ISBN 978-3-8376-1131-1

Marc Calmbach
More than Music
Einblicke in
die Jugendkultur Hardcore
2007, 282 Seiten, kart., 27,80 €,
ISBN 978-3-89942-704-2

Moritz Ege
Schwarz werden
»Afroamerikanophilie« in
den 1960er und 1970er Jahren
2007, 180 Seiten, kart., 18,80 €,
ISBN 978-3-89942-597-0

Marcus S. Kleiner
Medien-Heterotopien
Diskursräume einer gesellschaftskritischen Medientheorie
2006, 460 Seiten, kart., 35,80 €,
ISBN 978-3-89942-578-9

Tanja Thomas, Fabian Virchow (Hg.)
Banal Militarism
Zur Veralltäglichung
des Militärischen im Zivilen
2006, 434 Seiten, kart., 28,80 €,
ISBN 978-3-89942-356-3

Johanna Mutzl
»Die Macht von dreien ...«
Medienhexen und moderne
Fangemeinschaften.
Bedeutungskonstruktionen
im Internet
2005, 192 Seiten, kart., 25,80 €,
ISBN 978-3-89942-374-7

Kien Nghi Ha
Hype um Hybridität
Kultureller Differenzkonsum und
postmoderne Verwertungstechniken
im Spätkapitalismus
2005, 132 Seiten, kart., 15,80 €,
ISBN 978-3-89942-309-9

Leseproben, weitere Informationen und Bestellmöglichkeiten
finden Sie unter www.transcript-verlag.de